TOKYO Tough & Cool

midnightレストランを創った男

タフ&クール

プロデュース 鹿島茂

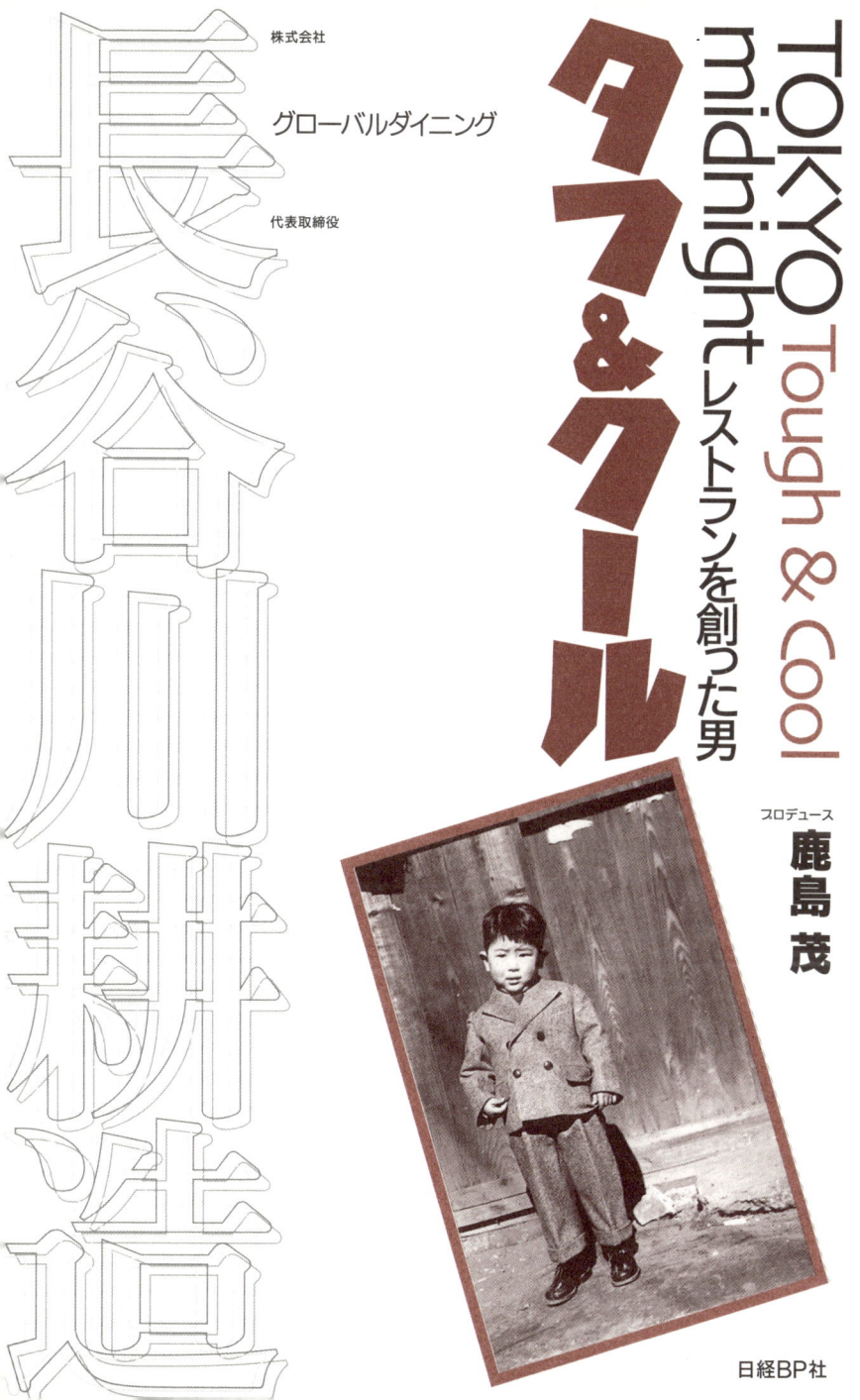

株式会社
グローバルダイニング
代表取締役

長谷川耕造

日経BP社

白金「ステラート」

The History of KOZO HASEGAWA

1991.11. LA「ロスアンジェルス ラ・ボエム」のオープニング

1953.1.3
前年の七五三のスーツで

MONSOON CAFE

エスニックレストラン
「モンスーンカフェ」
代官山　1995.9

ZEST CANTINA

テックスメックスレストラン
「ゼスト」
恵比寿　1998.5

ZEST CANTINA

地底探検を
イメージした
「ゼスト」
お台場
メディアージュ
2000.5

cafe LA BOHÈME

イタリアンレストラン
「ラ・ボエム」
お台場・メディアージュ
2000.5

1952.7.27 父と逗子海岸にて

2歳の頃？（向かって左）

1953.4.20 2歳下の弟と

1957.3.20 学芸会の衣装で

1969．夏　早稲田大学ボクシング部の合宿で（前列中央）

1966.秋　高校の修学旅行

1971.5.21 北欧放浪へ出発の日

1971.5.21　見送りの弟と：横浜港

1971.5.　ハバロフスクの町で

1971.5.　ストックホルムにて

1971.9.　スカンジナビアへの旅へ向かう日

1971.10.　旅で出会ったイギリス人たち

1971.9　旅仲間・マークと船長：湖の船着き場で

1971.9　熱愛で結ばれた最初の妻

1971.　イギリス、バースの公会堂

1977.
六本木ゼストの店内

1991．LAラ・ボエム。
左から２人が役員の新川と久保

最愛の妻と

店長会議

3人の愛娘たちと

舞浜イクスピアリ「モンスーン・カフェ」　2000.7.7

プロローグ

私の名前は長谷川耕造、横浜生まれの五〇歳です。

子供の頃から、会社勤めを考えたことが一度もありませんでした。横浜の港から海の向こうを眺めて、外国に思いを馳せたものです。海外をこの目で見たいという思いから、大学を中退して二年間、ヨーロッパを放浪しました。そのまま大学を卒業して、サラリーマンのレースに参加することに価値を見いだせなかったのです。

ヨーロッパでは、レストランの皿洗いをしてカネを稼ぎながら、さまざまな国を訪れました。向こうの女性と恋にも落ちました。日本に帰ってきたとき、自分の中に「世界のどこへ行っても生きていける」自信ができていました。なんの肩書きもキャリアもないまま、たったひとりで異国の地を渡り歩いた経験は、私にとって何よりも大きな財産となりました。

一九七三年、私は二三歳で有限会社長谷川実業を設立、喫茶店を始めました。

これが外食産業で商売をする第一歩となりました。その後、六本木、原宿、麻布などでパブを皮切りにイタリアンレストラン、メキシカン、エイジアン、とさまざまな業態のレストランを展開し、八五年に株式会社化、九七年には社名をグローバルダイニングに改め、九九年一二月、東証二部上場を果たしました。現在、国内に「ゼスト」「ラ・ボエム」「モンスーンカフェ」と三つの業態のレストランに加え、「タブローズ」「タブローズラウンジ」「ステラート」といったディナーレストラン三店舗の計二四店舗を経営するほか、二〇〇〇年三月には横浜・港北ニュータウンに「カフェ　ラ・ボエム　コン　バンビーノ」を、四月には東京・お台場「メディアージュ」に新業態の「権八」を含むレストランゾーン「グリエンパサージュ」を、そして七月舞浜イクスピアリに「モンスーンカフェ」をオープンしました。また、アメリカ・ロサンゼルスに二店舗出店しており、今後も海外への展開を計画中です。

外食産業とは、ただ料理や飲み物を提供するだけのビジネスではない。私はそう考えます。お客様に喜んでいただける空間を創造し、最高のサービスと最高の料理を提供する——。つまり〝エンタテインメントとしての食事〟を創り出すのがわれわれの仕事です。

すべての店舗にブロードウェイの舞台のような空間を創り上げました。この舞台の主人公はもちろんお客様。このお客様にいかにご満足いただけるか。スタッフたちはサービスに走り回ります。テーブルを囲んで話が弾む。給仕の薦めたうまいワインでのどを潤す。食事に舌鼓を打つ。シックなインテリア、雰囲気たっぷりのライティング、活気ある店内。なかなかいい店だな、もう一度来ようか……。お客様にこんなふうに感じていただけることが、何よりの喜びです。

繰り返しますが、都市生活者にとってレストランとは、もはやただ食事をするだけの空間ではありません。そこに身をゆだね、サービスを受けることが、一つのエンタテインメントとなっている空間なのです。設立から二十数年間で我々の会社がここまで成長できたのも、常にその点を意識し、努力し、改善してきた結果であるといっても過言ではありません。

いや、グローバルダイニングは流行をいち早く取り入れてきたから成功したのではないか？ そんな意見もあるでしょう。たしかに西麻布や代官山といった地域に他に先駆けて店を展開したのは事実ですし、世田谷・三宿に関していえば、我々の店「ゼスト」と「モンスーンカフェ」のヒットがあの地域をメジャーにしたと自信を持って言えます。

が、それはまさしく成功の一要因でしかありません。レストランのようなサービス業は、とかく流行に流されやすいといわれます。ただ流行を追求したり、表面的な見栄えの良さだけをとりつくろってできた店が、一瞬の輝きを見せた後に時代の非情な変化にあっという間に押し流されていく――そんなさまを、私はいくつも目にしてきました。

時代の流れに風化されない「本物の店の価値」。それを確立しつつ、その一方で、現状に満足せず、常に頭を使って、貪欲に改善、改良を重ねていく……。こうした努力の積み重ねなくして、外食産業で成功し続けるのは不可能です。メニュー、食材、内装などの設備、サービス水準、人材、労働環境……すべての経営資源に関して、常日頃からチェックをし、悪いものは変えていく。良いものはどんどん取り入れる。我々はその作業を繰り返してきました。

さて、そうなると重要となるのが会社そのものの作り方、そして運営の仕方です。すなわち社長である私、長谷川耕造の経営哲学が求められる。私の会社に対する考え方は、基本的にシンプルです。私自身が（こんな会社ならば働いてもいいかな）と思える会社にすること。これが基準です。では、私自身が働きたくなる会社とはどんな会社か。それは、フェアに仕事ができる場があること、個人の意志が尊重されること、そして個々の社員が自分の実力を最大限に発揮し、それに見合った報酬を得られることです。

そこで、私はすべての情報を社員全員に公開することにしました。経営状況、社員全員の給料明細、会議の内容など、知りたければ誰でも見ることができます。新しい事業について、そして経営について、上下関係なく対等に討論し、お互いに向上できる環境を作り上げました。

こうした場でフェアに闘っていける人間たちと一緒に、私は今、仕事をしています。

グローバルダイニングの給料の高さは業界では有名です。二〇代の店長で年収二〇〇〇万円もらっている人間もおります。もちろん、高給に見合うだけの仕事をしてもらっているわけですから、何の問題もありません。給料の上限もありません。業績をあげた人間がその業績に見合った給料を手にする。考えてみれば当然のことです。

グローバルダイニングはまだ成長のまっただなかにあります。

私はそう信じております。これからもさらに躍進し、どんな時代にあってもお客様と株主に賞賛される店づくり、会社づくりをしていくつもりです。

我々の目的は、「お客さまに喜ばれ社員に喜ばれ、そして利益を得られる夢のある会社を創ること」です。そのためには、なによりまず働いている我々がハッピーでなければならない。そして、死ぬまでチャレンジャーであり続けなければならない。いや、そうしたい。

私はそう考えております。

二〇〇〇年一一月

長谷川　耕造

目次

第1部
長谷川耕造物語

第1章 1950——1970

酒屋の湘南ボーイ

横浜漁師町の酒屋の息子

カソリック小学校の反逆児

鬱の乱暴者——浅野学園中学時代

「文化」との出合い——湘南高校時代

勉強時間一日一三時間半——怒濤の浪人時代

長谷川耕造は一九五〇年三月、横浜の荒っぽい漁師町に生まれた。酒屋兼米屋の長男として育ったのが彼を事業家への道を歩ませる土台となった。小学校は、親の意向で上品な私立カソリック校へ。が、教師に「反逆児」のレッテルを貼られ、抑圧された時代を送る。長谷川は、「群れること」「従うこと」を徹底的に嫌悪するようになる。肌の合わない小学校を脱出すべく、長谷川は受験して中高一貫教育の浅野学園に滑り込む。勉強嫌いのために成績はほぼ最下位。喧嘩っ早いのも災いし、教師はもちろん同級生から家族まで、長谷川を軽蔑した。周囲の視線に耐えられず、鬱状態に陥る長谷川。その彼が変わったのは、担任教師からカンニングの濡れ衣を着せられそうになったからだった。一転発奮して周囲を見返すべく、突然猛勉強に励み出す。結果、神奈川県一の名門、県立湘南高校へ合格した。

秀才ぞろいの湘南高校で再び劣等生となった長谷川は、自由な校風に感化され、映画・ジャズ・小説の趣味をわかちあえる親友を得て、映画館やライブハウスに通い、読書にも励むようになる。暴力から文化へ——。彼がこのとき吸収した文化は、後の人生に大きな影響を与えることになる。一方、世間は大学紛争でゆれていた。そんなとき受験シーズンに突入し、目標のなかった長谷川は、周囲にならって東大を受験する。が、もちろん失敗。浪人生活に入る。目標を東大入学に設定した長谷川は、死ぬほど嫌いな勉強を一日一三時間半こなし、「人生でもっともハードな日々」を過ごした。翌年、大学紛争で東大は入学試験を中止。長谷川は早稲田大学商学部に入学した。

横浜漁師町の酒屋の息子

ぼくは、神奈川県横浜市の子安浜と呼ばれる昔の漁師町に生まれた。家は代々酒屋と米屋を営む商家で、四人兄弟の長男として育った。ぼくの下には年子と五歳下の弟が二人、そして七歳下の妹がいた。三世代同居のにぎやかな家庭だった。

あとから聞いた話だが、祖父母には子供ができなかった。そのため、祖父の非常に親しい友人から末の娘を養女に迎えた。一人娘として育てられた養女がぼくの母である。その母は家業を継がなければならなかったため、父が婿養子に入った。養女のところに婿を迎える――いま考えると、けっこう複雑な家庭事情である。無論、子供のころのぼくがそんなことを理解しているはずもなかった。

実家は酒屋兼米屋。なんだか羽振りがよさそうに聞こえるかもしれないが、荒っぽく、決して裕福ではない漁師町の一角での商売だ。立地に恵まれていたわけではない。だから、店先でお客が来るのを待つよりも、引き売りと呼ばれた方法が商売の中心だった。

要するに地域限定の行商である。その昔は荷車を使い、オート三輪が出始めたころから、車に米や醤油、酒を積んで、曜日ごとに回る地域を決めて売り歩くのだ。注文を電話でもらってから持っていくのではなく、そこに行って初めて注文を聞いて売るというのんびりした時代だった。代金は月末清算の形だったように記憶している。

ぼくの子供のころは、この引き売りの手伝いをしないとお小遣いをもらえなかった。だから知らず知らずのうちに、商売の基本が身についたように思う。たとえば、母はいつも翌日の釣り銭にアイロンをかけて、お札のしわを伸ばしてピンとさせていた。なぜそんなことをしなければならないのか不思議に思い、母にたずねると、「お札が少しでもパリッとしていると、お客さんの印象が違うでしょう」という答えが返ってきた。なるほど、そんなものか。その場ではあっさり聞き流していたが、後から考えると、母のこうした地道な努力を目の当たりにしたのが、のちに自分で商売を始めるときの「素養」になっている部分があるのかもしれない。

家には母屋のほかに、精米工場をはじめ酒蔵や米蔵、家財道具の蔵があった。祖父は丁稚からのたたき上げだったから、倹約を旨とした非常に厳しい家風をつくりあげていた。戦後の混乱期を過ぎ、日本経済が少しずつ成長を始めると、今までになかった商品が次々に誕生したが、ぼくの家が新しいものに飛びつくことはなかった。

テレビが流行ったときも、車が流行ったときも、ぼくの家が買ったのは町内で一番最後だった。仕事用の車はさすがに必要に迫られて買ったが、乗用車をすぐに買う家ではなかった。ようやくテレビを買ったときも、大型だが中古だったと記憶している。

今にして思えば、あの倹約ぶりは、丁稚出身である祖父なりの「商人哲学」だったのだろう。無駄なお金を使わない。それは商売にとって重要な「守り」の術である。商売における攻めは、お金を稼ぐことだが、生き残れるかどうかという厳しい状況下では、とにかく支出を抑える。これは基本中の基本である。お金を使うことに無神経では、いざ使えなくなったときに、持ちこたえられない。おそらく祖父はそう考えていたに違いない。

祖父は苦い経験をしていた。戦時中の日本では、個人も企業も国債や戦時国債を買わされた。戦前から軍関係とも商売の取引があった祖父もその例外ではなく、かなりの国債を持っていた。しかし、敗戦後、国債はなんの価値もなくなり、ただの紙きれになった。祖父と同じような経験をした同世代の方はおそらく日本中にたくさんいただろう。

戦後、社会の仕組みがすべて変わった。商売も戦前までの呑気なやり方だけでは通用しない。祖父はずいぶん苦労したようだ。そこで、ぼくの父が「新事業」を試みた。ただし、実業家タイプではなかったので、うまくいかないことが多かったようだ。ぼくが中学生のころ、六〇年代半ばのことだが、米国からやってきたスーパーマーケット・ブームが日本で起きた。ただの雑貨屋じゃない規模の大きな小売店が、次々とオープンした。それを見た父は、引き売りでは将来がないだろうと、店をスーパー風に変えてみた。けれども、そんな安易なやり方でうまくいくわけがない。ほんの数カ月でこのスーパーは閉店に追い込まれた。

父は、ある特定のものごとに関しては深く考えるタイプだったが、商売を成功に導くような「ばくち」の能力が欠けていた。外交的な性格だったが、内面は繊細でもろいところがあった。ふだん家にいるときの父は、典型的な酒好きの〝暴君〟だった。

なぜ、あんなに酒に走っていたのだろうか。今にして思えば、自分が商売に向いていないことをわかっていたのかもしれない。商売で結果が出せないため、肩身が狭かったのだと思う。そうなると、婿養子のつらさだ、祖父母や母からの尊敬が得られない。

普段の生活では、母のほうが仕事熱心だったし、いったん腹をくくると途中で投げ出さないような意志の強さがあった。それだけに内面がもろい父を立てないところが、母にはあった。そこで、ますます父はフラストレーションをためるようになった。酒に走り、暴力に走った。

当時の父の心境が、この年になるとよく理解できる。今では、父とぼくとは仲良くやっている。けれども、幼いころの子供、とりわけ男の子は、必ず母親に味方する。始終酒臭く、しかも暴力を振るう父を、ぼくはずっと憎んでいた。

カソリック小学校の反逆児

小学校は、母の意向でカソリック系の私立校に入学させられた。

京浜工業地帯の気の荒い漁師町で育ったぼくが、何を間違ったのか、上流社会にあこがれるエセ奥様たちが子供たちを送り込むような「お上品な」私立校に入れられてしまったのである。もちろん校風と合うわけがない。

小学校は、ぼくにとって、最悪の場所となった。

まず、学校の先生と徹底的に折り合いが悪かった。入学早々、「はせがわ・こうぞう＝悪い子」の烙印を押されてしまったのだ。理由は、「素直に先生の言うことを聞かないから」。

こちらにしてみれば、別に素直じゃないわけではない。ぼくは理屈っぽいところがあったから、わからないことや、理不尽なことがあったら、それこそ先生に「素直に」質問していただけなのだ。なのに、先生たちは、ぼくの質問に答えてくれる代わりに、従順じゃない〝悪い子〟というレッテルをぼくに貼った。

しかも、そんな先生に、ほかの子供たちは誰も逆らわない。ぼくの味方は学校に一人もいなかった。

入学当初からなじめなかった学校だが、決定的な出来事が三年生のときに起きた。

この小学校はカソリック系だったため、授業には宗教（もちろんキリスト教）の時間があった。あるとき、ぼくたちは、エデンの園を描いた絵を見せられた。ライオンやキリンなど、さまざまな生き物が人間と一緒に住んでいる図が描かれていた。

「エデンの園では、こんなふうにすべての生き物と人間とが一緒に仲良く暮らしていたんです」

先生は説明した。

（すべての生き物？）絵をじっと見ているうちに、ぼくはあることに気づいた。気づいたことは口にせずにはいられない性質である。ぼくは手を上げて先生に質問した。

「先生、恐竜はいないんですか？」

家で動物図鑑や恐竜の本を見るのが大好きだったぼくは、（すべての生き物というからには、恐竜がいなくちゃおかしいじゃないか）と思ったわけである。なのになぜ絵には恐竜が描かれていないのだろう？　もしかして描き忘れちゃったのかな？　なぜ？　なぜ？

ぼくはすぐに質問に答えてくれると思って、先生をじっと見つめた。

先生は顔をしかめてぼくにこう言った。

「ほんとうに悪い子ね。神様を信じてないの？　そんな屁理屈ばかり言っていると、地獄に落ちますよ」

思いもよらぬ叱責に、ぼくは唖然とした。この先生は何を言っているんだ。なぜ、ただ質問しただけで、地獄に落とされなきゃいけないんだ。しまいに、ぼくは思った。

——こいつ、馬鹿じゃないか？

この経験は、現在に至るまでずっとぼくの中に残っている。宗教に対する嫌悪感というかたちで。小学校のときのこうした経験から、宗教で救われるのは先生のように無知蒙昧な人だけなんだ、という思いがぬぐいされない。パスカルの説くように、人間が考える葦ならば、宗教はその考えるという行為そのものを止めてしまうのではないか——。今でもぼくはそう思っている。

ともあれ、三年生のぼくは、残りの三年間、あと何日学校に行かなきゃならないのか、日数を指折り数えて、悲嘆に暮れたものだ。どうやら、自分は、みんなと一緒、右にならえ、というのが根本的にできないらしい。だったら普通にサラリーマンになるのも無理だろう。いや、あんなもの（どんなものか、実際に知っていたわけではもちろんない）になるくらいなら、首をつったほうがましだ——。こんなふうに思い始めたのもこのころからだ。

それでも、ぼくには希望があった。

というのも、この私立学園は基本的には女子校のため、中学校に進学する時点で、男子生徒は自動的に追い出されてしまうのである。どんなに学校の空気を吸うのが嫌だとしても、小学校六年生の三月まで我慢すればすむわけだ。

ただし、一方で、不愉快なこともあった。いやがおうでも中学受験をしなければならないのである。

ぼくの通っていた学園は、すでに記したように、当時としてはそこそこの「おぼっちゃん学校、お嬢ちゃん学校」だった。それだけに、小学校を卒業した時点で学園からいなくなる男子生徒たちをなるべく有名な私立中学に進学させようと、とにかくやたらと勉強させたのだ。

かくして、よりにもよって漁師町育ちの荒くれたガキだったぼくが、当時としては珍しい中学受験なるものを無理やりさせられたのである。もちろん、受験勉強なんか先生と同じくらい大嫌いだったから、ろくすっぽ何の対策もとっていなかった。

結局、ぼくは、家の近所の横浜・新子安にある中高一貫教育の私立学園、浅野学園にぎりぎりセーフで滑り込んだ。現在ではこの浅野学園、神奈川県では名門校の一つに数えられ、東大に進学するやつも結構いるらしいのだが、ぼくが入学した一九六二年当時はそんなレベルの高い学校ではなかった。

でもまあいい。ようやく大嫌いな小学校から脱出できたのだから。これから楽しい学園生活の始まりだ――。

しかし、ぼくの考えは甘かった。

鬱の乱暴者——浅野学園中学時代

一九五〇年代から六〇年代前半にかけての横浜は、若い連中の不良血中濃度が非常に高い街だった。不良の多さでは、日本でも有数の地域ではなかったろうか。日活アクション映画の舞台となったのも、むべなるかな、である。

そんな横浜において、ぼくの地元子安浜は、不良のエリート・エリアであった。トップクラスの「わる」が集結していた。地元の公立中学校は、横浜屈指の不良中学として名をはせていた。

そのなかでもさらに一番の「荒くれ者」、それが、ぼくのまわりにいた漁師の息子たちだった。やつらはみんな、中学卒業と同時に、船に乗り、海に出る。だから、勉強の必要はなかった。ぼくはといえば、小学校時代、周囲でただひとり私立に通っていたから、平日の昼間こそ公立小学校に通う彼らと交わることはなかった。が、あの鬱陶しいカソリック校から地元に戻ってくれば、荒っぽい日常がぼくを待ち受けていた。殴ったり殴られたりの喧嘩も別に珍しくなかった。

ぼくは、そんな荒っぽさをそのまま身にまとって、のんびりした私立浅野学園に入学した。

入学式。校庭での退屈な儀式が終わると、ぼくを含むかわいい新入生たちは、自分のクラスに向かう前に、クラスごとに待機させられた。その集団の中の一人とぼくの眼があった。昨日まで小学生だったにしてはやけに鋭い目つきの浅黒い顔の男だった。

瞬間、ぼくの左手が、そいつの顔面に入った。拳は顔のど真ん中、鼻っ柱に命中した。やつは鼻血を噴き出しながら、地面に倒れた。

〝子安浜流〟のあいさつだ。

周囲の連中がおもわず後ずさりした。ぼくはそのまま教室へと向かった。入学と同時の暴力沙汰に後から気づいた担任教師に、ぼくは大目玉をくらった。そして、この日から、ぼくに喧嘩を吹っかけるやつは周囲に一人もいなくなった。

え、なぜ、いきなり喧嘩をしかけたかって。

別に理由なんかない。当時のぼくに、喧嘩に対する理由は一切いらなかった。殴るべき相手がいればそれでいい。俺より強そうなやつがいる。気にくわねえ。俺のほうが強いところをみせてやる。お、ガンを飛ばしやがったな。受けて立つぜ。というわけだ。

ほとんど動物以下だ。そして動物以下のぼくは、入学とほぼ同時に「暴力男」のレッテルを貼られた。

それでも、小学校時代の「悪い子」というレッテルに比べれば、はるかにましだった。だいたい、子安育ちのぼくにとって「暴力男」と思われることになど、なんの痛痒もなかった。それに、学校からの抑圧は小学校に比べるとほとんどなかった。

さて、中学生に入ったころから、体がどんどん大きくなってきた。自分でも気がつかないうちに、「大人の部分」が芽生えてきた。喧嘩だけでは、内からの衝動を抑えきれず、ぼくは水泳部に入部した。青春のもやもやはスポーツで解消だ。

といいたいところだが、それでは解消できない「もやもや」もある。さてどうするか。

ぼくの入った水泳部は、なかなかの大所帯だった。というのも、中高一貫教育だったために、下は中一から上は高三まで、まとめて一つの部で活動していたからだ。中学生からしてみれば、高校生というのはもう立派な大人である。そんな親父のような連中と一緒に部活をするのは、おっかないところもあったが、いろいろな面で楽しいこともあった。

そこで「もやもや」の話だ。

中学二年、季節はいったいいつごろだったろうか。たしか週末、土曜日の夕方だったと思う。ぼくは、たった一人で、横浜・生麦の裏通りを自転車で走っていた。ポケットには、家の手伝いやお年玉を貯めたなけなしの八〇〇〇円が入っていた。今の貨幣価値でいうとざっと一〇倍、七〇〇〇〜八〇〇〇円ほどだろうか。

目指すは、〝富士館〟だった。ひげの生えかかった高校一年の先輩に教わった店だ。――おい、長谷川、おまえ、子安浜だろ、生麦近いよな、じゃあ、富士館知ってるか? え、知らない?

だったら行ってこいよ、いいぞお。

富士館、ここは要するにストリップ劇場である。

一年間で一五センチも身長が伸びたぼくは、当時すでに一六五センチほどあった。そのころの大人の平均身長である。私服を着ると、少なくとも中学生には見えなかった。とはいっても、ガキかどうかは顔を見ればすぐわかる。おそらくこちらが学生であることはばれていたに違いない。入り口のもぎりのおっさんはしかし、緊張した面持ちで入場するぼくに一瞥もくれず、あっさり通してくれた。学生のストリップ見物程度は、特に問題にならないようなのんびりした時代だったのだろう。

薄暗い室内に赤いスポットライトがあたった。女が一枚一枚もったいぶりながら衣装をはずす。大人の女の裸を生で見たのは、初めてだった。店内は、土曜日ということもあって、ががらだった。ぼくは、かぶりつきの席から舞台のそでに手をかけて、食い入るように見上げていた。すると、彼女はぼくの目の前にやってきて、しゃがんだかと思うと、ぱっと衣装を左右に開き、ご開帳した。

ストリップの話はこれでおしまいである。これ以上は詳しく書かない。が、最後に一つ。

この日からぼくはストリップにハマってしまった。

バイト料やお年玉の貯金はすべて、富士館に注ぎ込まれた。まあ、それでもストリップに行けるほどのカネをためる能力がぼくにはあったらしい。この能力は、のちほどビジネスに生かされることになる。ずっと後の話であるが。

喧嘩に部活にストリップ——。こんな話を書くと、安手の青春ドラマにありそうな、なんだかとても愉快な中学時代を過ごしていたかのように思われるかもしれない。

でも、このころ、ぼくは鬱状態に陥ったのである。

中学に入学してから、ぼくは学校に教科書を置きっぱなしにしていた。勉強が大嫌いだったからだ。授業もまじめに受けたためしがなかった。それでも、一年生のときは、なんとか勉強についていけたのだが、二年生になるともうさっぱりわからなくなっていた。試験では、答案用紙に名前しか書かないこともしばしばだった。

当然、成績はよくない。

ま、それは仕方がない。なにせこちらは勉強嫌いなのだから。

ただし、そのせいで、我慢のならないことが起きた。周りのみんながぼくをあからさまに馬鹿にするのである。先生はもちろん、親、弟、そしてクラスの連中。

弟はさすがにぼくを目の前にして生意気な口をきいたりはしない。けれども、クラスの連中は、ぼくを劣等生と見なしているのが、やはり顔に出る。

これには腹が立った。とはいっても入学と同時に、暴力野郎のレッテルを張られているだけに、誰も面とつっかかってこない。だからよけいにいらいらした。

そんなぼくのとばっちりを受けたやつもいる。あるとき、横の席に座っていた男は、ささいなことからぼくにいきなりぶん殴られ、椅子から転げ落ちた。よりにもよって、中間試験がまさに始まる直前の出来事だった。その後すぐに、ぼくは、うしろからやってきた英語の教師に、持っていた三六〇人分の答案用紙の束で思いっきりぶん殴られた。

まったくもって支離滅裂な行動であった。殴られた男もいい迷惑だったろう。とにかく、このときのぼくは、心を閉じたまま、まったく周囲を見ていなかったのだ。

こんなどうしようもない状態だったのだが、ぼくは毎日学校に行った。勉強をするわけでもない。せいぜいがクラスの誰かを殴り、教師から小言をくらうだけだった。その繰り返しだった。それでも、なぜか、「登校拒否」という発想は一度も浮かばなかった。

ぼくはどんどん暗いふちへ落ち込んでいった。ひとを殴っても、むなしさだけが積み重なるだけだ。誰とも話をしたくなかったし、誰にも心を開きたくなかった。

そして、二年生一学期の三カ月間、ぼくは毎日死ぬことを考えるほど、落ち込んでしまった。完全な鬱状態である。きっかけは、最初の中間試験だった。

試験に対して、一切の勉強を拒否していたぼくは、いつもどおりほとんどの答案用紙に名前だけを書いて提出した。

成績はクラスの六〇人中五八番だった。

ぼくにしてみれば、白紙同然で提出した自分よりさらに点数の低いやつが二人もいることのほうが不思議だったが、教師はそうは思わなかった。担任教師は、職員室にぼくを呼びつけると、開口一番、こうぬかしやがった。

「長谷川、おまえの成績じゃあな、うちの学園の高等部には上がれない」

「……」

「だからな、今からどっかの馬鹿高校に行く準備をしろ」

ぼくは、そのまま黙って職員室を退室した。鉛を飲み込んだように重い気分だった。俺は、いったいどうすりゃいいいだ。出口がさっぱり見つからない……。

ぼくは深い深い鬱の海へと沈んでいった。人生で、あのときほど暗かったときはない。

あともう少しで夏休み。そんなころ、ぼくはようやく一つの結論に達した。——この蟻地獄のような状態から這い出るには、勉強して成績を上げ、周囲のすべての人間を見返すしかないんだ、と。

いきなりやる気だけは出たぼくだったが、問題は、どうすれば勉強ができるようになるか、いやそもそもどうすれば集中して机に向かうことができるのか、であった。夏休みに入るころまで、ぼくは迷っていた。

そんなとき、ぼくを助けてくれたのが漫画雑誌だった。

家で『少年サンデー』をぱらぱらめくっていたときのことである。連載漫画のあいだにはさまった一つの記事に、ぼくは注目した。自己催眠の記事だ。

「苦手なことや何かを克服したいときには、これが効きます」

記事はいきなりこんな導入で始まっていた。これ、とはもちろん、自己催眠のことである。そしていまだに鮮明に覚えている。次にこんなことが書かれていたのだ。

「もしも何かにチャレンジしたいときには、寝る前にこめかみに指を当てて五〇数えて、やるべきことを五〇回唱えて、その後また五〇数えて寝なさい」

これだ！

ぼくはそうひらめいて、すぐに実行することにした。しかも書かれていたことを二倍実行した。一〇〇数えて、一〇〇回唱えた。

「俺は勉強が好きだ。俺は勉強が好きだ。俺は勉強が好きだ」

ぼくは毎晩こう一〇〇回唱えて寝た。

それからのぼくは、昨日までのぼくではなかった。とにかく、できようができまいが、毎日机にかじりついて、勉強をした。もちろん家庭教師なんかがいるわけではないから、ひたすら独学の毎日だ。勉強をしなければ、俺は死んでしまう――。そんな切迫感がいつのまにか、身についたのだ。自分でも驚くほどの集中力だった。

夏休みが終わり、しばらくして二学期の中間試験があった。

自己催眠の霊験はあらたかだった。成績は五八番からいきなり一二番にまで急上昇した。あまりの成績アップに内心ほくそえんでいると、また担任教師から呼び出しがかかった。お、俺を見直して褒めてくれるのかな。ぼくは意気揚揚と職員室に向かった。担任教師は椅子に座ったまま、ぼくを見上げて、にこりともせずにこういった。

「おまえ、カンニングしただろう」

この日を境に、ぼくはこの浅野学園にいっさいの見切りをつけた。こんなあほ教師のいる学校、こちらから御免こうむるぜ、というわけである。じゃあ、どこへ行くか。それは、このあほ教師やクラスの連中がぐうの音も出ないほどレベルの高いところ、もちろんこの浅野よりもはるか上の学校に行くしかない。

かくしてぼくは、当時神奈川県トップ、いや日本でも有数の名門進学校、県立湘南高校に狙いを定めた。

自分を追い込むために、あえて担任教師やクラスの連中にも「俺は湘南に行く」と宣言した。みんなが笑って相手にしなかったが、ぼくは構わなかった。最後に笑うのはこっちのほうだ、と堅く信じていたからだ。

中二の途中からのぼくの様変わりに、周囲は驚き、呆れていた。なんで、あの喧嘩くらいしか脳のない長谷川がいきなり湘南高校なんかを目指して、ガリ勉やってるんだ？　もしかしたら気でも触れたんじゃないか？

言いたいやつには言わせておけばいい。まあ、みてろ。最後に勝つのは俺だ。

そのころの神奈川県では、高校進学の決め手の一つになるのが、中学三年生冬に実施されるアチーブメント・テストという統一学力考査であった。このテストの成績次第で、どの高校に行けるのかが決定してしまう。二年生の夏にほとんど一から勉強を始めたぼくに、残された時間は少ない。とにかく、死に物狂いで勉強した。

一九六五年二月。いよいよ試験だ。科目は英・数・国・理・社の五教科だったと思う。試験から一週間ほどして、結果が出た。五〇〇点満点で三七九点。一年半前のぼくの成績からすれば、これ以上望めないほど上々の出来だった。が、湘南高校の想定合格ライン三八五点にはあと一歩足りなかった。判定結果にも、合格は難しいと出た。

それでもかまわなかった。ぼくは湘南高校以外に行くつもりはなかった。教師のアドバイスも無視し、ぼくは湘南高校に願書を提出した。

そこまで無理して受験した湘南高校の合否の結果を知ったときのことは、今でも忘れられない。

それは体育の授業が終わろうとしているときだった。みんなで整列していたときに、ちょっとの間はずしていた体育教師が戻ってきて、「おい、長谷川」と、ぼくを呼んだ。

(ちっ……)。ぼくは内心舌打ちした。この男はとにかく誰でもすぐ殴るので悪名高いヘルニア持ちの暴力教師だった。粗暴少年からガリ勉少年に急転換を遂げたぼくなどは、なまじ目立つだけに彼の拳骨の格好の標的だった。(また、こいつに殴られるのかな……)思わずぼくはうつむいた。

ところが、彼はぼくを殴る代わりにこう言った。

「おまえ、受かったぞ」

「?」

「湘南だよ、湘南」

ぼくより先に、周囲のクラスの連中がどよめいた。「おい、ほんとか」「すげえな」

ぼく? ぼくはといえばクールに構えていた。が、頭の中では派手な打ち上げ花火が連発してあがっていた。なによりすぐ近くにいたクラス一勉強ができる男の顔つきは忘れられない。いつもすました秀才づらをしていたこいつは、(え、なんで、長谷川が……)と呆けた表情をさらしていた。

ほらみろ、どうだ! まいったか! 俺の勝ちだ!

このとき、ぼくは自分がどういう人間か初めて自身で明確に認識した。

俺の人生にとって必要なのは、誰もがしり込みすることにチャレンジする精神と、それを達成して得られる充実感なんだ。この二つさえあれば、俺はいつでもハッピーなんだ……。

このあたりの発想は、現在にいたるまでぼくの基本路線として残っている。

とにかく、ぼくは浅野学園脱出に成功した。

「文化」との出合い——湘南高校時代

神奈川県立湘南高校。この学校は、神奈川県の真ん中、藤沢市の中心からちょっと北に進んだあたりにある。横浜のぼくの家からだと、通称「湘南電車」と呼ばれるオレンジと緑のツートンカラーの東海道線を乗り継いで、一時間半ほどかかる距離だ。

この学校に通うようになって、ぼくはまたまたカルチャーショックを受けた。

基本的に周囲の連中が全員秀才である。トップ校だから当然なのだが、今までに味わったことのない不思議な空気だ。あえていえば「文化」が違う、といった感じだ。なんでも「そここそ」の浅野学園とは、まったく肌合いが異なった。

まず、みんな勉強ができるくせに、勉強なんか一切してないふりをする。それから、授業の受け方もマイペースだ。さぼっているやつも結構いるのだが、教師はまったく意に介さない。じゃあ、そのさぼっているやつの成績が悪いかというと、とてつもなくよかったりする。

殴り合いの喧嘩をするやつはまったくいなかった。腕にものを言わせるなんてことは、ここ湘南では、もっともダサい行為の一つに数えられていたからだ。これには困った。なにせ、それまでのぼくにとって最大の武器の一つが、「腕にものを言わせる」だったからである。

そもそも当時の湘南近辺の人間は高校生にいたるまで「品」が良かった。ぼくの育った横浜の漁師町とはある種対極にあったかもしれない。そのあたりも大いに戸惑った点であった。が、いつもならば反発するはずのぼくが、ここでは郷に従った。奇跡的なことに、高校時代、ぼくは一回も学校で喧嘩をしなかった。いや、できなかったといったほうが正確だろう。

正直な話、気に食わないやつも中にはいたし、ぶん殴りたいことも何度もあった。けれども、周囲の秀才たちのクールな視線と品のいい雰囲気が、ぼくのこぶしをいつも止めた。暴力はあまりに場違いだったのだ。

最初は、フラストレーションがたまったが、そのうちぼくはこの湘南高校の流儀に染まっていった。なぜか。理由はシンプルだ。生まれて初めて「文化」を語りあえる親友ができたからである。

小学校でも、中学校でも、クラスの中で殴りつける相手はいても、友達と呼べる人間はほとんどいなかった。それが、この神奈川一の進学校、ぼくの育ちとはもっともかけ離れていた湘南高校で、最初のクラスで偶然いっしょになった二人の男と友人になった。

鹿島茂と大野真二。

鹿島は、現在共立女子大学で教授をやっている。フランス文学が専門だが、エッセイストとしても有名だ。後に対談で登場する。そもそも本書のプロデュースを買って出てくれたのが、彼である。

現在、森羅万象について博覧強記で知られ、多くのファンを獲得している鹿島だが、その萌芽はすでに湘南高校時代にあった。とにかく映画と文学については、半端じゃない知識を持っていたし、また実際に、よく観、よく読んでいた。もちろん勉強も抜群にできたが、秀才揃いの湘南高校でもこの手の文化的知識に関して、鹿島の右に出るやつはまずいなかった。今の彼の多方面での活躍ぶりを眺めると、まさに「栴檀は双葉より芳し」である。

一方の大野は、現在NECに勤めている。彼は、鹿島と違って、勉強のほうはたいしたことはなかったが、有名な学者の息子だったという家庭の環境もあったのだろう。映画の知識は鹿島に負けなかったし、ジャズに関しては、鹿島を上回る知識と経験とレコードを持っていた。

いま考えると、劣等生で「肉体派」だったぼくが、なぜ彼らのような「文科系」と仲良くなれたのか? うまく説明ができないが、お互い五〇歳を越えた現在に至るまで三五年間も親友なのだから、とにかくうまがあったのだろう。

そんなわけで、ぼくらはよくつるんで、学校の帰りや休日に、映画を見に行ったり、ジャズを聞きに行ったりしたものだ。ぼく自身もともと映画も音楽も本も好きだったのだが、なにせ彼らとは経験の厚みが違う。鹿島と大野はぼくにとって、映画の先生、読書の先生、ジャズの先生だった。

鹿島から「これ、おもしろいから読めよ」と薦められた本は、なぜか素直に読んだものだ。『チボー家の人々』『カラマーゾフの兄弟』など、分厚い名作の数々をぼくは高校時代に読破していった。

そのうちぼくも次第に素養がついてきた。みずから読んでみようと思ったのが、チェーホフ全集だった。非常に情緒的な作品が多く、帝政ロシア時代の描写がすばらしい。全集を何回も読み返した。なかでも短編集は大のお気に入りだった。

鹿島と大野という「先生」と、湘南高校の自由で文化的な空気が、ぼくをいつのまにか〝暴力少年〟から、〝読書、映画、ジャズ少年〟に変えていった。最初は、知識が足りないから、二人に劣等感を感じていた。でも、彼らはぼくのことを馬鹿にしたりせず、また知識をいたずらにひけらかすこともしなかった。なにより、ぼく自身が、彼らから教わった文学、映画、ジャズの魅力に強くひかれた。そんなわけで、なんであいつらあんなに知ってるんだ、といった悔しい思いをときどきしながらも、いつも三人で行動していた。

今になって思う。現在、グローバルダイニングの店づくりに表現されているぼく自身の感性。その基礎の大半はこの湘南高校時代に築かれたものだ。店に映画のワンシーンのような風景を持ち込むこと、音楽へのこだわり、欧米文化への憧憬――、ぼくの店に貫かれているイメージの多くが、高校のときの文化的経験が素養となっている。鹿島、大野との文化体験がなければ、現在のようなレストランを展開できていたとは、とても思えない。

それにしても、高校時代には、たくさんの映画を見た。ジャンルもさまざまだ。『甘い生活』はよかった。フェリーニの『8 1/2』にもしびれた。トリュフォーの『突然炎のごとく』には驚いた。『水の中のナイフ』『赤い砂漠』……、感動した映画をあげたらきりがない。そうそう、アメリカの映画では、ジョン・フォードが大好きだった。彼の西部劇に流れる空気がたまらなかった。ヘンリー・フォンダがワイアット・アープを演じるモノクロの『荒野の決闘』、あの映画に出てくる酒場のイメージは、そのまま今のゼストに生かされている。『エルマー・ガントリー』もやけに印象に残っている。バート・ランカスターがアカデミー賞をとった作品だ。

鹿島もぼくも横浜からの越境入学だった。彼の実家も酒屋で、偶然にも家の商売までおんなじだった。毎朝、横浜駅で一緒になり、同じ電車で通っていた。そんなこともあって、横浜のダウンタウン、日の出町、桜木町界隈の名画座三本立てはもとより馬車道近辺でもよく映画を観た。思えば、そこらかしこに映画館のあった時代だった。

ジャズ喫茶にもよく通った。まだまだロックよりジャズのいかしていた時代だった。有名なジャズマンが来日すると、横浜から遠征して、新宿のピットインや厚生年金ホールにまで聴きに出かけたものだ。

学校の話も少ししておこう。受験のときはしゃかりきだったが、入ってしまえばこっちのもの。だいたいが周囲は県内の秀才しかいない学校だ。ぼくは、またまた「劣等生」の定位置についた。

湘南高校の授業は、一時限が九〇分あった。中学校まではたしか四五分か五〇分だったから、最初は休み時間までがやけに長く感じた。でも、基本的に自由放任が原則だったから、小学校や中学校で感じたプレッシャーはほとんど受けずにすんだ。ぼくのような人間にとってはほんとうにいい校風だった。

自由放任なだけに、生徒の勉強の仕方も、おのおの自己流で済ませていた。できる生徒は高校二年が終わるまでに三年までの勉強を自分で終えてしまう。で、どうするかというと、三年になると授業には出ない。学校の図書館で大学受験に備え、Z会の通信添削の勉強をしていたりする。面白いことに、学校のほうも、教師のほうも、それを容認しているのだ。

ぼくも図書館にはよく行った。が、それは純粋に本を読みたかったからだ。図書館の前には芝生があって、昼休みはごろんと寝転がって鹿島たちとよくだべったものだ。映画の話、ジャズの話、最近読んだ小説の話……。

さきほども記したように、湘南高校で、ぼくは劣等生の位置にあった。周りが秀才ぞろいだから、しょうがないといえばしょうがないのだが、その一方で、競争心は相も変わらず旺盛だったため、たとえ勉強だろうと人に負けることは、いささかつらかった。

だから勉強に関してはやはりいい思い出はない。定期試験の結果は、全員の分が成績順にずらりと張り出される。当時、湘南高校の生徒数は一学年一〇クラスで五六〇人ぐらいだったが、ぼくの成績は五〇〇番前後だった。廊下に張り出されるから、いつも上位にいる鹿島あたりに比べると、ぼくの劣等生ぶりは隠しようがなかった。

それでも、本心ではたかをくくっていたところがあった。もちろん中学のときの、大逆転の成功体験があったからだ。なに、成績が今どんなに悪くたって、三年からがんばればなんとかなるさ――。さらに悪いことに、ぼくのこの甘い考えに、先生たちの「寛大な」対応が油を注いだ。ここ湘南高校の先生たちは、授業中静かにしていれば、特になんの注意もしない、という対応ぶりだったのだ。

というわけで、ぼくは一年生と二年生のとき、実にのびのびと高校生活を謳歌し、何も勉強しなかった。

そんなぼくでも高校三年になる。進路を決めなければならないときだ。もちろん全員進学、しかも同級生の大半が東大を筆頭に難関校ねらいである。

そこで、長谷川耕造はどうしたか。突如として勉強を始めたのである。

浅野学園の中学三年のときとまったく同じである。では、今度はどこを目指すか。中学のときが神奈川一の湘南高校が目標ならば、高校になったら当然全国一だ。

そう、東京大学である。

突然、勉強を始めたぼくを見て、学校の先生は何がこいつにあったのかと思ったに違いない。あるとき、一人の先生が聞いてきた。「おい長谷川、いったいどうしたんだ」

ぼくは胸を張って、こう返した。

「え？もちろん、現役で東大に入学するためですよ」

一瞬きょとんとした先生は、思わず噴き出した。

「お、おまえな、いったいなに考えてるんだ」

今、振り返ってみると、このときのぼくの馬鹿さ加減は、さすがに先生も笑うしかなかったのだろう。でも、高校三年生のぼくは、本当に東大に入るつもりだったのだ。

それにしても、ビリから数えたほうが早かったぼくが、それまで何の勉強もしていなかったぼくが、なぜ突然東大を目指そうと考えたのか。

別に目的があったわけではない。東大そのものになんらかの価値を、当時のぼくが見出していたわけではないのである。

では、なぜ？

単純な話だ。いちばん難しい大学が東大だったからだ。いちばん難しい大学に合格する。ぼくにとって、それだけが目標だったのである。

好きでもない勉強を始め、個人的には別に価値を見出していない東京大学を目指そうとした理由。それは、おそらく当時のぼくに心底好きなものがなかったからだ。

映画は？　ジャズは？　文学は？　たしかに見るのも、聞くのも、読むのも好きだった。それは確かだ。でも、演劇をやろうとは思わなかったし、サックスを習おうとも思わなかったし、小説をものにしようとペンをとることも決してなかった。

じゃあ、俺は何を目指せばいいのだろう。そう思って、周囲を見渡した。

みんなが受験勉強を始めていた。大学入学を目指していた。鹿島や大野も例外ではなかった。クラスの仲間たちが大学受験の用意をするのは、意味があった。今も昔も日本で大企業に入社するには大卒が最低条件だし、官僚になるのもそうだ。ましてや学者なんかを目指すんだったら、大学は避けて通れないルートだ。

ところが、ぼくときたら、すでに書いたとおり、小学生の時点でサラリーマンなんかまっぴら御免と、その点に関してはおそろしく早く悟ってしまった男だ。会社勤めという選択肢は最初から自分の中にはない。だから、たとえ大学へ入学したとしても卒業するつもりなんかさらさらなかった。だいたいの話、そもそも勉強が大嫌いなのだ。

でも、ここでぼくの考えに矛盾があるのに自分で気づく。じゃあ、なぜ大学なんか、いやその中でも東大なんかを受験しようと考えるんだ?

そこで、さっきの話に戻る。当時のぼくに、ほかにエネルギーを注ぐ場がなかったからなのだ。そんなとき、周囲の仲間たちのほとんどが、東大受験というそれはそれは困難な目標に立ち向かおうとしていた。ほかにすることがあれば、ぼくはみんなとは違う道を歩めばいい。でも、その道がこのときはみつからなかった。となると、ここでぼく一人が大学受験を蹴ってしまうのは、みんなが困難に立ち向かおうとしているときに、自分だけ背中を見せて逃げ出してしまうようなものだ。

そこで、ぼくの妙な負けず嫌いが顔を出す。みんなができるんだったら、俺にできないわけがない、というわけである。

かくして、勉強嫌いのうえに、大学そのものにも価値を見出していない男が一人、なぜか東京大学を受験するはめに陥ってしまったのである。

結果は、……言うまでもないだろう。

六八年三月、ぼくは浪人生となった。

勉強時間一日一三時間半——怒濤の浪人時代

日ごろの成績というのは、案外正確に受験結果に反映される。

われら三人組のなかで現役合格したのは、秀才鹿島だけだった。彼は予定通り東大の文三へと進んだ。大野は、東北大受験にあっさり失敗した。なるほど、まぐれというものは、やはりまぐれでしかない。そんなにあるものではないのだ。

ぼくと大野は大学受験に再度チャレンジするために、東京の城北予備校に一緒に通うことにした。

高校に入学するときも、かなり勉強したが、この一八歳から一九歳にかけての一年間ほど勉強したことはない。

国立大学の入試は六教科もある。ところが、こちとら、そのいずれもができないのだ。勉強の量が半端ではないのもあたりまえだ。今振り返ってみても、ぼくの人生の中で、あれほど努力はしたことはない。ぼくは勉強に対するエネルギーを一生分使い切った。実に過酷な日々だった。

ぼくは浪人と同時に長髪だった頭を丸坊主にした。自分自身を牢獄に入れた気分にするためだ。まずは形から入ったわけだ。それから、死ぬほど嫌いな勉強を一日一三時間半こなした。

それでも、まだまだ足りなかった。なにせあの秀才鹿島が、受験前はさらにぼくより一時間多い一四時間半を勉強にあてていたというのだ。ほかにも東大に現役合格した湘南の連中は、睡眠時間が五時間以内で十分、というやつが多かった。

こういう話を聞くと、ついつい自暴自棄に陥りたくなった。でも、ぼくにはほかにチャレンジすることがなかった。東大受験から逃げるわけにはいかないのだ。

こんな状態だったから、当然フラストレーションがたまった。勉強なんか大嫌い、教科書も嫌いだった人間が、いきなり勉強を始めてうまくいくわけがない。自宅の机に向かい、参考書を開くたびに、ぼくはいらいらしていた。あたる人間もいないから、毎日のようにモノにあたっていた。大学入試直前になるころには、勉強部屋のベニヤの壁は、ぼくの〝フラストレーション・パンチ〟で穴ぼこだらけになっていた。

ぼくの浪人時代の勉強法についても記しておこう。そもそもぼくは、決めたことに対して融通のきかないタイプだ。頭の切り替えがうまくできないのだ。そこで、入試科目の六教科の中から、毎日三教科を勉強する計画を立てた。なかでも数学が苦手だったので、頭がフレッシュなときに数学を始めることにした。

ところが、数学一科目で一晩が終わってしまうというようなことがしばしば起きた。計画では、もう次の国語にとりかかる時間だ。でも数学の今日のノルマがまったく終わっていない。どうすりゃいいんだ。自分で自分が許せなくなる。この焦燥感、受験勉強で苦しんだ方ならば、一度は味わったことがあるのではないだろうか。あのいらいらした絶望的な感覚は、今でもまざまざと思い出すことができる。それほどまでにつらかったのだ。

しかも、そんなときに限って、眠気が津波のように襲ってくる。鉛筆の先で手を刺して刺激しても、まったく効果がない。そんなときは、寝静まった家の中を移動して、台所でインスタント・コーヒーをカップに入れる。これに砂糖と水を少々。泥水のような状態だ。そこにもう少しだけ水をたらす。このコーヒー汁をぐっと飲む。喉がむせるほど苦甘いが、これでなんとか目が覚める。

さて、再び勉強だ。このままじゃあ、予定していた国語と英語はとても手につけられそうにないな。ま、とにかく目の前の数学だけは片付けないとな……。

そこまでして、毎日必死の思いで勉強したのだが、ぼくらの東大受験再チャレンジは、あっけないかたちで幕を閉じた。

そう、例の大学闘争で、東大の入学試験そのものが、この年、なくなってしまったのである。まさしく、庄司薫の『赤頭巾ちゃん気をつけて』の世界だ。

入試そのものがないのならば、チャレンジのしようがない。ぼくは別に東京大学そのものに行きたかったわけでは別にないから、国立は一橋大学入試にさっさと切り替えた。

いずれにせよ結果は同じだった。あっさり落ちた。

落ちたのは国立だけじゃなかった。私立も同様だった。早稲田大学の政経学部を受けたときは、試験の最中に「あ、こりゃあだめだ」と気づいた。数学の試験で四問中一問だけが解けなかったからだ。

早稲田の政経の受験科目は、英語と国語、それに数学か社会科のどちらかを選択する。文系のぼくがあえて社会科ではなく数学で受けることにしたのは、私立文系大学である早稲田政経では数学を選択する受験者が少なく、そのため問題が比較的楽で、結果、合格率も社会科を選択した場合に比べて高いと聞いていたからだった。事実、直前に取り組んだ過去の数学の問題は、ぼくでもすらすら解けたくらいである。

ところが、なぜだか知らないが、この年から早稲田は政経の数学の問題水準をいきなり上げた。このため、社会科を選択したときよりも、数学選択者のほうが相対的に不利になってしまったのだ。

ぼくもその例にもれなかった。早稲田政経の合格発表者の中に、ぼくの名前はなかった。

そんなぼくが、ようやく引っかかったのが、早稲田大学の商学部だった。贅沢を言うつもりはもちろんない。よくもまあ、ぼくごときが受かったものだ。今でも不思議なくらいである。

じゃあ、このひたすらつらかった浪人時代の受験勉強が無意味だったかというと、実はそうでもないのである。

というのも、大学を中退してビジネスを始めて以降、この浪人時代の苦しさを思い出すのだ。今でも、である。ぼくは思う。浪人のときの長くつらい一年間は、ぼくのかけがえのない財産であると。

ビジネスを始めてから、仕事の面でつらいと思ったことは一度もない。なぜならば、好きなことをやっているからだ。好きなことだから、どんなに困難な場面に出くわそうともつらいとも思わないし、嫌だとも思わない。好きなことには、とことん努力できる。しかも積極的にだ。それが、今のぼくの仕事に対するスタンスである。

だからこそ逆に、自分の大嫌いなことに集中して努力する機会を得た浪人の一年間は、ぼくにとっては一〇〇億円の定期預金の価値に相当する。昔は一億円だと思っていたが、今は一〇〇億円だ。一八歳で一年間、自分自身を檻に入れてでも自分のプライドを守ることができたのだから、どんなことでもできないことはない。ヤバいときはいつも、一八歳のときのこの〝定期預金〟がぼくの突っかい棒になってくれる。

かくして、一年の浪人生活を経て、ぼくは早稲田大学へ入学した。

第2章 1970——1974

性の王国、そして初めての店

早稲田大学

フリーセックスの国へ

恋に落ちて

駆け落ち

初めての店——高田馬場「北欧館」

「北欧館」成功の理由

つらい受験勉強から解放され、早稲田大学に通いはじめた長谷川は、学校に通う意義を見出せず、二年で大学に別れを告げた。これで自由になった。今こそ世界を見てやる——長谷川の心は海外へ、歴史と文化のあるヨーロッパへと向かった。なかでもフリーセックスの国・スウェーデンは、長谷川を強くひきつけた。

一九七一年五月、長谷川は、横浜港を出発した。スウェーデンではレストランで皿洗いのバイトをしながら、お金をため、ヨーロッパのあちこちを放浪した。

そして行きついた最果ての地、フィンランド。長谷川は運命の女と出会う。瞬く間に恋に落ちる二人。彼女の両親の反対を押し切り、長谷川たちは、駆け落ち同然のかたちで、日本に戻ってきた。そして、結婚。

帰国した長谷川は、実家の商売を継ぐもその旧態然ぶりに落胆し、結局、自分で独立して喫茶店を始めることにした。横浜の人気喫茶店の繁盛ぶりを徹底分析し、高田馬場に喫茶「北欧館」をオープンした。グローバルダイニングの歴史の第一歩だった。

一日一六時間の重労働をこなし、コーヒーの味と店舗設計に工夫をこらした結果、「北欧館」はたちまち人気店になった。しかし、はじめから多店舗展開を視野に入れていた長谷川はそこで満足せず、銀行の信用を得るために二年間で一〇〇〇万円の貯金目標を自らに課した。生活費も睡眠時間も切り詰めた結果、目標以上の一三〇〇万円の貯金をし、銀行にもその実力を認めさせた。

しかし、そんな長谷川に大きな落とし穴が待ち受けていた。

早稲田大学

小学校から浪人時代にいたるまでの学校生活、ぼくは常に抑圧を感じていた。やりたいことが自由にできない――。それだけに、大学に入学できたのは素直にうれしかった。これからは好きなことができるぞ。そんな解放感でいっぱいだった。

ぼくらはいわゆる団塊の世代の尻尾のほうに当たる。学生運動で左翼活動に走った世代だ。一足先に東大に入学した鹿島なんかもその口である。

けれども、ぼくは学生運動には興味が持てなかった。かといって学校はほとんど封鎖状態で授業が成り立たない状況である。そこで、ボクシング部に入部し、友達と会い、バイトに励み、女の子を追いかける日々を過ごしていた。

ぼくにとって大学は、入学することに価値があっただけの存在だった。この年になっても、自分が会社だの役所だのに就職することは想像もつかなかったから、卒業しようとも別に思っていなかった。

当時の早稲田大学のキャンパスは、学者になろうとして勉強に励んでいる連中はともかくとして、その他の大半の学生は、いわば放牧場に放たれた三歳馬のようなものだった。これは今でもそうだろうが、大学というのは、その後の人生に向けて走り出す前のつかの間のユートピアにすぎない。そう、会社や役所といった組織に入るまでの、ほんの四年間の――。そして、もちろん大半の学生はそんなことなんか考えちゃいない。大学という名の牧場で無為に過ごし、そのまま会社というゲートに入り、サラリーマンという名の競走馬となって、ひたすら競技場をぐるぐる回る。走れなくなるまで。

どう考えても思慮深いとは言えないぼくだったが、これだけは当時から確信していた。そんな競争馬みたいな人生の過ごし方だけはごめんだ、人のために自分の魂を売って走らされるような真似だけはしないぞ――。

そんなこともあって、ぼくは大学を二年もたたずにドロップアウトした。

いや、正確に言うと、直接の理由は別にあった。

ある日、飲んで帰ってきた親父に手を上げてしまったのだ。きっかけはささいなことだったが、納まりがつかなくなった。ぼくは家を出た。

それから数カ月後。一九七一年五月初め、ぼくは外国航路の船に乗った。

フリーセックスの国へ

冒頭でも記したとおり、ぼくは生粋の横浜生まれ、横浜育ちだ。当時珍しい外国人もこの街にはわんさかいた。米軍兵、外国航路の船員たち、その他なにを生業としているのかよくわからないさまざまな国の人々……。そんな人たちが物心つくころから周囲にいた。

そのせいだろう。子どものころから海を眺めながら、遠い世界に思いを馳せていた。小学生のときには、近所の小学生が密航して南米に渡るという事件が起きた。その子はすぐに送還されたのだが、度胸のよさに感心したものだ。

俺もいつか大きくなったら必ず外国を見てやろう。小学校時代から夢想していたぼくは中学に入るとすぐ、日本ペンフレンド協会を通じて、イギリス人とスウェーデン人のペンパルを紹介してもらった。以来、彼女たちとは大学に入ってもずっと文通を続けていた。

家を出たぼくは、友達の家を渡り歩きながら、バイトを続け、お金をためた。いろいろなバイトに手を出した。もともとサービス業にはなんとなく関心があったから、喫茶店のボーイ、それからコンパのボーイ、さらにはキャバレーのボーイまでこなした。バイト仲間や、この業界の店長や経営者、半分やくざ者のお客さんなど、いろいろな人間と知り合った。このときのアルバイトの経験が、のちのちの事業立ち上げに有形無形の財産として生かされることになる。

でも、そのときぼくの関心はひたすら外国にあった。目指すはヨーロッパだ。

なぜ、ヨーロッパなのか?

それは、歴史と伝統のあるヨーロッパに圧倒的憧れを抱いていたからだ。——というのは表向きの理由である。本当の理由は別にあった。

ぼくが目指したのはスウェーデンだ。同世代の方ならば、ここでもうピンとくるだろう。そう当時、スウェーデンといえばフリーセックスである。経済も強かったから当然バイト代も日本よりいい。なにより女の子は世界一の美人ぞろいだ。これだけ魅力をたたえた国がほかにあろうか。

だが、ぼくには、バイト先はもとより滞在先のあてなど何もなかった。いや、ないことはない。例のペンパル二人がいる。

で、ぼくは声も聞いたことのない二人のペンパルを頼りに、欧州渡航を決めた。ここで旅立ってしまうのがさすがに若い証拠である。

一九七一年五月。連休が明けてすぐ、三六〇円で換算したトラベラーズチェック七〇〇ドルを全財産として携え、バックパックを背負い、ぼくは横浜港から旅立った。

船で旧ソビエトのナホトカに渡って、そこからシベリア鉄道で一五時間ぐらいかけてハバロフスクに行き、飛行機でモスクワへ飛んだ。再び列車でヘルシンキに行き、フェリーに乗って、ようやくストックホルムに到着した。

大変な長旅だったが、初めて異国の地を踏んだときの感激は、今や火星にでも行かないと味わえないだろう。そのくらい、ぼくにとっては価値のある経験だった。

五月末、ストックホルムに着いたぼくは、バイトをしながら貯金して、たまったら旅をして、また戻って金を稼ぐというパターンで暮らそうと考えていた。だから、すぐに仕事を探した。英語を話すことはできなかったが、文法もわかるし、読めたから絶対に問題ないと思っていた。それは間違いなかった。発音はでたらめなものの、外国人同士ならなんとか通じる。レストランの裏口に行って、仕事がないかとたずね歩いた。

ようやく皿洗いのバイトを見つけた店は、ドイツ人がオーナーだった。いやな野郎だった。なにしろ金に汚かった。まあ、それはいい。我慢ならなかったのはこいつがそっちの気があって、ぼくが皿洗いしていると、すぐに尻をさわってきたりした。そのくせ給料をちゃんと払わない。美人王国の北欧で野郎に尻を触られっぱなしでいるほど、こっちも人がいいわけじゃない。この店はすぐに辞めた。

次のバイト先は、現地で知り合った日本人の学生が紹介してくれた。やはりレストランだ。こんどはおかまの店長はいなかったが、すさまじく働かされた。現地の人を雇う場合は、皿洗いとなべ洗いが別の担当になるのだが、日本人は両方やるのが基本だったからだ。ただし、拘束時間は短い。幸い、時間と体力はあまっている。ここで稼がなければ、自由に旅もできない。

ぼくは、この激務の職場と交渉し、一日一四時間働く契約をむすんだ。

レストランの仕事は朝九時に始まった。店に入ると、まずフロアとフロアのトイレの掃除をする。次に朝の仕込みのなべや前日の皿を全部洗う。観光地だったためランチタイムはめちゃくちゃ込む。一一時の開店までにこの仕事を終えていないと悲惨なことになる。ランチタイムが終わるとちょっと一服。それから従業員用の更衣室とトイレ、それにキッチンの掃除だ。さらにその合間に、自分でまかない食をつくって、食べる。営業が終わるのは午前二時だが、ぼくは夜一一時に上がっていた。

ありがたいことに、その店のオーナーは、毎日キャッシュでバイト代を払ってくれた。そのころの時給が、七クローナ、日本円で五〇〇円くらいだった。日本でのバイト料と比較すると三倍の高給といえたが、スウェーデンでは最低賃金だ。観光ビザだから闇仕事である。だからその点に関しては目をつむるしかない。

さて、スウェーデンに着いて早々、「運の悪いこと」と「運のいいこと」の両方をぼくは味わった。

まず運の悪いこと。ニクソン・ショックでいきなりドルが三六〇円から三二〇円に下がってしまったのだ。こいつは、まさしくショックだった。手持ちが少ないだけに、いきなり四〇円も下がったのには、正直まいった。ぼくがバイトに精を出さざるを得なかったのも、ニクソンのせいである。

でも、「運のいいこと」があったから、円安もよしとしよう。スウェーデン暮らしが始まって半月もすると「ユー・アー・ビューティフル」のひとことで女を口説けるのに気づいたのである。

早稲田にいたころは、どちらかというとがさつなほうだったから、女性にもてたためしがなかった。そんなぼくに、北欧の美しくもやさしい女性たちは、「女との正しい付き合い方」を一から手取り足取り教えてくれたのである。

今でもよく覚えている。最初に口説いて、ナンパに成功した女のことだ。スウェーデン人のリサ。もちろんとびきりの美人だ。彼女はスーパーマーケットのキャッシュ・レジスターをしていた。二人目はロッタ。北欧女性にしては小柄な子だった。彼女もよかった。

スウェーデンやフィンランド、それからロシアの女たち。ぼくの経験でいうと、彼女たち「北の女」は、おしなべて強い。あらゆる意味で強い。男に飲んだくれが多いからだろうか。女が強くないと家も社会も運営できないのかもしれない。

しかも彼女たちは〝あっち〟のほうも強かった。まさに夢に見たフリーセックスが本当に存在した。今の日本の若い世代みたいなものかもしれない。なにせ「お茶を飲みましょう」は「一発やりましょう」と同義語だったのである。

もちろん、ぼくも彼女たちの流儀に従った。

恋に落ちて

日本を発ってから三カ月。八月にはバイトをいったん切り上げて、再び旅に出ることにした。そんなとき、ストックホルムでおんぼろのワーゲン・ビートルを持っている日本人の男と知り合った。彼はぼくと同世代で、スカンジナビアを回る旅を計画していた。ところが、このワーゲンのセルモーターが壊れていたため、一人で発進できない。毎回毎回「押しがけ」しないとエンジンがかからないのだ。そんなわけで彼は、ワーゲンの「押しがけ」仲間を探していた。ぼくは彼の話に乗った。同じような連中がもう二人加わり、総勢四人のむさい日本人男たちはストックホルムを出発した。

途中で一人が降り、残った三人で野宿をしながら旅を続けた。野宿といっても外は寒い。日本ならばまだセミが鳴いている季節だが、さすがに北欧である。まだ九月一二日というのに、朝、氷が張っていたぐらいだ。手持ちのテントは二人用のサマーテントで、おまけに寝袋もサマー用だった。夜がふけると次第に気温はどんどん下がっていく。寝袋にくるまっても、寒さにふるえる毎夜が続いた。かなり悲惨な旅である。

ヘルシンキから真北に七〇〇キロ、オールというフィンランドで第三の都市がある。なんのあてもなくこの街に立ち寄ったぼくたちだったが、ここで、数カ月前、ヘルシンキにいたときぼくにバイトを譲ってくれた日本人に偶然再会した。

「で、あてはあるのか」彼は尋ねた。

「いや、別に」とぼく。

「ここにしばらくいたらどうだい、なかなかいい街だよ」

というわけで、我々はオールに滞在することになった。そして、その日のうちに、ぼくは一人の女の子をナンパして、翌晩のデートの約束をとりつけた。

今でもよく覚えている。七一年九月一二日のことだ。

デートの待ち合わせ場所は学生向けのディスコだった。早めに店に到着したぼくは、ぼおっとしながらその女の子を待っていた。

そのときだ。ぼくの目の前を一人の女が横切った。

すごい美人だ。

ぼくの目はくぎ付けになった。背は一六五センチぐらい。金髪。もちろんナイスバディ。こちらで美人を見慣れたぼくが改めてはっとするほど整った顔立ち。ただし、アングロサクソン系の冷たい感じじゃない。日本人のぼく好みのチャーミングでミステリアスな雰囲気をまとっている。

日本人のぼくから見ると、フィンランド人は誰もがちょっとミステリアスだ。いろいろな民族の血が混じっているせいかもしれない。言語面でも、完全なヨーロッパ語系ではなく、アジア系の要素が入っているらしい。そんな話を聞いたことがあった。

いや、そんなことはどうでもいい。とにかくすぐに話しかけたい。でも、そろそろ約束した子も来るはずだ。ちぇっ、なんでナンパなんかしちまったんだ。どうしよう。どうしよう……。

美女を前に気持ちばかりが焦る。と、彼女が煙草を右手に挟んだ。そして、両手で自分の体を探り始めた。マッチを探している。チャンスだ。ぼくは慌ててウエスタンブーツの中に挟んだマッチを取り出そうとかかとを上げた。そのぼくの慌てぶりがあまりにおかしかったのだろう、彼女は思わず笑い声をあげた。ようやくマッチを探し当てたぼくは、笑っている彼女のそばに行き、煙草に火をつけてあげた。

「火、ありがとう」口から紫煙をはきだすと、彼女はもう一度微笑んだ。今度は、おかしくて笑ったわけじゃない。いけるぞ、これは。

ドラマではこんなとき必ず邪魔が入る。ドラマのごとき波乱万丈なぼくの人生でも同様である。ここでしっかり邪魔が入った。

「おい、長谷川、昨夜の女の子、そろそろ来るんじゃないか?」

ワーゲンの「押しがけ」仲間二人組だ。こいつらの視線が、彼女に注がれた。にやりと笑うと片方が彼女に声をかけた。

「ヒー・イズ・ウェイティング・フォー・ジ・アナザー・ガール」

このやろう。なんてこと言うんだ。ああ、万事休すだ！

ほどなく約束していた女の子がやって来た。さっきの彼女と比べると、悲しいくらい平凡な子だ。でもしょうがない。にっこり笑ったこの子と、ぼくは気のないチークを踊った。彼女？彼女のほうは、ぼくのことなどすっかり忘れたような顔をして、さっき乱入してきたぼくの友達二人と笑いながら交互にチークに興じていた。


でも、ディスコで出会ったフィンランド美人は、ぼくにとって運命の人だった。

初日の「敗退」にもめげず、ぼくは翌日もディスコに顔を出した。幸いなことに彼女はそこの常連だった。だめかと思ったが、難なく再会できたのだ。

おそらく最初から波長が合ったのだろう。それから毎晩ディスコで落ち合っていたぼくたちはすぐに恋に落ちた。出会ってから三日後には、お互いに愛を告白した。

恋と友情は取り合わせが悪い。

ぼくと彼女が恋に落ちてから、例のワーゲン友達二人と喧嘩になった。彼らも一目ぼれだったのだ。ぼくは彼らと袂を分かち、一人になった。

いや、一人じゃない。ぼくの隣には彼女がいた。

二週間ユースホステルに滞在して、毎晩ディスコで彼女とデートした。でも、このフリーセックスの北欧で、彼女はぼくと最後の一線を越えるのを拒み続けた。ディスコの帰り、ぼくは毎回彼女をベッドに誘った。けれども彼女の返事はいつも「ノー」。

そうこうするうちに時間はあっという間に過ぎた。明日にはオールを旅立たねばならない。そんな最後の晩、ぼくは彼女に迫った。

「今日が最後なんだ」

彼女の目から涙が落ちた。そして嗚咽をもらし始めた。

「あなたは、たまたま旅の途中でこの国を訪れただけ。二度と戻ってこないでしょう」

彼女は泣きながら、口を開いた。

「だから、私は深みにはまりたくないの。もし、私を抱きたかったら、もう一度、この街に戻ってきて」

北極圏までわずか三〇〇キロ、最果てのフィンランド・オールの街。そのときまで、ぼくがもう一度この地に戻ってくる可能性は、ほとんどなかった。

ぼくは泣きじゃくる彼女に言った。

「必ず、戻ってくる」

まだ旅の途中だった。彼女には後ろ髪を引かれたが、回りたいところはまだあった。中学校以来のペンフレンドにも会いに行く約束をしている。ぼくは翌日オールを後にした。

そこからの旅はヒッチハイクだった。まずスウェーデンの南部に降りて、ヨーテボリでペンフレンドの一人に会った。

それから再びヒッチハイクでイギリスに向かおうとしたぼくを、イギリス人の二人組がコペンハーゲンで拾ってくれた。彼らの小さなトライアンフのステーションワゴンに同乗して、デンマークからイギリスまで旅を続けた。気のいい連中だった。すぐにぼくらは友達になった。彼らがいなかったら、ぼさぼさの長髪に小汚いバックパックを背負った東洋人を相手にしてくれる人間は、まわりに誰もいなかったかもしれない。

二人組の片割れは、もじゃもじゃの髭をあごに蓄えており、お世辞にもいい男じゃなかった。でも、腕がいいのか、相手の趣味が悪いのか、デンマークですごい美人をナンパしてきた。しかも驚くべきことに、その美人は親の許しを得たうえ、女友達を一人連れてきて、一緒に旅をすることになってしまった。七〇年代初頭のデンマークならば、ありそうな話だ。ぼくら五人はイギリスに向かった。

ケンブリッジに着くと、イギリス人二人組は、大きなフラットを借りている友人をぼくに紹介してくれた。たしかに広いフラットだった。そのフラットには、三組のカップルに独り者の女の子が同居していた。カップルのうち二組にはそれぞれ部屋があり、もう一組のカップルは帰宅が遅いため、バスルームを陣取っていた。女の子は、隣のベッドルームでいびきをかいていた。七〇年代初冬のイギリスならば、ありそうな話だ。

みんな若いブルーカラーだったように思う。オーストラリア人が一人いて、彼はなかなかのインテリだった。テリーという気のいいラグビー選手もいた。ちなみに日本でいうところの春歌をイギリスではラグビー・ソングスという。毎晩、パブにみんなで集まって自家製ビールを飲んだり、ラグビー・ソングスを歌ったりと大騒ぎをしたものだ。

フラットの隣はディスコだった。壁が薄いうえに音量がやたらとでかい。毎晩夜中すぎまで音楽が耳に飛び込んできてまったく眠れない。ぼくは店に苦情を言いに行った。「それじゃあ、ただで入れてやるよ」。かくして夜寝るのはあきらめて、ぼくは毎晩ディスコに入りびたりになった。

イギリス人の社会は閉鎖的といわれる。にもかかわらず、たった一人の東洋人であるぼくは、みんなの間に溶け込んで、実に楽しく暮らすことができた。まわりに東洋人がぼくしかいなかったから、単に珍しかっただけかもしれない。あるいは気の毒に思ったのかもしれない。要は、馬が合っただけの話かもしれない。七〇年代初頭という時代のせいだったのかもしれない。

ぼくは、このケンブリッジのフラットを拠点にイギリス国内のいろいろなところを旅した。本当に居心地のいい日々だった。

でも、クリスマス・イブの前日、ぼくはこのフラットを去った。オールに向かうためだ。

駆け落ち

オールの駅に着くと、外は零下二〇度の厳冬の世界だった。まぶたを閉じると睫毛がくっついて目が開かなくなりそうな寒さだ。しかし、吹きさらしのホームで、彼女はぼくの到着を待っていてくれた。

ぼくたちは、その足で駅から一番近いホテルに行った。

初めて出会ってから三カ月半。ぼくたちはようやく結ばれた。イブの夜からクリスマス当日の朝まで、ぼくたちは何度も何度も激しくやさしく愛し合った。

翌日、ホテルを引き払ったぼくを、彼女は自分の家に連れていった。家族にぼくを紹介しようと考えていたのだ。

家族は彼女を除いて四人。両親と二人の弟がいた。

扉の外は零下の世界が広がっていたが、ぼくと彼女の家族の間にも、同じくらい冷え切った空気が流れていた。誰もぼくに口をきいてくれなかった。彼女の父親は、スティーブ・マックイーンばりの苦みばしったいい男だった。彼は、黙ったまま、ぼくをぎろりとにらんだ。でも、何も話さなかった。

北欧はサンタクロースの故郷。クリスマス・イブは彼らにとってかけがえのない祝祭日。そんな大切なイブの夜に、家族から彼女を奪い取り、いっしょに外泊してきた見ず知らずの東洋人を、快く迎えてくれるわけはなかった。

度胸のあるほうだと自認していたが、このときは本当に緊張した。身の置き所がないとはまさにこのことだ。居間から逃げるように、ぼくらはぎこちない足取りで彼女の部屋に入った。家族は、彼女とぼくを残して、親戚の家に出かけてしまった。

このころになると、ぼくの所持金は底をつきかけていた。イギリスまで旅をして、国内中をうろうろしていたのがきいたようだ。残ったカネは、帰りの旅費プラス少々の宿泊代程度しかなかった。バイトの口があるストックホルムにすぐ戻ってすぐに稼がなければ、からっけつになる。

再会して一週間後の一二月三〇日、ぼくは、彼女を連れてストックホルムに発った。家には、「ストックホルムに彼と一緒に行く」と書いた彼女の手紙だけが残った。

要するに駆け落ちである。

七二年一月一日。ぼくたちはストックホルムに着いた。そしてそこで一緒に暮らし始めた。

二人は一つの計画をたてた。半年間必死にバイトをして一〇〇万円ためる（無論、円換算した額である）。そのお金で、フォルクスワーゲンのステーションワゴンを買い（無論、中古だ）、ヨーロッパ中を旅するのだ。

計画を実現するために、ぼくは一日一四時間働いた。半年のうち、ぼくが休んだのは一一日間だけ。収入は一日七〇〇〇円。生活費は半年間でわずか二〇万円に抑えた。半年後、ぼくらの手元には一〇〇万円の現金があった。目標通りだ。

六月、ぼくらはステーションワゴンを手に入れ、ストックホルムを発った。

目指すは彼女の故郷オール。目的はひとつ、結婚を彼女の両親に認めてもらうためだ。

駆け落ち同然でオールを去ったぼくたちだったが、このままの状態で、彼女と日本に向かうわけにはいかない。結婚するからには、ちゃんと彼女の両親に認められ、祝福されたかった。そこだけは筋を通したい。ぼくはそう思っていた。

実はストックホルムにいる間、ぼくは彼女の父親宛に二度手紙を書き、彼女と結婚したい旨を伝えた。一度目の手紙に対する返事はなかったが、あきらめずに書いた二度目の手紙には、返事が来た。

あのスティーブ・マックイーン似の父親は、ぼくたちの関係を認めてくれた。そして、早くオールに顔を出してほしい、と手紙に記してあった。

かくして、ぼくたちは半年ぶりにオールに舞い戻ったのである。

半年前は口もきいてくれなかった彼女の父親も母親も、今度はぼくを大歓迎してくれた。誠意をこめて手紙を書いた甲斐があった。ぼくは、彼女の家に居候し、皿洗い（ぼくの得意技の一つだ）など家事を手伝いながら、しばらく過ごした。

その後、ぼくたちは、今度は両親に見送られてオールを発ち、ヨーロッパ中を車で回った。夏のヨーロッパは最高だ。風も空気も太陽も気持ちがいい。あのどんよりとした冬のつらさがあるからこそ、よりいっそう夏がすばらしく感じられるのかもしれない。

でも、そろそろぼくたちの旅も終わりが近づいていた。日本に帰るためだ。

九月、ぼくたちはアムステルダムで車を売り、ヒッチハイクしながらオールへ戻った。彼女の両親に改めて挨拶をし、彼女は荷物をまとめた。最後の日、父親が車で駅まで送ってくれた。母親は娘との別れに涙を流していた。一〇月のことだ。

ぼくらは、コペンハーゲンに向かった。コペンハーゲンで、アジア経由のチケットを二人分買い、ぼくらはアジアを旅しながら日本を目指した。

羽田に着いたときには、偶然にも、ぼくのポケットに日本を出発したときと同額の一三万五〇〇〇円の現金が残っていた。七二年一一月。日本を出てから一年半がたっていた。

ぼくの欧州放浪はこうして終わった。金髪の新妻を連れて。

初めての店――高田馬場「北欧館」

羽田に着いたとき、ぼくはその足でこのままヨーロッパに戻りたくなった。それほど、東京の街も空気も汚く感じられたのだ。

とりあえず羽田からそのままぼくらは横浜の実家に帰った。旅先からぼくが家族に書いた手紙は全部で三〜四通、帰る日も特に知らせていなかった。だから、突然「ただいま」と帰ってきたぼくを見て、母はえらく驚いた。しかもぼくの隣には、白人の女が立っている。もっとも、彼女を連れて帰ることは知らせてあったのだが――。

その日まで、ぼくは勝手に大学を中退したつもりだった。しかし母に聞くと、休学扱いにしておいたという。大学には特になんの未練もなかったが、まだ籍が残っているのなら、顔のひとつも出してみるか。ぼくは久しぶりに高田馬場の駅を降り、雑踏を抜けて、早稲田のキャンパスを訪れた。

学生運動の嵐も吹き止んだ大学は、気のせいか、荒涼たる空気が流れていた。ぼろぼろになった立て看板、足元に散らばるビラの数々。そんななか、気の抜けた顔の学生たちがうろうろしている。

俺にとって必要なものは、ここに何もない。

ぼくは瞬間的にそう感じ取った。

この二年間、一人でヨーロッパを旅し、手前の腕で金を稼ぎ、女を口説き、友をつくった。本や映画で夢想した世界をこの目で見ることができた。知らない国の知らない町並みや生活様式や文化に直接触れることができた。旅は、ぼくにどこででも生きていける自信と最高の女を与えてくれた。

人生において最初の、そして最高の冒険を経てきたぼくにとって、大学のキャンパスはとてもちっぽけに見えた。

ぼくは早稲田大学商学部を中退した。

さて、そうなると働かなくてはならない。

なにせ妻もいる身である。祖父母が老いていたこともあり、実家では長男のぼくが商売を継ぐことを期待していた。もともと会社づとめをする気などさらさらない。この際だ、実家を継いで酒屋と米屋をやってみることにするか。

ところが、いきなり壁にぶち当たった。酒屋にしろ米屋にしろ、国の規制に守られた商売である。誰もが参入できる仕事ではない。それだけに業界の体質も商売のやり方も保守的だった。協同組合が昔からあって、みんなでなかよくやっていこう、という雰囲気だった。いや、こう書くと聞こえがよすぎる。要するに、商売っ気を出して抜け駆けをすることができない腐臭のする業界だったのだ。売り上げを伸ばすために、昔からの知り合いの店のテリトリーを荒らすようなことは絶対許せない、というわけである。

ぼくに言わせれば、こんなのは商売とはいえない。つぶれる心配はほとんどないが、発展性もまるでない。何の魅力もない仕事だ。日本で商売をやるのが、こんなにつまらないことだとは思わなかった。ぼくは女房と話し合い、女房の母国フィンランドで暮らそうかと真剣に考え始めた。

「フィンランドに行くかもしれない」

家族にちょっと話すと、祖父も祖母も母もおろおろと泣き、猛反対した。フィンランドを離れるときに彼女の母親が泣いたのを、ぼくは思い出した。

祖父は脳軟化症で弱っていたし、母も長男のぼくが頼りだった。母はこのままではぼくが再び出ていってしまうと思ったのだろう。「わかった。あたしは離婚して、新しい商売を始める。あんたたちはその商売を手伝ってちょうだい」。彼女はぼくたちを説得するのに、こんなことを言い始めた。

母の言う〝新しい商売〟とは、喫茶店経営だった。

問題は開業資金だ。こればかりは祖父に借りるしかない。祖父は脳軟化症のためにほとんどボケ老人のようなときが多かったのだが、それでもときどき意識が戻ってまともになった。そんなときを狙って、ぼくは祖父に頼んだ。

「じいちゃん、俺、日本に残る。そのために新しい商売をしようと思うんだ。で、開業資金が必要になる。お願いだ。貸してくれないか」

祖父には現金がなかったが、まとまった額のキリンビールの株券を保有していた。祖父はこれを売却し、年利五％で貸そう、と言ってくれた。ぼくは、半ば強引に祖父に判を押してもらい、金銭借用証書をつくった。

しかし、ここからが修羅場だった。祖父の株券は父が預かっていたからである。

詳しい記述は避けるが、とにかく父との間ではひと悶着どころか三悶着ぐらいあった。途中で家族内のごたごたが嫌になった言いだしっぺの母がこの話からおりると言いだした。

ぼくは一人で商売を始めることにした。祖父からの金銭借用証書を錦の御旗に父から半ば強制的に株券を奪い取り、それを売って現金をつくり、祖父から融資を受けるかたちで資金を自分のところに流し、会社をつくった。

一九七三年一〇月、有限会社長谷川実業はこうして誕生した。弱冠二三歳のぼくは一二〇〇万円の資金を元手にして、一二月、ほとんど通ったことのなかった母校早稲田のある高田馬場駅前のF1ビル地下に、喫茶店「北欧館」をオープンした。北欧館の名前は、もちろん女房にちなんだものだ。ノウハウは何もない。せめて営業時間を長くして売り上げを伸ばそうと考え、朝の九時から夜一一時まで開くことにした。店員はアルバイト数名に、女房、そしてぼくである。ぼくたちは数カ月前に籍を入れたばかりだった。

オープンしたまではいい。が、さっそく資金が足りなくなった。思ったよりも店づくりに金がかかってしまったのだ。おかげで、内装業者に支払う三〇〇万円を工面できなくなった。しばらくは、内装業者が集金に来るたびに、ぼくは逃げ回っていた。

しかし、店を出したからにはいつまでも逃げおおせるわけではない。なんとか金を工面しなければ。

F1ビルの一階には東海銀行が入っていた。銀行の融資のハードルの高さをまったく知らない世間知らずのぼくは、よし、銀行から融資を受けよう、と考えた。とりあえず、大家さんにこの銀行の融資担当の人を紹介してもらい、店を担保に融資を頼んだ。

しかし、銀行からしてみれば、相手は商売を始めたばかりでしかも大学中退の若造だ。そう簡単に首を縦に振るわけにはいかない。ぼくはこの融資担当者をくどき、とりあえず二カ月間、喫茶店の売り上げの推移を見てもらうことにした。

幸いなことにこの間かなり売り上げがあがってきた（これは偶然ではない。ぼくなりの戦略があったからだ。その話については後述する）。ぼくは毎日、売り上げをその銀行の夜間金庫に入金していたため、融資の人にも事業が上向きであることを納得してもらえた。一年半で返済する予定でようやく三〇〇万円を借りることができた。

今でも忘れないが、金利は年一一％だった。毎月、二十数万円を返済した。その当時は、まだ歩積両立てが禁止されていなかったので、返済金よりもずいぶん大きい額を定期預金してくれともいわれた。返済だけでも危機感を持っているのに、銀行の要求には腹が立った。しかし、ぼくには実績もノウハウも何にもない。どんなに悔しい思いをしても、現実を受け入れるしかなかった。

当時のぼくは会社を立ち上げた以上、信用金庫より都市銀行と取引がなくては成長できないだろうと考えていた。だから、都銀から絶対に融資を受けられるだけのビジネスを展開してやる、と決心していた。

このころ読んでいたビジネス書にはこんな記述があった。

「銀行の信用は一時金ではつくれません。どれだけ持久力を持って預金を続けていけるかが信用につながるのです」

ぼくはこの言葉を信じ、「全力で金を貯める」ととある都市銀行に宣言した。

「これからは、できる限り預金しますから、見ていてください。二年間で一〇〇〇万円を目標にします。それが実現できたら、長谷川実業に融資をしてもらえますか」

銀行側の対応はのらりくらりとしたものだった

「まあ、そうなったら一緒に考えましょう」

宣言通り、いや宣言した額を三〇〇万円上回る一三〇〇万円をぼくは二年でためた。中学時代ストリップに行きたいがためにお小遣いや手伝い料を必死でためたとき、大学時代欧州放浪のために必死でバイト料をためたとき――。どうやら、ぼくにはカネをためる才覚があるようだった。
ぼくは都銀の融資担当者にたんかを切った。
「ほら、言った通り、ためたでしょう。このぼくに貸さないで誰に貸すんですか」
銀行は即座に二〇〇〇万円を貸し出した。
ぼくはこの二〇〇〇万円を元手に、二軒目の店を出すことにした。
ただし次は喫茶店ではない。場所も高田馬場ではない。
目指すは、港区、六本木である。詳しくは、第4章にゆずろう。

「北欧館」成功の理由

なぜ、ぼくが事業を始めるにあたって、最初に喫茶店という業態を選んだのか。

もちろん、当初いっしょに仕事をするはずの母親が「喫茶店」と口にしたのがきっかけである。ただし彼女は途中でこのビジネスから抜けてしまった。それでも、ぼくが喫茶店にこだわったのは、単純に、「素人にも見よう見真似でできるのではないか」と考えたからである。もっと具体的にいえば、「お手本さえあれば、なんとかなる」。

当時、横浜に一軒、非常に繁盛している喫茶店があった。女房もぼくもそこが気に入ってよく通っていた。ほかの店よりコーヒー一杯の値段は高かったが、一杯ずつきっちり入れるおいしさが売りだった。あとから聞いた話だが、鹿島もよく通っていたとのことだ。

味のよさが売りではあったが、それだけで繁盛するわけはない。喫茶店を開業する前のぼくは、しょっちゅうこの店に通って、「繁盛の秘密」を探った。そのうち、この店の魅力は、そのつくりにあることに気づいた。客席はコの字型のカウンターのみだが、ユニークなのはこの客席からカウンターの中が見下ろせたのだ。客は、中でコーヒーを淹れたり、豆を挽いたりしている従業員たちの作業風景をのぞくことができる。

当時、こうしたつくりの店はほかに見当たらなかった。

自分の店を開業するにあたって、ぼくの頭の中にあったのはこの横浜の喫茶店だった。北欧館はまさにその店をお手本にしてつくった。一五坪の店に、コの字型のカウンターをつくって、そこを囲むようにテーブル席を設けた。コーヒーの味にもこだわり、注文に応じてから電動ミルで豆を挽きあわただしく、サイホンで淹れた。

店が込み始めると、すべての作業が慌ただしくなった。ミルに豆を入れる。ふたを閉める。スイッチを入れる。甲高い音を立てて豆が粉砕される。挽いた豆をサイフォンに移し——。いまだにあのときの一連の動作とミルを握っていたときの手に伝わる振動を、鮮明に思い出すことができる。若いときの脳みそのキャンバスは真っ白だから、記憶に強烈に残っているのかもしれない。

「北欧館」は朝九時に開店して、夜一一時まで営業した。社員は社長のぼくが一人で兼任する。ほかにアルバイトが六～八人。彼らを、二交替のローテーションを組んで働かせた。女房も開店から六カ月ほど手伝ってくれた。「屋号に偽りなしだぜ。あの店には、北欧美人がほんとにいるぞ」。そんなわけで女房目当てのお客も増えた。

開業してから軌道に乗るまで、本当にハードな毎日が続いた。ぼくは開店準備や掃除の時間も入れると一日一六時間は店にいた。信号待ちをしていたときに、貧血で倒れそうになったこともある。

でも、努力の甲斐あってか、店は繁盛し、来店客の最高記録が一日四八〇人、月商は三七〇万円に届いた。これは当時の物価と喫茶店の規模を考えたらかなりの実績である。

もっともここまでハードにできたのも、先がまったく見えていなかったからだろう。当時の長谷川実業が今のグローバルダイニングのような、この業界では結構な大きさの企業になるなんて、そのころのぼくには想像もつかなかった。

だからこそ、がんばれた。ぼくはそう思っている。最初から先が読めていたら、このときほど働く意欲など生まれなかったのではないか。次は何が出てくるかがわからない。だからこそ人生は面白いのだ。長いスパンで見ると、すべての道程が勝負なのだが、その場その場の勝負というのは、その都度短距離走をこなしているようなものなのだ。そしてその積み重ねが長い道のりとなるのである。決して、マラソンを延々と走り続けていくような勝負じゃない。

ぼくには日本のよその店で修業した経験がなかった。アルバイトの経験があるだけだった。もちろんノウハウもゼロだった。だから現場がすべてだった。あらゆる仕事を手探りで学んだ。そのため事業を軌道に乗せるまでは実に時間はかかった。けれども一つひとつ、試行錯誤しながら、自分のセオリーを積み上げてきた。この時間はすごく楽しい。

こちらには、ノウハウがない。知識もない。それゆえに、五年間で三店舗つくる、そのためにまず二年間で一〇〇〇万円ためる、という型破りの目標を掲げられる。むちゃな目標に向かってがむしゃらに働ける。

これは素人商売ゆえの逸話だが、当時、ぼくは帳簿をつけたことがなかった。そもそもつけようと思ったことすらなかった。というのも、毎日の売り上げを銀行の夜間金庫に預けたので、通帳が帳簿の役割を果たしたのである。お金は全部銀行を通せば、帳簿は要らない。そう考えたのだ。支払いは、すべて銀行振り出しの小切手にして、入金は面倒でも入金票を書くようにした。それにただし書きをつけて、月末に領収書と一緒に税理士の先生に渡す。これで経理はOKだった。

とにもかくにも、高田馬場の喫茶店、北欧館は軌道に乗った。経営者としてのぼくの船出は上々な滑り出しだったといえる。
しかし、世の中、そううまくことが運ぶはずがない。
店の繁盛の裏で、ぼくは思わぬ痛手、いや人生最大の痛手をこうむることになる。

第3章 1974——1976

女房との別れ、インポテンツ、妹の自殺

長谷川の初めてのビジネス、高田馬場に出店した喫茶店「北欧館」は、予想以上に繁盛した。成功に気をよくした長谷川は己のやり方に絶対的な自信を持ち、「五年で三店舗」という目標を掲げ、休みもとらずに一日一六時間、倹約を旨としながら、がむしゃらに働いた。家に帰れば給料計算や事務的な仕事が待っている。長谷川にとって本当にプライベートな時間は、寝ているときだけだった。

そんな長谷川の犠牲になったのが、はるばるフィンランドから一緒にやってきた妻だった。最初は長谷川の仕事を献身的に手伝っていた彼女だが、仕事のことしか頭にない長谷川との間に次第に埋められない溝ができていく。その溝は、彼女が家計の一助として始めたモデル業が思いのほか成功してしまったがゆえに、もはや修復できないほど深くなった。

喧嘩は絶えなくなり、ついに彼女は、「あなたは氷より冷たい人」という言葉を残して、長谷川のもとを去る。

そのとき初めて心底ほれていたことに気づいた長谷川だったが、もう元には戻れない。初めて経験するいいようのない寂しさ、切なさ、そして憎しみ。葛藤し、インポテンツにまでなってしまった長谷川は、改めて自分のありようを反省する。

しかし、そんな長谷川を、もう一つの悲劇が襲った。

妹の自殺である。

見よう見まねで始めた最初の店、「北欧館」は、思った以上に繁盛した。似たような店がなかったし、白人美女の看板娘――要するにぼくの女房だ――も、人気の秘密の一つだった。ぼくは、自らに課した「二年間で一〇〇〇万円」という〝貯金レース〟に勝った。

ただし、しゃにむに突っ走ったこのレースで、ぼくは、一番大切なものを失うはめに陥った。女房に逃げられたのである。

妻が消えた

フィンランドでぼくと出会って恋に落ち、家族の反対を押し切って、ぼくとともに遠い異国である日本に来てくれた女房。もちろん、彼女にとって初めての来日だ。

すぐに結婚したぼくたちは、ぼくの実家の家業、酒屋と米屋を継いだ。彼女がようやくぼくの家族や横浜の生活に慣れたころ、ぼくは、喫茶店「北欧館」を始めるために、高田馬場に転居した。最初は彼女も張り切っていた。酒屋と米屋の店番よりも、彼女の出番は多くなった。「北欧館」の看板娘として、店内を切り盛りし、自らコーヒーを運び、片付け、ときには洗い物や掃除もこなした。彼女自身、楽しんで仕事をしてくれた。先の見えない水商売を、喜んで手伝ってくれていた。

それなのに、このころのぼくは、彼女の気持ちを何ひとつ理解しようとしなかった。頭の中には商売のことしかなかったのだ。

オープンしたころは内装費の三〇〇万円をどう捻出するかで頭を悩ませていた。店がうまくいかなければ、祖父に借りたお金は返せない。昔からサラリーマンには死んでもなりたくなかったぼくには、商売をするしか道がなかった。

だから絶対に「北欧館」を成功させたい。いや、成功しなければならない。ぼくはそればかりを考えていた。しかも、ぼくの事業欲は一店舗で満足していなかった。「五年間で三店舗を出す」のが夢だったから、貯金レースにも邁進した。当然、生活はさらにきりつめなければならない。同時に仕事の量はますます増えていく。

ぼくは、仕事しか見えない男になっていた。もともと、ひとつのことに熱中しはじめると、ほかのことに気が回らなくなる不器用なところが、ぼくにはあった。

そんなぼくに、彼女は不幸にも巻き込まれてしまったのだ。

店に歩いて通える馬場下町の六畳一間のアパート。それがぼくらの生活の場だった。家賃、食費、光熱費などをひっくるめて一カ月の生活費は一〇万円。その一方で、毎月の貯金額は六五万円。これほどまでに徹底して切り詰めた生活をしていたからこそ、たった二年で一三〇〇万円を貯めることができたのだ。が、今にして思えば、これはどう見ても異常な生活だ。

当時のぼくの生活パターンを記しておこう。午前八時に出勤して、仕事を終えて帰宅するのは翌日の午前一時。それから給与計算、業者への支払いなどの経理事務をアパートのちゃぶ台でこなす。本当にプライベートな時間は、寝ているときしかない。店を始めて最初の半年は、ほとんど休みもとらなかった。

それでも、最初のころは、ぼくの仕事に対する意気込みに感化され、女房はぼくを積極的にバックアップしてくれていた。

だが、それは長く続かなかった。

店を開いてしばらくしたころのことだ。来日して初めて、女房に同郷のフィンランド人の友達が二人できた。どちらも女房と同じように日本人と結婚した女性だ。彼女たちはうちの店を手伝ってくれ、おかげで「北欧美人のいる店」というキャッチフレーズで、近所でも評判になった。

ところが、だ。その友達のうちの一人が、モデルの仕事を始めた。七〇年代前半、日本で白人のモデルは引っ張りだこだった。この友達はあっという間に、高額のギャラを手にするようになった。そして、彼女はうちの女房に声をかけた。北欧館は軌道に乗りつつあったが、さきほども述べたように、毎日のやりくりは決して楽じゃない。女房は、二つ返事でモデル稼業に足を踏み入れた。

それがターニング・ポイントになった。

女房を取り巻く世界は、あっという間に大きく変化した。女房は、すぐに北欧館でぼくたちが得ていた月間利益七五万円のおよそ二倍、月に一五〇万円もの収入をモデルの仕事で得るようになった。

女房が高給取りになることは、金に余裕のないぼくたちにとっては、本来ならば喜ぶべきことのはずだ。けれども、ぼくにしてみれば、正直言って面白くなかった。モデルの世界なんて、それまでのぞいたこともない。まあ、芸能界の入り口のようなものだ。そんな派手な世界、しかもぼくの知らない世界で、彼女があっという間に人気を勝ちとろうとしている——。

ぼくは、女房のモデル仕事がきっかけで、夫婦間に亀裂が入るのではないかと、恐れるようになった。いや、今にして思えば、嫉妬を覚えたのだろう。

そんなわけで、彼女のモデル仕事が忙しくなるのと反比例するように、ぼくは彼女に冷たくあたるようになっていった。本心では、モデルの仕事をやめてほしかった。でも、彼女は金のないぼくたち家庭のために働いているのだ。それがわかっているだけに、人一倍プライドの高いぼくとしては、彼女に自分の本心を伝えることができなかった。そう、自分の弱みをみせたくなかったのだ。だから、突っ張った態度しかとることができなかった。

ぼくのそんな態度に、彼女はちゅうちょすることなくぶつかってきた。もともと、両親の反対を押し切ってまで、誰も知るもののいない異国にたった一人で——いや、正確にいえば、ぼくがいたのだが——やってこれる人間だ。性格はぼくに負けず劣らず強かった。

だから、いつのまにか、顔を合わせるたびに喧嘩が起きた。原因はほとんどがささいなことだったが、どちらも引かないから、北欧館のカウンターや小さなアパートの部屋は始終険悪なムードに包まれるようになった。北欧館では、バイトの連中が目の前にいるにもかかわらず、派手に喧嘩した。まだ二〇代の若造とはいえ、バイトの連中にとっては、こちらはオーナー夫婦だ。その二人が自分たちの前で険悪になっているのだから、さぞや居心地の悪い思いをさせたことだろう。でも、そこまで気が回るほど、当時のぼくは大人ではなかった。

とにかく、喧嘩の頻度はますます増えていった。ときには、二週間以上も口を聞かなかったこともある。そうなるとお互いに謝るきっかけを失って、ますます態度を硬化させてしまう。精神的にも、肉体的にも、ぼくたちは、疲労の度を増していった。

そしてある日、彼女が家を出ていった。

実はその前にも一度、彼女が家出をしたことがあった。そのときは、数日間で何事もなかったかのように、戻ってきた。そんなこともあって、今度の家出でも、ぼくはたかをくくっていた。どうせ、すぐに戻ってくるだろう。荷物はうちにある。あてもないのに、いつまでも外でうろうろしていられるわけがない……。

ぼくは、女房が出ていった翌日から、いつもどおり、朝の八時に出勤し、夜中に戻って事務をこなす毎日を繰り返した。バイト連中にも平静をよそおっていた。

夕刻、ぼくは、ある家に電話を入れた。電話先は、彼女の友人でモデルをしていたフィンランド人の女の子のところだった。この子は、アフガニスタンの男と同棲していた。うちの女房がとりあえず身を寄せるとしたらここしかない。

ぼくの予想はあたった。彼女はその家にいた。ぼくは、これから行く、とだけ告げて店を出て、麻布十番の裏手、韓国大使館の近くにあるそのアパートへと向かった。

彼女は、そのアパートのベッドの上にへたり込むようにしていた。ぼくと目を合わそうともしなかった。目は充血して、まぶたが腫れていた。ずいぶん泣いたのだろう。

「おい、いいかげん、戻ってきたらどうだ」

彼女はそれには答えず、ベッドの上で、こちらに尻をむけた。話したくない、顔も見たくない、といった感じだった。それからひとこと、彼女は絞り出すようにこう言った。

「あんたのおかげであたしは何度泣いたかわからないわ。だから今度は、あんたが泣く番よ」

二の句が告げなかった。いつ、どこで、泣いていたんだ。ぼくの前で、怒ることはあっても涙を見せることはほとんどなかった。あとから知ったのだが、ぼくが仕事にかまけている間、彼女は始終涙ぐみ、家にいるときは一人で嗚咽をもらしていたらしい。ぼくはあまりに鈍かった。最愛の女の苦しみをかけらも理解していなかった。

ぼくは、こちらに背を向けたままベッドに転がった彼女を残し、黙ってアパートの扉を閉めた。

　とりあえず、家に帰ろう。ぼくはその部屋を出て、六本木裏手の自宅のアパートへとぼとぼと歩いていった。第4章に詳述するがぼくは七六年六本木に店を出した。その前年、七五年の春にぼくと女房は、高田馬場からそこへ引っ越していた。街の喧騒がやけに遠く聞こえた。人ごみを避けるため、十番のほうから六本木へと上る裏通りを抜けていると、頭上に月が出ているのに気づいた。月はやけに明るく輝き、あたりを青白く照らしていた。

　立ち止まって月を見上げていたぼくは、急に月の形がゆがんでいくのに驚いた。光が乱反射して、崩れた目玉焼きのようになっていく。思わず手を目のあたりにやると、指がぐっしょり濡れた。舌につけるとしょっぱかった。涙だ。

　ぼくは泣いていた。


　その日から、ぼくは毎晩バスタオルを抱え、文字通り泣いて暮らした。一人アパートの中で泣かないと寝つけない。寂しくて寂しくてたまらない。

　それまで、ぼくは涙を流した記憶がなかった。学生時代の殴り合いの喧嘩だろうと、学校で教師と対立したときだろうと、親父とぶつかったときだろうと、泣いたことはなかった。典型的な一匹狼タイプだったから、ヨーロッパを一人さまよっているときも、ホームシックにかかることなど一度もなかった。

そんなぼくが、毎日毎日枯れることなく涙を流しつづけている。俺はいったいどうしてしまったんだ――。自問自答するが答えは返ってこない。返ってくるのは、さみしい、恋しいという女房に対する思いだけだ。

一カ月がたった。毎晩泣きつづけて、ようやく涙も出尽くした。その間に、ぼくは悟った。大切な人間が、自分の意思に反して目の前から消えることが、いかにつらいことか、身を切られるほどせつないことか――。とにかく、泣いて、泣き尽くして、ぼくは自分の気持ちを整理しようとした。

涙が止まると、代わりに沸いてきたのが、黙って出ていった女房に対する憎しみだった。可愛さあまって憎さ百倍という言葉がある。あれは、当時のぼくのためにあるような言い回しだった。ほんとうにつらいときは、相手を憎むことが、自分にとって麻酔の役目をしてくれることを、ぼくは身をもって知ったからだ。

あいつ、なんで出ていきやがったんだ。俺がここまでしてやったのに、ひでえ女だ。許せねえ――。深夜、ぼくは自分のアパートで今度はたった一人、女房に対する呪詛の言葉を吐き続けた。正直言って、そうすることで、傷ついた自分の心が癒されるような気がしたからだ。

そのうち、女房から電話がかかってきた。

彼女はぼくに告げた。「新しい彼ができたの」

〝新しい彼〟は、ぼくの顔見知りだった。六本木のパブで時折顔を合わせる程度の知り合いだったが。

男ができた、だと？　ぼくの憎しみは、このときほぼ頂点に達した。その夜、ぼくは備長炭の上であぶり焼きにされているような死ぬに死ねないようなつらさと激しい嫉妬にさいなまれた。脳裏には、彼女の顔が、からだが、浮かんだ。何度も何度も数え切れないほど抱き合ったのを思い出した。でも、もはやそれはただの記憶でしかない。今、あの顔とからだを持った女は、こうしている最中にも、きっと俺の知らない男に抱かれているのだ――。

毎晩、ぼくは暗い部屋の中で、女房に対する憎悪と戦わなければならなかった。ただ、憎しみというのは、ある意味で悲しみを和らげる麻酔薬になる。ぼくのつらい思いは、彼女を憎むことで、皮肉にもずいぶん和らげられた。

しかし、その一方で、ぼくは、憎みつづけるむなしさのようなものを感じるようになった。だって、憎しみは、過去の思い出をすべて破壊してしまうからだ。

いったい、女房を憎んだからといって、何になるのか？

ぼくは、北欧の放浪で出会ったときから家を出ていかれるまでの四年間という時間を振り返った。それは、二度と戻らぬ人を憶う、つらく、みじめな行為だ。けれども、自分と女房の一緒に過ごした時間をたどっていくと、ぼくはいかにすばらしいときを過ごしていたのか、改めて気づかされた。今思い出しても、ぼくの五〇年にわたる人生で、ダイヤモンドのように貴重な時間だった。

彼女を憎むというのは、そんな貴重な思い出をすべて抹殺することだ。ぼくはそれに気がついた。

なぜ、憎むのだろうか。彼女がひどい女だからか。違う。彼女はぼくにとって、かけがえのない人間だった。それを失ってしまったから、自らを癒すために彼女を憎んだのだ。だいたい、あのすばらしい時間を一緒に過ごした女がひどい人間であるわけがないではないか。


そのころだったろうか。ぼくは、偶然近所の酒屋の前で彼女と再会した。

いや、正確に言うと彼女ではない。彼女の写真だ。彼女はニッカウヰスキーのモデルとしてポスターの中でポーズをつけていた。バニーガールのユニホームを着ていた。大きなポスターで、いわゆる等身大サイズだった。二次元の彼女を目の前にして、ぼくは、ただつっ立っていた。つらかった。心底、女房にほれていることが、改めてわかった。

ぼくは、なぜ彼女を失ってしまったのだろう。

そのとき、ぼくは初めて、自分の落ち度に気がついた。

それまでのぼくには、傲慢なまでの自信があった。俺は完璧な人間だ。誰にも指図は受けない。俺の人生は俺自身が決める。どこかで、そう思っていた。

なにが完璧なもんか。女一人満足させてやれない最低の男じゃないか。おまえが、彼女のことを少しでも考えてあげていれば、こんなことにはならなかったはずだ。あんなすばらしい女を、おまえは仕事にかまけて、自ら手放してしまったんだ――。

ぼくは自らを省みた。反省、という二文字の意味を、ぼくは生まれて初めてかみしめた。


女房に出ていかれていなかったら、ぼくは、一生反省をしない人間で終わっていたかもしれない。痛手から立ち直ったとき、やっと獣から類人猿ぐらいに昇格したような気がする。人生でもっともつらい経験だったが、ぼくの手にはすばらしい経験と思い出と自らを省みる精神とが残った。その後、仕事を展開していく過程で、ぼくは何度も過ちを犯している。けれども、彼女との一件で学んだことから、ぼくはその都度反省して原因を究明し、改善努力を行えるよう成長したと思っている。

ぼくと女房は、結局そのまま別れた。七五年、二五歳のときだった。

インポテンツ

実は今だから告白できるが、女房と別れた後半年間、ぼくは「男性として」まったく役に立たなくなっていた。

要するにインポになったのである。

当時、女房のことを忘れたくて、心の痛みを和らげたくて、ぼくは毎週末、赤坂のディスコ「ビブロス」に入り浸っていた。今も昔も、男にとってディスコにおける最大の目的のひとつ、それは「ナンパ」である。

別れた女のことを忘れるには、別の女を抱くのが一番の療法だ。そう思ったぼくは、ビブロスで出会った女たちと何度かベッドを共にした。

しかし、いざ、ことが始まると、ぼくのそれはまったく機能しなかった。まるで自分のものじゃないようだ。それだけ心の傷が深かったのだろう。せっかくベッドインできたのに役に立たない、というのはまったくもって洒落にならない。心の傷を癒すつもりが、ますます傷つく、という悪循環にはまってしまった。

それでも懲りずに赤坂ビブロスに通いつづけていたぼくが、インポからはい出られたのは一九七五年の大晦日のことだった。

明日は元旦というのに、その日もぼくはビブロスで酔っ払っていた。なに、アパートに帰っても誰もいないのだ。一人で過ごすくらいなら、ディスコで馬鹿騒ぎしていたほうが、ずっとましである。かくして、ぼくは、顔見知りの連中とくだを巻いていた。

そんな集団の中に、オーストラリア人の女の子がいた。別に美人じゃない。顔もスタイルも、ぱっとしない子だった。この店ではよく見かける子だったから、挨拶くらいはする仲だったが、妙にプライドの高そうなところがあったせいもあり、特に親しいわけではなかった。

いつのまにか時計の針が零時を回り、年が変わって、元旦になっていた。午前四時ごろ、そろそろ眠くなってきたので、ぼくは店を引きあげようと立ち上がった。

そのとき、ふとさっきのオーストラリア人の女の子と目が合った。

「送ってくれない?」

彼女はいきなりそう声をかけてきた。ぼくは答えた。

「バイクだけどいいのかい? 寒いぜ」

彼女の口から笑顔がこぼれた。

「大丈夫。家、近くだから」

「どこ?」

「六本木の裏」

「へえ、そりゃ近いな」

「でしょ」

「じゃあ五分あればついちゃうね」

「そんなにかからないんじゃない」

というわけでぼくらは一緒に店を出て、彼女はぼくのバイクの後ろにまたがった。

赤坂から六本木までは距離にして二キロもない。元旦の夜明けは道路もがらがらだから、移動時間にしてみれば五分程度だろう。バイクは、あっという間に、彼女のアパートまでついてしまった。

とはいうものの、さすがに一番気温の低くなる時間帯だ。ましてやバイクで風を全身に受け止めると、けっこう体も冷えてしまう。バイクから降りた彼女はかたかた震えていた。

震えながら彼女は言った。

「寒いでしょ?」

当たり前だ。「ああ、寒い」

彼女はちょっと黙って下を向くと、すぐに顔を上げて早口で言った。

「コーヒー、飲んでいかない?」

ぼくは彼女の後ろについていき、一緒に部屋に上がり、淹れたてのコーヒーを飲み、それからセックスをした。すべてはスムーズに運んだ。ぼくのそれはちゃんと機能した。

おそらく、セックスをするつもりで彼女を送ったわけじゃなかったのと、そもそも彼女に対して気がなかったからこそ、ぼくはインポに陥らずにすんだのだろう。この日を境にぼくは、文字通り心身ともに立ち直った。その意味では、このオーストラリア人の女の子の功績は大きい。もっとも、先に目覚めて、隣で寝息をたてている彼女を見たときは、「うわ、やっちまった」と思わずつぶやいてしまったものだが……。

いずれにせよ、女房に対する憎しみからぼくはこんな具合で解放された。

おかげで、別れた女房とは今でも友達の関係だ。彼女は、ぼくと別れた後、しばらく日本に滞在していたが、その後フィンランドに帰って再婚した。子供も四人いると聞いている。会うチャンスはおそらく二度とないだろうが、お互い毎年クリスマスカードを交換している。もう二度と会うことがなくても、心のどこかで結びついているものがある。ぼくはそう考えている。彼女との思い出は、今でも昨日のことのように覚えている。死ぬ前に、もう一回、笑って会いたい。

おそらく向こうもそう思っているはずだ。

妹の自殺

女房の一件から半年以上かかって、ぼくはなんとか立ち直った。仕事のほうも軌道に乗り、ぼくは次なるビジネスをどう展開しようかと思案中だった。

そんなとき、ぼくの妹が自殺した。


妹は長男であるぼくの七つ下。四人兄弟の中では、一番感性の部分で似ているところがあったように思う。独立志向が強く、芸術家肌——。そんな妹は物心つくころから演劇に熱中し、高校を卒業するとほぼ同時に、青年座に入った。

青年座に入るのを彼女が決めたのは、あるいはぼくの一言があったからかもしれない。ぼくが原宿に三店舗目を出したころだった。それまでも、店のアルバイトにときどき入ってくれていた妹が相談に来た。

「あたし、やっぱり演劇のほうに行く。で、青年座に入ろうと考えているんだけど……。どう思う？」

ぼくは答えた。

「お前の好きなようにすればいいいんじゃないか。俺もずっとそうしてきたし」

妹は納得したようだった。数日後、彼女は青年座に入団した。そして、すぐに役をもらった。題名を失念してしまったが、たしか水上勉の作品だったと思う。

彼女の役は、にしきへびだった。役を与えられて以来、毎日彼女は横浜の野毛山動物園に通い、一日中へびの檻の前に陣取って、じっと動きを観察していた。夜、稽古場や自宅で、彼女はへびになりきった。激しくのたうちまわったために、身体はあざだらけになった。劇団は、各地の中学校を回り、その劇を上演した。

妹はもともと如才のないタイプだった。しかも、ぼくが小学校時代を過ごしたカソリックの私立一貫校に高校を卒業するまで通っていた。だから、ひとに激しく怒鳴られたり、理不尽なかたちで怒られたりするような経験はまったくと言っていいほどなかった。

それがあだになった。

ご存知かもしれないが、芝居の世界は徒弟制度のような部分があり、それこそ理不尽に怒られるのは日常茶飯事だ。当然、にしきへびの役をもらった駆け出しの女優である妹も、毎日さんざんとっちめられた。けれども、免疫のなかった彼女は、なまじ演劇こそわが唯一の人生と思いつめていたがために、その演劇の世界で悪罵を浴びることに次第に耐えられなくなった。

そしてある日、彼女は家に戻らなかった。一九七八年のことだ。

夜、六本木のゼストに珍しくおふくろから電話がかかってきた。おふくろの声がうわずっていた。妹がまる一日家に帰ってきていないという。そもそも、青年座のほうから電話があり、妹が公演をすっぽかして来ないのだがどこに行ったのかわからないか、とおふくろのところに問い合わせてきたらしい。そこで、ぼくのところに電話をしてきた、というわけである。

しかし、こちらにも妹の行方には心当たりがない。

ぼくはすぐに実家に戻り、弟と近くの交番に向かい、妹が行方不明である旨を警官に伝えた。

すると警官が言った。

「え、そうなんですか？　実は、身元不明の女性の死体があがってるんですよ」

ぼくは実家に待機していた父親と、その死体が安置してあるという横浜警察の本庁へ行った。

妹だった。

列車に飛びこんだという。

まだ二一歳だった。

第4章 1976——1983

六本木へ パブそしてレストランへの挑戦

六本木進出——パブ「ゼスト」の開業

アンティーク家具ショップでの挫折

レストラン業態への挑戦——イタリアンカジュアル「ラ・ボエム」

妻との別れ、妹の自殺という試練に直面する一方で、喫茶店「北欧館」でとりあえずの成功を収めた長谷川耕造は、すぐに二軒目、三軒目の出店を図った。普通ならば、姉妹店を展開するところだが、長谷川は違った。激戦区六本木にパブを出店したのだ。

一九七六年、パブ「六本木ゼスト」が開店した。当初は苦戦したものの半年もすると、軌道に乗った。勢いに乗った長谷川は続けて、「原宿ゼスト」を出店、ここでもすぐに利益を出した。会社を興した当初の目標「五年で三店舗」を、二八歳の長谷川はクリアしたのだった。

だが、調子に乗った長谷川は、思わぬ失敗を経験する。飲食業だけでは飽き足らず、アンティーク家具の輸入販売に手を出したのだ。結果は惨敗。わずか一年で自分には向かない商売と見切りをつけて撤退した。

ただし、転んでもただでは起きない長谷川は、このアンティーク家具店「ラ・ボエム」の内装を変え、初めてのレストラン、パスタレストラン「原宿ラ・ボエム」として再出発する。

このラ・ボエムから、長谷川のレストラン経営者への本格的な道のりが始まった。当初は、手作りフレッシュパスタとワインの品揃えで差別化を図ろうとするものの、成果が上がらない。それでも、お客さまに喜んでもらえる味とサービスを追求して、あきらめずに試行錯誤を繰り返した。努力はある日、突然大きく花開いた。ボエムの売り上げが急上昇し始めたのだ。

六本木進出──パブ「ゼスト」の開業

喫茶店「北欧館」は、立地のよさと、それまでにない店舗コンセプトで、二五歳の若造が経営する店としては、ちょっとした成功を収めた。

でもぼくは、街の喫茶店の店主で終わるつもりはなかった。

店を始める前に、ヨーロッパを放浪し、文字通り、「世界」というやつを目の当たりにし、体で感じてきたぼくは、ぼんやりとではあるが、最初から「いつか世界へ」という意志があった。海外のどこへ出しても恥ずかしくない、みんなをあっと言わせるような店をつくりたかった。

そのためには、やはりまず自分の商売の企業化を図らなければならない。喫茶店一軒で世界へ行くぞ、などとほざいても誇大妄想狂のたわごとと思われるのがおちだ。

ちゃんとした企業として、この飲食ビジネスを東京で成功させる必要がある。ぼくはそう考えた。

問題は、喫茶店経営だけではとても企業化はおぼつかない、という事実であった。

なにせまったくの素人のぼくが短期間に(もちろん語り尽くせないほどの努力はしたけれど)繁盛店をつくりだせたということは、喫茶店市場が参入障壁の低い、誰でも簡単にエントリーできる業態であることを如実に物語っている。そのうえ、他店との差別化のポイントがコーヒーの味と店の立地および内装くらいしかないために、とかく流行に左右されやすい。今の人気もいつまで続くかわかったものではなかった。

では、より企業として安定した経営基盤をつくれる飲食業態はなにか。それは、やはりレストランである。喫茶店に比べると、メニュー構成や内装、そしてサービスなど、差別化できるポイントがたくさんある。

とはいうものの、レストランをこの時点で開く自信は、ぼくにはなかった。レストランと喫茶店では新規参入するときのハードルの高さが違う。コーヒーの淹れ方は見よう見真似でなんとかしたぼくだったが、本格的な食事のメニュー構成を素人がいきなりつくりあげるのは、いくらなんでも無理である。

いろいろ悩んだあげく、ぼくは中間の道を選ぶことにした。パブである。

ドリンクが中心のパブならば、今までの喫茶店のノウハウを活用できる。一方で食事メニューを充実させることによって、差別化も図れる。よし、パブだ。パブしかない。ぼくは自分に言い聞かせた。ほんとは最初からレストランを手がけたかったのだが、そこは実力がないのだから仕方がない。まずは、自分のできるところからスタートしよう。

さて、業態が決まるとなると、あとは立地だ。

北欧館のある高田馬場は、庶民的で早稲田の学生をはじめ人通りも多い。でも、ぼくの頭の中には最初からこの高田馬場で店を出すつもりはまったくなかった。

目指すは港区、六本木だ。

最近ではすっかり庶民化して、風俗店なども増え、一時のスノッブな香りがほとんど消えてしまった六本木だが、七〇年代の日本では圧倒的にアンテナの高い街だった。なぜ、そう断言できるかというと、ビブロスのあった赤坂と並んで、ぼくの夜遊びのホームタウンがここ、六本木だったからだ。

ファッショナブルな店が多いし、ディスコでは最新のサウンドが流れている。そのうえ、大使館員から怪しげなツーリストまでさまざまな顔を持つ外国人たちが夜な夜な徘徊している。欧州帰りのぼくにとって、放浪中の海外の空気を唯一感じさせてくれる日本の街が当時の六本木だった。

日本にいながらにして、あのヨーロッパやまだ足を踏み入れたことのないアメリカの空気やリアルな情報が手に入る街。いつか世界に打って出るには、やはりこの六本木で繁盛店をつくるのが第一歩だ。ここで一発当てられなければ、世界進出など夢のまた夢だろう。ぼくはそう結論づけた。

ぼくは銀行から二〇〇〇万円の融資を受け、二軒目の店を六本木に出すことにした。場所は、交差点から六本木通りのすぐ裏、俳優座と防衛庁にはさまれた、細い道沿いだ。六本木の交差点からは歩いて数分。典型的な裏通りで、当時はひとけのない場所だった。

そのせいもあったのだろう。当時付き合いのあった同業者の仲間たちの意見はおしなべて辛口だった。

「六本木はむずかしいぞ。ほんとにセンスがなきゃ食っていけない。おい、長谷川、おまえ、自信あるのか？　下手したらすぐに失敗するぞ」

こんな忠告を何人もの友達から受けた。

だから、なんだというんだ。やってみなくちゃわからないじゃないか。やってしまば、なんとかなる――。ぼくは自分の直感や価値観通りに行動したい人間だ。周囲の反対は、逆にぼくの闘志に火をつけた。

こうして、七六年二月、「六本木ゼスト」がオープンした。

今から二四年前のことだ。ZESTとは、「Zest for Life」＝「生き甲斐」から取った。とにかく、かっこいい名前はないかと、英語の辞書を首っ引きで調べて、ぶつかった言葉だった。

店内は古煉瓦の壁に廃材を使って、ややぶっきらぼうな向こうのバーのイメージに仕上げた。照明はステンドグラスのシェードをつけたライトを使い、やや暗めの落ち着いた雰囲気にした。店内にはかなり急な段差をつけ、狭い空間を広く見せようとした。この手法は今にいたるまでぼくの店つくりの基本パターンである。席数は四五席。こじんまりとしたサイズだった。

問題はメニューだ。なにせ本格的なバーは初めてだ。とりあえず、お客さんにはウイスキーのボトル六五〇〇円也を入れてもらう方式にした。昔のスナックではよくやる手だ。あとはビールにソフトドリンクといった程度で、カクテルの類はなかった。

そうそう、食事も出さなければならない。チャーハンやサンドウィッチといったありきたりのメニューに乾き物を少々。これに、ぼくが北欧放浪で覚えてきた「ピティパナ」という料理を加えた。こいつは、ジャガイモをさいころ状に切り、野菜と肉と一緒にソテーして、卵焼きを乗せたものだ。

店員は昼夜合わせて正社員が二人にアルバイトが四人。このアルバイトのなかには、今うちの取締役である中川克司もいた。

店は基本的に年中無休。朝一一時半にオープンし、閉店時間は午前三時ごろとした。この営業時間の設定も現在のグローバルダイニングの基本路線である。

で、いよいよオープンだ。

初日は、北欧館のお客さんも集まってくれ、またぼくの夜遊び仲間などが友達を呼んでくれたこともあって、まあまあの繁盛振りだった。売り上げも一日で一三万円を記録した。客の嬌声でやかましい店内で、ぼくは(この分なら、すぐに黒字だな)ととらぬ狸の皮算用をした。

しかし、翌日から客がさっぱり来なくなった。

やはりちょっとひっこんだところにあるのが悪いのだろうか。客に警戒心を抱かせるような店構えだったのだろうか。なかなか客が入ってくれない。

これでは商売にならない。

そうだ、宣伝をしよう。ぼくは店の名前を刷ったマッチをつくり、六本木の通りに出て、道行く人に配りながら、「今ならボトルはただですよ」と誘ってみた。みんなマッチは持っていくのだが、それでも客数はさっぱり増えない。思いあまって、歩いている人の袖を引いてしまい、暴力バーと間違えられたこともある。

また、営業時間を延ばしてみた。当初六本木ゼストの閉店時間は午前二時から三時。ところが、この時間に店を閉めると、社員やバイトの帰る電車がない。となると、当然タクシー代を払わなくてはならなくなる。この出費が馬鹿にならないことにぼくは気づいた。そこでオープンからほどなくして、始発電車で帰られるよう朝五時まで営業することにした。営業時間は、なんと一七時間半である。

なぜ、この店の立ち上がりが悪かったのか。

先ほども記したように、この店のオープニングのときの売り上げは悪くなかった。北欧館の常連客や遊び仲間、その他取引先などにこまめに声をかけていたこともあって、初日はかなりの客が押しかけ、売り上げは一三万円を記録した。ところが、翌日の売り上げはたしか五万円程度におちこんだ。その次の日は六万円と少し上がったが、さらに次の日になると三万円とがくっと落ちた。

当たり前である。店商売にとって初日の売り上げ数字などなんのあてにもならない。とりあえず顔を出してみるか、というお客さんが結構いるからだ。しかも、恥ずかしながら、ぼくはオープニング日にもかかわらず、いっさいサービス値段を設定しなかった。そのため、店の実力以上の数字があがってしまったのである。

そんなわけで、この小さな店の一日あたり売り上げが一〇万円に到達するまでに、オープンから半年ぐらいかかった。それも、先ほど説明したように途中で営業時間を延ばし、一七時間半も営業しての数字である。

そうなると、ぼくも家に帰っている暇などない。うまくいっている高田馬場の北欧館の切り回しは人にまかせ、しばらくはこのゼストの立ち上げに専念することにした。一日の大半をこの店で過ごし、どうやったら売り上げが伸びるのかばかりを考えていた。

それでも、そのうちだんだん固定客がついてきた。ぼくは店の雰囲気を生かすため、積極的に外人客を呼んできた。赤坂のビブロスをはじめ、ディスコ通いをしていたのが役に立った。七〇年代半ばのディスコには（今もそうかもしれないが、久しく訪れていないのでよくわからない）、妖しげな外人たちがひしめきあっていたからだ。

なかでも、きれいな女の子（彼女たちはたいていモデルか、観光ビザで闇ホステスをやって稼いでいた）の友達に声をかけ、店に来るようお願いした。彼女たちも、気楽に飲める店が少なかったせいもあり、頻繁に訪れてくれるようになった。ホステスをやっている子は、そのうち自分のお客さんを同伴してくれるようになった。

ここまでくると口コミで訪れる客も増えてくる。――あの店に行くと、どうやら白人のいい女に会えるらしいぜ、なんでもモデルたちの溜まり場になってるみたいだ――。かくしてお客さんの数は徐々に増えていった。

ぼくはさらに改良をすすめ、売り上げ向上に努めた。

まず、メニューに手を入れた。

話はちょっと飛ぶが、この当時、ぼくは初めてアメリカに行った。

きっかけは、別れた女房だ。彼女はぼくと別れたあと、しばらくの間、日本人の男とつきあっていた。が、結局、長続きせず、半年ほどで関係が終わった。日本にいる理由がなくなった彼女は数年振りに祖国フィンランドに帰ることにした。

実はこのとき、よりを戻すチャンスがあった。まだ未練があったのだ。ぼくはしかし、帰国直前の彼女に会った際、こんなことを言ってしまった。

「俺たちは、もう恋人でも夫婦でもない。でも、俺にとって、お前は一生大切な友達だ。だから、なにか困ったことがあったら、なんでも相談してくれ」

いささか格好をつけすぎた。一度別れた手前、もう一度付き合ってくれとはなかなか言えなかったのだ。結局、彼女はぼくに国際線が発着していた羽田まで見送られ、日本を去った。

彼女を帰したあと、ぼくは後悔した。あのとき引き止めておけば、元の関係に戻ったかもしれないのに、俺はいったい何をしてるんだ。悩んだぼくは、意を決して彼女に会いに欧州に行こうと考えた。ただ、せっかく海外に行くのなら、まだ足を踏み入れたことのないアメリカのほうも回ってみたい。よし、どうせなら、世界一周旅行にしよう!

幸い、アメリカには、ディスコで知り合った友達が帰国して、ロスだのラスベガスだのに住んでいた。あいつらを訪ねながら行けば、心配ない。

かくしてぼくはアメリカに旅立った。最初についたのはロサンゼルス、つぎに赤坂ビブロスで知り合った友達の女の子のつてをたどって、ラスベガス、さらにニューヨークへと足を延ばした。ぼくは現地で積極的にバーやレストラン、ディスコに立ち寄り、メニューから内装にいたるまで、つぶさに観察してきた。

アメリカでの経験は、帰国してすぐに役に立った。当時のニューヨークのバーは、トロピカルカクテルが大流行していた。大ぶりのグラスにフルーツをデコラティブにのせたあのスタイルはこの時期に確立したのだ。そのころの日本では、トロピカルカクテルを積極的にメニューに載せていたのは、六本木の飯倉方面にできた「ヘンリーアフリカ」とホテル・ニューオータニの「トレダーヴィックス」くらいしかなかった。ぼくはニューヨークで買ってきた分厚いカクテルブックを頼りに、さまざまなカクテルを提供することにした。先生はいない。ぼくを含め従業員全員で、カクテルブックを横目ににらみつつ、シェーカーをふり、グラスに注いだ。

食事のほうも、スパゲティや焼きそばといった麺類を充実させた。夜中の客というのは、案外腹をすかせている。そのあたりの「潜在需要」をより掘り下げようというものだった。

店内もちょっと改装を加えた。店の中につくった段差をゆるくしたのだ。最初につけた段差はいささかきつすぎて、かえって店のイメージをスポイルした。店のなかの移動もしにくかった。それを段差をゆるめることで解消した。ちょっとしたことだったが、客にも従業員にも好評だった。

さらに、売り上げ向上の秘密兵器をぼくは導入した。

インベーダーゲームである。三〇歳以上の方ならば覚えていらっしゃるだろう。七〇年代後半、日本中の街中の喫茶店とゲームセンターを席巻したあのインベーダーブームのことを。

ぼくが最初にあの手のゲームに出合ったのは、六本木ゼストを開店して間もないころ、七六年のことだ。ぼくは原宿のカフェ・ド・ロペで、テーブル型のテレビゲーム台を見かけた。たしかゲームは、インベーターじゃなくて、「ブロック崩し」だったと思う。ゲームが流行り始める一～二年前のことだったが、ぼくはぴんときた。

こいつは受けるぞ。

さっそくカフェの人間から製造元のタイトーの担当者を紹介してもらい、彼と話し合った。

翌週ゼストにはインベーダーゲームのテーブル台が導入された。最初の客の反応はちょぼちょぼだったが、そのうちテーブルに順番待ちができるようになった。こうなると深夜営業の店は強い。この百円玉吸引機は、うちのトップ営業マンの地位に上りつめた。なんとピーク時には月額八〇〇万円の売り上げを記録したこともあった。これに気をよくしたぼくは、次の原宿の店にも導入した。こちらの店でも、この異星からの使者たちは並み居るうちの店の連中を押しのけ、ダントツの売り上げをあげた。

ただし――。話はいささか先に飛ぶが、ぼくはこのインベーダーゲームをよりにもよってブームがピーク時の七八年に撤収した。このまま行けばさらに売り上げを伸ばせるのは明確だった。けれども、ぼくは夜中のゼストでゲームに興じる酔っぱらったサラリーマンを横目で見ながら、ふと思った。

このまま、こいつに頼るのはやばい。

いや、別に何か具体的な理由があったわけじゃない。ただ、そう、インベーダーゲームを導入したときと同じように、ちょっとした勘が働いたのだ。

ぼくの勘は当たった。それから数年もたたないうちに、インベーダーゲームのブームはあっという間に終息した。ゲームに頼った喫茶店やレストランが次々とつぶれた。ほかにお客さんをつかまえる術を持たなかったのが災いしたのだ。

もし、あのときインベーダーゲームに頼り切りでいたらどうなっていただろうか……。少なくとも今のグローバルダイニングはないだろう。

ま、とにかく、こうした努力が実を結び、売り上げは少しずつ伸びていった。開店から二年後には一カ月あたり六〇〇～七〇〇万円の売り上げをあげられるようになった。一日あたりで換算すると二〇万円以上になる。商売として十分成立する金額だ。

周囲がみんな反対したパブ経営だったが、ぼくはなんとか六本木ゼストの経営を軌道に乗せた。ここで手をゆるめるわけにはいかない。

ぼくは、すぐに三軒目の店「原宿ゼスト」をオープンした。七八年三月のことだ。場所は、青山通りから表参道を下り、明治通りと交差する手前の路地を左折して、裏通りにぶつかる。その通りに面した幅広でなかなかシックな煉瓦づくりの低層ビル、そこの地下一階だった。やや薄暗い店内に、洒落たカウンターと丸テーブルを配し、ライトを灯した。真ん中には大きなビリヤード台を置いた。

これで、当初からの目標「五年間で三店舗展開」をぼくはクリアした。

六本木ゼストで苦労した分、原宿ゼストは比較的スムーズに売り上げが伸びた。六本木に比べると夜歩く人は少なかったが、競合店舗が少なかったのが功を奏した。洒落た雰囲気は、東京の遊び人の間で評判になり、かの松田優作の人気TVドラマ「探偵物語」のロケにも使われた。覚えていらっしゃる方もいるかもしれない。

この原宿ゼストがなんとか商売らしくなってきた翌年の七九年、ビルの大家さんがぼくに声をかけてきた。

「長谷川さん、お宅の店のあるビルの二階、いま空いてるんだよね。あそこさ、借り手がいないんだよね。安くするから借りないか?」

七〇年末、こうした賃貸物件の保証金は、相対的に見ると今に比べて目玉が飛び出るほど高かった。ところが、この大家さん、本当に借り手がいなくて困っていたのだろう、当時としては破格の安値を提示してきた。広さは四二坪、保証金が一五〇〇万円だった。

このとき、ぼくには何のアイデアもなかった。まさに、まず物件ありき、であった。

さて、何をやろうか——。そんなとき、頭に浮かんだのは、数年前に経験したあのヨーロッパ放浪のことだった。

商売を始めてこのかた、ぼくはずっと店に縛りつけられていた。仕事は楽しかったけれど、もともとが体を動かすのが好きな人間だけに、その点だけはストレスがたまっていた。久しぶりに海外にも行ってみたかった。どうすれば、仕事と海外を結びつけられるだろうか——。ヨーロッパ放浪のときの思い出を反芻しているうちに、ぼくは、ふと思い出した。

そういえば、イギリスでも、大陸でも、日本で見たら結構お洒落でシックな調度品が、えっ、と驚くほど安い価格で、古道具屋のようなところやときには道端で売っていたな。——あれ、日本に持ってきたら、売れるんじゃないか?

かくしてぼくは、突如アンティーク家具の輸入販売を始めることにしたのである。

アンティーク家具ショップでの挫折

一九七九年九月、原宿ゼストが入ったビルの二階にアンティークショップ「ラ・ボエム」がオープンした。

ラ・ボエム――これは、「ボヘミアンのように自由に生きたい」というぼくのロマンから命名した。プッチーニのオペラに同名のものがある。「因習にとらわれない自由な生き方をしよう」というメッセージを込めたのだ。

従業員は、ぼくともう一人、たった二人だけである。事業内容はきわめてシンプル。社長自らが海外の中古家具や調度品を買いつけに行き、自社ショップで販売する。

ぼくが最初に買いつけに行ったのは、かつて滞在したこともある勝手知ったるイギリスだった。当時の知り合いや、日本の同業者から情報を仕入れ、ぼくはロンドンから片田舎へと向かった。なぜか。理由は単純。田舎のほうが安いからである。マンチェスターやリバプールといった地方都市の郊外が狙い目だった。

ところが、久しぶりに訪れたイギリスは、数年前と様相を異にしていた。街がすさんでいた。平日の昼間から、若い連中が文字通り定職もなくふらふらしている。あきらかに麻薬中毒者＝ジャンキーと思われるようなやつが、道っぱたに転がっている。そういった若者たちは、ぼくのようなアジア人の旅行者を見ると、とたんに目つきが鋭くなった。直接危ない目にこそ遭わなかったが、ぼくは何度か恐怖感を覚えた。なまじ七〇年代初頭の「ラブ＆ピース」なイギリス人たちと仲良くしていた経験があっただけに、先進国イギリスのこんな実態に、ぼくはよけいにショックを受けた。

なぜこんなにすさんでいたか。七〇年代後半、イギリスは深刻な不況に悩まされていたからだ。定職につけない、明日の食費もままならぬ、という若い連中がごろごろいたのだ。ちょうどパンクロックが流行していたころだ。そのあたりを連想すると、当時のイギリスの空気を思い描いていただけるかもしれない。

とにかく普段から仕事がないから、失業保険かなんかで飯を食い、あとは寝るか、薬をやるだけ、なんて連中が多かった。こうした連中にとってみれば、しゃばで苦労するくらいならば、ブタ箱でのんびりするほうがましだったりする。ぼくのようなアジアからのツーリストなぞ、いつ犯罪に巻き込まれてもおかしくなかった。

しかも、失業率は田舎に行くほど高い。ぼくが目指す地方の中古家具屋を巡るのも、かなりの冒険になる。それでもこちらは仕事だ。ここでびびっては商売上がったりである。

ぼくがイギリスの田舎を訪れたのは、真冬のことだった。場所はビートルズの出身地、リバプールの郊外だ。イギリスの冬は寒い。午後三時にはもう暗くなり、五時を過ぎると車の窓が凍りつく。そのころには深いガスが立ちこめ、ライトをつけても前が見えないほどだ。ぼくが現地に到着したのはすでに夕方だった。日本ならばまだ明るい時間だが、すでにあたりは暗かった。骨がきしむほど空気が冷たい。ぼくは震えながら、廃校となった学校の体育館に足を踏み入れた。この体育館に業者が中古家具を山積みにしているのだ。

今思い返しても寒々しい光景だった。がらんとした薄暗い体育館のなかに、埃まみれの家具が無造作に積まれている。かび臭いにおいが体にしみつきそうだった。寒さと徒労感でぼくは思考能力を一瞬失いかけた。

この中から、掘り出し物を見つけ、買い取り交渉を行い、船荷として日本に送り出す。ぼくは気を取り直して、「ぶつ」を探し歩いた……。

結局ぼくは、一年間に三回、イギリスへ買いつけに行った。そして、開店からちょうど一年後、三回目の買いつけが終わり、日本に帰る機上で、ぼくは決心した。——これは絶対に商売にならない。アンティークショップなんかやめよう。

実は、ぼくの帰国と同時に買いつけた商品がコンテナ一本分来ることになっていた。なのに、なぜ？

まず商売としてみると、あまりに生産性が低い仕事であることにすぐ気づいた。

買いつけはぼくが自分で行っていた。そのとき必要な「七つ道具」があった。インボイスの用紙、家具のサイズを測るメジャー、購入予定の家具に張る番号を記したステッカー、それからこのステッカーを貼った家具を写真におさめるためのカメラなどである。で、実際に日本に持ってくるときには、購入した家具にステッカーを貼り、そのステッカーがみえるように家具の写真を撮る。この写真をインボイスにひとつずつ添付して、必要事項を記入するわけだ。作業は全部ぼく一人でやったから、本当に手間がかかった。なにせ一回に運び出す量は二〇フィートのコンテナにぎっしりだから、必要なインボイスの数も五〇〇以上に上るのだ。しかも通関するためには、いちいち全部手書きで記入しなければいけないのである。

さらに、もっと大きな問題があった。俗にアンティーク業界は魑魅魍魎の世界といわれる。そんなところに、素人が大した覚悟もなく入るといったいどうなるか、それを身をもって思い知らされたのだ。

まだ、店を開いてほどないころ、あるベテラン業者がぼくにこう忠告した。

「長谷川君、だめ、だめ。あなたは頭の中でものを売っているでしょう？　違う、違うの。この商売で売るのはね、ものじゃないの、夢、夢なんだよね」

最初は、この言葉の意味がよくわからなかったが、業界の裏側を知るにつれ、自分のように適正価格でいいものを売ろうなどと考えている人間には、とても太刀打ちできない商売であることがわかってきた。

それを痛感したエピソードをひとつ紹介しよう。ぼくは、樫でできた長方形のテーブルを仕入れてきた。なかなかの上物で、二一万円のプライスをつけて店に置いたのだが、まったく売れない。商品価値からいえば、相当割安感があるはずなのだが――。するとくだんのベテラン業者がうちの店に来るなり、こう言った。

「長谷川君、これ、売れないの？ それならいいよ。ぼくが買ってあげる」

テーブルは二一万円也で彼の手に渡った。ぼくとしては売れてくれれば、相手は一般ユーザーでも同業者でもかまわない。ようやく買い手がついたと、ほっとしていた。

しばらくして、彼の店を訪れたとき、ぼくはびっくりした。

この前のテーブルがあるではないか。しかも見違えるようにきれいに磨かれてすばらしい状態になっていた。しかも値札を見てさらにびっくり。八十数万円の値がついている。

「え、いったい、ど、どうやったんですか」

思わずぼくが聞くと、彼はにやりと笑ってこう言った。

「イギリスのマジック・ワックスって知ってるかい？」

マジック・ワックスとは文字通り、非常に不思議なワックスだ。木製製品の下地をちゃんと落としたあとに、こいつを塗ると、アンティークとして輝くような古さを醸し出すのだ。極端な話、安物家具が「歴史もの」に化けてしまうのである。ぼくの店から彼のところに渡ったテーブルも、このマジック・ワックスで大化けしたというわけだ。

しかもこのテーブル、すでにリース料だけで八〇万円を売り上げたという。リース料金は通常定価の三割である。ということは、たった一回のリースで、ぼくに支払った仕入れ代金を回収してしまったのだ。しかも、八十数万円の値札の下に書かれたうんちくはまったくのでたらめだった。ぼくはイギリス・ノーフォークで買つけたのに、由緒ある何々家の逸品にて云々と書かれていた。

とても、俺に務まる商売じゃないな……。アンティークというのは確かに夢を売る商売だ。だから、たとえ嘘でも「夢を信じる」人が買えばいい。正しいか、正しくないか、というのは本質的には問題ではないのである。そんな世界では、とても俺なんかじゃ手に負えない。それが心底わかった。

実際、商売そのものもうまくいっていなかった。店を始めたころの、資金繰りはそんなにきつくなかった。二人でやっていたから人件費も少ない。ところが、商品が少しずつ増えていくと、たしかに売り上げは多少上がるのだが、実際の利益はほとんど出ていなかった。しかも在庫がどんどん増えていく。とはいっても、売り払うにもコストがかかる。まさしく八方ふさがりだった。

結局、アンティーク屋ラ・ボエムは閉じることにした。西麻布のアンティーク・ギャラリーで残った商品をぼちぼち売り、大半は同業者に売っ払った。購入原価も出ないほどの額だったが、背に腹は変えられない。ギャラリーの商売も八〇年代に入るころには閉じてしまった。

レストラン業態への挑戦――イタリアンカジュアル「ラ・ボエム」

アンティークの世界では勝てない――。ぼくは開業一年で、きっぱり見切りをつけた。

ただ、自分でも賢明だったと思うのは、失敗のリスクを考えて定期預金を残しておいたことだ。それともうひとつ、もしかしたらこんなこともあろうかと、アンティークショップ「ラ・ボエム」はキッチンさえ用意すれば、レストランになるようなつくりにしてあったのである。そう、いざとなったら、やはり飲食関係の店舗にしようと、最初から考えていたのだ。

では、何をやるか。

一番簡単なのは、原宿ゼストの拡充だ。幸い、売り上げも伸びているし、固定客もいる。ノウハウもたまってきた。でも、ぼくはその道だけは避けようと思った。というのも、ゼストはパブである。そして、パブのオーダーの七割を占めるのはドリンクだ。ドリンクでは、他店との差別化を図るのは困難だ。それゆえにパブだけでの企業化はなかなか難しい。このあたりは喫茶店と相通じるところだ。当時、そこそこ繁盛し始めたが、この業態をいくつも出すというのはやはり得策ではないだろう。ぼくはそう判断した。

やっぱり、レストランを始めよう。

もちろん、すでに記したように、レストラン・ビジネスはリスクも大きいし、ノウハウも必要だ。それが怖くて、最初はパブを開業したくらいである。でも、もう逃げることはできない。自分の性格から言っても、ここでストップできるわけがない。

こういう性格は、今でも基本的にまったく変わっていない。いったん目標が決まったら、とにかくアクションを起こすのが先決だ。考えるのは後からでいい。大切なのはまずチャレンジすること。そしてそれから考えることだ。チャレンジしなければ、人間も企業も決して成長しない。

さて、レストランとはどんな仕事か。そもそも、「食べる」というのは性欲と並んで人間にとってもっとも根源的な欲求の一つである。人間のこの「食欲」にいかに訴えることができるか。それがレストランというビジネスである。ぼくはレストランを開くべく、調査を開始した。

当時、アンティーク家具の買いつけでイギリスを往復していたぼくは、同地での「ワインバー」の流行に目をつけていた。さまざまなワインの種類をたくさんそろえ、気軽にグラスで飲める店だ。日本ではバブル景気の前後から目立ち始め、数年前からのワインブームで一気にポピュラーになったこのワインバーという業態だが、ぼくが目をつけたのは今から二〇年前、七九年から八〇年にかけてのころである。日本でワインバータイプの店はおそらくほとんどなかったはずだ。

当時からワイン好きだったぼくは、気軽にショットで飲めるこのワインバーというスタイルはきっと日本でも受ける、と踏んだ。二〇年前は、まだワインを飲むのがそれほど一般化していなかった。レストランで赤ワインをオーダーすると、冷蔵庫でキンキンに冷やしたやつが平気で出てきた。だからこそ、肩ひじ張らずにワインを楽しめるこのワインバーは、まさに日本人向けではないかと考えたのである。

ぼくは、新しく出す店にワインバーの要素を入れることを決めた。

では、売り物となるメインディッシュは何にするか。ぼくが選んだのはパスタ料理である。

理由は単純である。日本人の好きな洋風料理は、カレーライス、スパゲティ、ハンバーグと相場が決まっているからだ。この中でハンバーグは、パンにはさんだハンバーガーというかたちで、すでにマクドナルドなどが企業化している。もう一つの人気メニュー、カレーは、香りが強すぎて、残念ながらお酒を飲みながらつつくのには向いていない。残るはスパゲッティ、すなわちパスタ料理という発想だった。

周囲に、パスタをメインにすると話したときは、誰もが「ちょっと陳腐じゃない？　おいしいスパゲティを食べさせる店ならもういっぱいあるよ」と否定的だった。

おっしゃる通り。パスタ、というのは確かに「陳腐」かもしれない。しかし、そう見なされるのは、それは非常に人気のある料理である証拠でもある。だから、ちょっとした変化を加えて、おいしくつくれば、お客さんの支持は底堅い。ぼくはそう強気に考えた。

さらにもうひとつ、ぼくはレストランを始める前に、すでに記したように、ロサンゼルスやニューヨークを訪れていた。向こうの人気レストランに入ったとき、ぼくはレストランがただの飲食の場ではないことに気がついた。

オープンキッチンの厨房は、客の側から、シェフたちが威勢よく調理しているのがよく見える。客のテーブルの周りにいるウエイターたちは、きびきびと動き回り、優雅に、そしてユーモラスにサーブする。もちろん主人公はお客さんだ。調理するシェフ、給仕にいそしむウエイターはさしずめ映画の脇役だ。店の喧騒がBGM。主人公たちが演じるドラマは、恋愛物かもしれないし、家族ものかもしれない、ビジネスものかもしれないし、あるいは悲劇かもしれない。ときにはアクションもあるかもしれない――。

まるで映画みたいじゃないか……。ぼくは久々に高校時代、鹿島や大野と映画を見に行ったことを思い出した。そうか、レストランっていうのは、映画だとか、演劇なんかと同じ、「エンタテインメント」なんだ。

渡米で得たこの経験は、ぼくの中で眠っていた映画好きの部分と結びつき、自分がこれからつくるレストランのイメージに直接投影された。

よし、俺がつくるレストランは、エンタテインメントとして絶対にお客さんを満足させるものにするぞ。

パスタという王道に、ワインというスパイスの組み合わせ。それにきびきびしたサービスと、凝った内装。この店は当たるぞ――。ぼくは、ほくそえんだ。

八〇年一一月、ぼくの記念すべき最初のレストランは、パスタレストラン「原宿ラ・ボエム」として誕生した。例のアンティーク屋の跡をそのまま改装した店である。

下に繁盛店原宿ゼストが控える二階に位置していた。煉瓦造りの外観はいい味を出していたし、中はエリアごとに微妙に段差をつけ、手すりを設け、壁際をやや高くすることで、店内を広く、立体的に見せた。ただしカウンターは小さなサービスカウンターだけだった。照明はパブであるゼストより若干明るめにして、レストランらしい落ち着いた雰囲気を出そうと工夫した。ぼくのイメージは、アンティーク家具の買いつけで立ち寄ったロンドンのワインバーだった。店員数は五～六人。こいつはいけるぞ、ぼくには少々自信があった。

惨敗だった。

ぼくの思惑はふっとんだ。店には閑古鳥が鳴いていた。せっかくそろえたワイングラスに埃がかぶりそうなくらい、客が入らなかった。がらんとして、活気のない店内に所在なげに店員がつっ立っていた。

なぜ、だめだったのか。

まず、八〇年ごろには、ワインを中心にお酒のメニューをそろえるというのはあまりに時期尚早だったという大きな理由がある。せっかくこちらがワインを取りそろえて、お客さんに勧めようとしても、「ワインなんてだめだ。いらないよ。最初にビール、それから後でジントニックを持ってきて」と言わるのがおちだった。しかもビールやスピリッツと異なり、ワインは原価が高いうえに、保存にも手間がかかる。そのため、単純に売り上げと利益という観点からすると、決して魅力的なドリンクメニューではない。

要するに、ヨーロッパでワインバーがはやっていた理由をきちんと分析しないで、単純に真似をしただけだったのだ。日本の市場特性もろくに調べずに。これではうまくいかないのも当然である。

肝心のパスタのほうでも、過ちを犯した。

ほかのスパゲティ屋と差別化を図るために、ラ・ボエムでは当初から自家製パスタにこだわった。ところが、自家製とは名ばかりで、実際に使っていたのは通販番組に出てきそうなおもちゃのごときちゃちなパスタマシンであった。一回に製造できる量も限られていたため、必然、品質管理もできなかった。

そうなると、味のほうは「パスタマシンを使った自家製パスタ」という表示とはうらはらの、しょぼいものになる。そう、うちのフレッシュパスタはさっぱりうまくなかった。近代的工場で最高の原料で作られた乾麺と比べると、味も品質もはるかに水準が低かった。他店よりもおいしいパスタを、と差別化したつもりが、自分のほうで勝手にマイナス方向に差別化してしまったのである。

こんなことも、事前にリサーチしたり、十分なリハーサルを行っていれば、おそらく気づいたはずだ。それにまったく気が回らなかったということは、いかにこのときのラ・ボエムの経営が行き当たりばったりであったか、という証拠であろう。

四二坪あったラ・ボエムは、毎日午前一一時半から翌朝五時まで営業した。定休日はなしである。最初の月の売り上げは一五〇万円。一日平均たった五万円である。バーがメインのゼストと比べても四分の一ほどの実績しかない。高田馬場の「北欧館」にしても、たった一五坪で一日平均一三万円は売り上げていた。面積が三分の一しかない喫茶店と比べて、売り上げが半分以下というのは、ほんとうに危機的な状態だった。

なんとかしなければならない。ぼくはすぐに手を打つことにした。まずドリンクメニューの幅を広げ、ワイン以外のドリンクを充実させた。パスタも自家製から乾麺に変え、一つひとつのメニューのブラッシュアップを図った。

内装にも手を入れた。まず大きな鏡を壁に入れて、より立体感を持たせた。サービスカウンターだけだったのを、本格的なバーカウンターに変えた。

いざビジネスとなると、ぼくはわりと粘り強いほうだ。学生時代、喧嘩早かったことを知っている人間からすると意外かもしれないが、かつて受験のときに見せたように、目標をいったん設定するとひたすらコツコツ努力することは得意なのだ。そのうえ、あきらめるのも負けるのも大嫌い、ときている。ラ・ボエムで始めたレストラン事業は、ぼくが将来世界に打って出るためにはぜったいに避けて通れないジャンピングボードだ。

ここで成功しなかったら次はない。

ぼくは努力を続けた。日々人気メニューの分析を行い、常連客には積極的に声をかけ、アルバイトを叱咤し、内装に手を入れた。

それでも売り上げはなかなか伸びない。ストックしていた資金も底を尽きかけていた。このままでは、従業員に給料が払えない。

ぼくは悩んだ末に車を売ることにした。

当時、ぼくが乗っていたのはフォルクスワーゲンのコンバーチブルだった。欧州旅行で知ったあの車は、ぼくにとって憧れの車だった。北欧館が当たり、ゼストが軌道に乗ってそこその収入が得られるようになったころ、そう、ラ・ボエムをレストランとして開業する三年ほど前に、ぼくはこの憧れの車を手に入れた。忙しくてそんなに乗る暇はなかったけれど、ぼくにとっては最大の宝物だった。

その宝物を、ぼくは社員の給料を払うために、売り払った。名残惜しかったけれど、仕方がない。車はまたいつか業績が上がったときに買えばいい。いま大切なのは、目の前の大切な従業員たちに給料を滞りなく払うことなのだ。ぼくは、そう自分に言い聞かせて、ディーラーに車を持ち込んだ。

幸い、ワーゲンのコンバーチブルは比較的珍しい車だったこともあり、買ったときとまったく同じ値段、一六〇万円で売れた。そのお金でぼくはなんとか給料を遅配せずに済んだ。

台所事情は厳しかったが、しかしぼくは経営面では攻めの姿勢を忘れないようにした。たとえば、ドリンクメニューを充実させた後、ウェイティングバーとしても使えるようバーカウンターを設けた。これはうまくいった。店の雰囲気が一気に洗練されたのだ。

客の受けも上々だった。混んでいるときは、ここでお酒を飲んでいてもらえばいいのだ。売り上げもあがるし、一挙両得だ。

そんな具合に、すべてにわたってちょっとずつレベルを上げていく努力を、ぼくは開店から一年ほどずっと続けていた。

すると、あるとき突然、成果が現れた。

売り上げがふわりと空を飛ぶように上がり始めたのだ。五〇〇万円が翌月には六〇〇万円に、さらに次の月には七五〇万円、さらにその次の月には九〇〇万といった具合に、毎月一〇〇万円以上売り上げが伸びていった。

最初は、偶然客が多かったのだろうと自分でも半信半疑だったのだが、毎月毎月、前の月の実績を大幅に上回っていくのを目の当たりにして、（もしかして、これはいけるんじゃないか）

と内心思い始めた。そのうち、いつのまにか客でごった返し、バーカウンターがいっぱいになり、夜中にもかかわらず店の前に人が並ぶのを見たぼくは、確信した。

この店はいける！

そう思っているうちに、月ベースの売り上げはあっという間に一〇〇〇万円を超してしまった。こうなると、お客さんの数も口コミで増えていくから、数字が伸びるのも早い。八二年初頭には月間売上は二〇〇〇万円を超えるところまできたのである。

このときの充実感といったらなかった。ぼくをはじめ少ない人数で切り盛りしているのだから、相変わらず死ぬほど忙しかったけれど、アルバイトも含め、みんなの努力が実り、結果が数字でどんどん表れてくるのだ。これぞ、この商売最大の醍醐味だ。まさに成功の蜜の味だ。

月間売上が二〇〇〇万円に到達してからは、食材の仕入れや人件費などの経費を全部支払っても毎月七〇〇万円ほどが手元に残る。よし、これで次の店を仕掛けられる――。

ラ・ボエムの売り上げが一気に伸びたことで、勝負の勘をつかんだぼくは、ここで一気に経営規模を広げようと考えた。今までと同様、六本木や原宿のようなファッショナブルで先端的なエリアの「お得な物件」、これをぼくは手当たり次第に探した。

すると運がいいことに、格安物件が続々と見つかった。そこで、八二年から八三年にかけて、ぼくは次々と東京の中心エリアに店を出した。

まず八二年三月、表参道に「原宿ゼスト・アネックス」を出した。続いて七月には、西麻布の交差点近くに「霞町ラ・ボエム」を出店した。さらに翌八三年一二月には、「代官山ラ・ボエム」を展開した。ちなみに、八一年一一月には最初の店「北欧館」を、喫茶店からレストラン「高田馬場ラ・ボエム」に業種変更していた。「原宿ゼスト・アネックス」は二一坪の小さな店だったので今は存在しないが、「霞町ラ・ボエム」は名称を「西麻布ラ・ボエム」に変更して、今も毎晩賑わっている。

今でこそ、西麻布と代官山は遊びのメジャーポイントとして全国的な知名度を有しているが、八〇年代初頭、この二つの地域は、駅から離れた不便なところ（代官山は東横線の駅があるが、ぼくの店は並木橋通り沿いにあり、駅からやや離れたところだった）だったこともあり、決して一般受けのする場所ではなかった。それでも、ぼくは周辺の客の流れをチェックし、店の予定地の前に立ち、考え、たとえ駅から遠くても、お客さんは必ずいる、と自分なりに計算し、確信して出店した。もちろん、若干の不安はあった。それまでキャンティなど一部の例外を除くと、駅から遠いレストランが客を集めた例は、東京の中心部において例がなかったからだ。

そしてぼくは賭けに勝った。両店とも、開店当初からたくさんのお客さんを集めた。その後も好成績を維持し続けているのは、現在も両店が同じ場所で営業していることからも、ご理解いただけるだろう。いや、西麻布にしろ、代官山にしろ、両地区に飲食店が林立し、深夜まで人手が絶えなくなるようになったきっかけをつくったひとつが、この二つのラ・ボエムだったのではないか。ぼくは傲慢にもそう想像する。

かくして、ぼくの商売は、ようやくビジネスの体をなすようになってきた。


最後に、別れた女房について一言、触れておこう。

実はアメリカに渡った後、ぼくはフィンランドまで足を伸ばし、女房と会ってきた。よりを戻すつもりだった。すっぱり別れたつもりだったのだが、その後、文通を始めると、再び二人の間で気持ちが通じ合うようになった――気がしたのだ。

女房と会うのは一年ぶりだった。懐かしかった。が、たとえようもない違和感を感じた。たった一年の別れが、お互いの何かを徹底的に変えてしまったのだ。

数日間、フィンランドに滞在したぼくは、そのまま日本に戻った。

以来、彼女とは会っていない。

第5章 1983——1987

挫折 フレンチの失敗、初代従業員との軋轢

高級レストラン「サン・スーシ」の失敗

店長が辞めていく

社長が「謝る」経営

喫茶店、パブ、レストラン。飲食業界で着実にステップアップしていった長谷川は、さらに難しい高級レストランの出店に挑戦する。一九八四年、南青山にインド料理レストラン「サン・スーシ」を開店したのだ。結果は失敗に終わった。インド料理では客を集められなかったのだ。過ちに気づいた長谷川は、「サン・スーシ」をすぐに高級イタリア料理に変えたが、改善策とはならず、店の経営は苦しかった。

しかし、一回の失敗でめげる長谷川ではない。インド料理を展開する一方で、八五年にはフランス料理にライブジャズを組み合わせた「サン・スーシ・クラブ」を西麻布に開店。しかし、経営はさらに苦しく、結果、この年から長谷川実業は三年連続で赤字経営に陥ってしまう。明らかに実力不足だった。長谷川は数年後の再挑戦を誓って、高級レストラン事業から、とりあえず撤退する苦渋の決断をする。

店舗展開で試行錯誤を繰り返しつつも、長谷川は、八五年、長谷川実業を有限から株式会社に変え、企業化への道をひた走る。七〇年代終わりから独学で学んだ労務管理の知識を生かし、店のマニュアルをつくり、組織改革にも挑んだ。

が、長谷川のそんな改革が裏目に出た。幹部社員がどんどん辞めていく。既存店の売り上げも伸びない。あせる長谷川をよそに、社内の歯車は明らかに狂い始めていた。

そんなとき、最悪の事態が起きた。現場の中枢を担う二人の店長、中川克司と新川義弘が辞めるといいだしたのだ。彼らに抜けられたら、長谷川実業の明日はない。開業から十数年、長谷川は最大の経営危機を迎えていた。

高級レストラン「サン・スーシ」の失敗

喫茶店「北欧館」、パブ「ゼスト」、パスタレストラン「ラ・ボエム」……。一九八三年の終わりには、ぼくは、六本木、原宿、西麻布、代官山に七店舗を出店していた。じいさんから借りた一二〇〇万円を元手に始めた三〇代前半の青年経営者の実績としては、悪くない。

けれども、ぼくはまったく満足していなかった。

以前より目指していた「本当の企業化」を果たすため、そして行く行く世界進出するためには、まだ足りないものがあった——。そう思っていたからである。

それは何か。本格的なレストランである。

それまでぼくが出店してきたのは、喫茶店に、パブに、カジュアルレストランだった。もちろん、いずれも恥じることのない店ばかりだ。が、このころのぼくは、世界に進出するにあたって、やはり、「本物」のレストランを東京で成功させる必要がある、と真剣に考えていた。

当時、東京の「本物」のレストラン、名のあるフレンチレストランなどは、いったいどのように消費されていたのだろうか。

まず昼間。ランチとおしゃべりに興じる有閑マダムのたまり場になる。夜になると今度は会社関係の接待が圧倒的に目立つ。洒落たカップルや、食事を楽しむ夫婦の姿などはめったに見られなかった。

何かが違う――ぼくは思った。

俺のイメージしている本物のレストランはそんなところじゃない。あの、ヨーロッパやアメリカで見てきたレストラン、昔鹿島たちとスクリーンで目にした映画の中のレストラン。あれは、さまざまな大人たちが自分たちの楽しみのために訪れる場所だった。出会いがあり、恋があり、別れがあり、喜びがあり、ときには怒りがあり……。レストランという場は、そんなドラマを人々が演じていく人生の舞台のようなところのはずだ。

でも、そんな店は東京のどこを探してもほとんど見当たらなかった。まあいい。ないんだったら、自分でつくればいいんだ。

そう、チャレンジこそが俺の生き甲斐だ。

本格的なレストランを始める前に、ぼくはまず新たにインド料理店を開業しようとたくらんだ。なぜインド料理か。いささか照れ臭いが、実はラ・ボエムでスパゲティを出したときと同じ理由である。日本人は、ハンバーグに、スパゲティに、カレーが好きだから、と、まあそれだけである。カレーといえばインド料理、日本人向けにインド料理をやれば絶対に当たる、ぼくはそう読んだわけだ。

一九八四年八月、南青山の広尾寄り、日赤通り沿いにインド料理レストラン「サン・スーシ」がオープンした。

今でこそ、この界隈も隠れ家的な店が増えたようだが、当時の日赤通りは、日赤病院があるのと東京女学館があるのを除けば、小さな商店が点在するだけの住宅街の静かな通りだった。こんなところにはたして客が来るのか。おそらく大概の人がそう思うだろう。

でも、すでにあまりメジャーではなかったころの西麻布や代官山の外れで店を出してヒットさせたぼくには多少なりとも自信があった。

三二坪で席数も五〇に満たないこぢんまりとしたつくりだが、アールデコ調の凝った内装だった。ここでインド料理というのがミスマッチで面白いじゃないか、と踏んだわけである。ナンやタンドーリチキンを焼くための本格的な石釜は用意できなかったが、代わりにしっかりしたオーブンを入れた。開店時間は他店と同様、朝一一時半～夜明けの五時まで。従業員は社員、アルバイト合せて三～五人。カレー好きの日本人にはぴったりのお店のはずだった。

結果は散々なものだった。インド料理では、この不便な土地に客を呼ぶことはできなかったのだ。なにせ一番近い表参道や六本木の駅からも歩いて二〇分近くかかる。そのうえ、目の前の通りは幅が狭いため、自動車を止めるスペースもない。よっぽど熱心な固定客がつかない限り、商売になるところではなかった。もちろん、そんな前提条件がわかって出店したのだ。それでも固定客はぜったいにつく、だから絶対に儲かる、そう思っていた。

けれども、ぼくの目論見は外れた。店はいつ顔を出しても、がらんとしていた。スパイスの香りだけが、むなしく店内に漂っていた。

サン・スーシの失敗は、ぼくにとってかなりのショックだった。インド料理というのが中途半端だったのだろうか。この店は、翌八五年五月、業態をイタリア料理「カフェ・ラ・ボエム」に変更し、八六年三月には、名前も現在の「南青山ラ・ボエム」に変えた。ちなみにボエムに業態転換してからは、次第に売り上げも改善したから皮肉なものである。

インド料理は見事にしくじった。しかしこの失敗を機に、ぼくの中で、本格なレストランを自分の手で開こうという意志はより強くなった。ぼくは自分のビジネスが転換期にあることを意識していた。港区と渋谷区のレストラン・オーナーという肩書きに満足するのか、さらに上を目指すのか……。

もちろん、選ぶべきは後者の道だ。ぼくは、経営に大鉈をふるうことにした。

八五年四月、ぼくはそれまで有限会社だった長谷川実業を株式会社化した。続く五月、南青山のサン・スーシをボエムに業態転換すると、二カ月後の七月、ぼくのスタートラインである高田馬場ラ・ボエム、旧北欧館を閉店した。不思議と感慨はなかった。このときのぼくに後ろを向いている暇はなかった。

そして翌八月、ぼくは一軒のフランス料理店を開店した。

「サン・スーシ・クラブ」という名のその店は、西麻布の霞町交差点のすぐ近く、外苑西通りに面した二階に位置していた。店名は、インド料理店で使った名前が気に入ったので、そのまま利用したのだ。ロケーションも悪くない。すでにすぐ近所のラ・ボエムで成功を収めていたから、周囲の環境や客層にもそれなりの知識がこちらには蓄積されていた。

内装はこれまでのうちの店と異なり、思いっきり重厚なものにした。五〇坪の店内に七〇席ぶんのテーブルを用意した。大ぶりのテーブルには、床に届きそうな分厚いびろうどのドレープ付きテーブルクロスをかけた。店の奥にはグランドピアノを置き、黒人のピアニストがジャズを弾いた。シェフは新たに採用をかけ、フレンチ有名店経験者を雇った。コース料理もそろえ、客単価は六〇〇〇〜七〇〇〇円に設定した。

ピアノを入れ、ジャズのライブを聴かせようと思ったのは、フランス料理界のハードルの高さを考えてのことだった。料理一本で勝負するには、非常に競合の多い市場なのだ。ここはひとつ、他店にない付加価値をつける必要がある。それで、ぼくは自分の好きなジャズを組み合わせてみようと、生演奏の聴ける店にしたわけだ。

問題は、計算するとどうしても利益率が低くなることだった。

もしかしたら勘違いされている方もいらっしゃるかもしれない。高級レストランは、客単価が高い分、利益もいっぱいとれるだろう、と。しかし、実情は逆である。高級レストランは概して利益率が低い。食材のコストが高いうえに、客の回転率も低い。皿数もそれほど出ない。

そうなると、客が入らない日はいきなり大赤字になる。

ワインの値段もバカにならない。お酒は最低でも仕入れ値の三倍の値段をつけないと、店で出すときに利益が出ない。人件費や店舗維持費でマージンはあっという間にふっとんでしまうからだ。それでも、市価の三倍で酒を出すと、「値段が高い」とお客様に言われてしまう。このように、もともと利益が薄い業態に、ライブを組み合わせると、利益率はさらに低くなる。いったい、どうすれば改善できるのか。とにかく開店してから考えるしかなかった。

かくして、サン・スーシ・クラブは開店した。

結果は大赤字の垂れ流しである。なんと、開店当初から、毎月五〇〇万円前後の赤字を垂れ流すことになってしまったのだ。この穴埋めは、ほかのカジュアル店の利益を充当するしかない。しかし、南青山のインド料理店の失敗がすでに経営を圧迫していた。そこに、この赤字店の登場である。

株式会社化を果たし、一号店を閉め、新業態に挑むという背水の陣で臨んだ長谷川実業は、八五年、久々に赤字経営に陥ってしまった。

その後も、このサン・スーシ・クラブはさまざまなてこ入れ策を行った。

なまじ本格的なコース料理を軸にすえるから、店の敷居が高くなっているのだ。よし、もう少し客単価を下げるため、ビストロ風メニューを加えてみよう。――この策は、なんの効果も上げられなかった。そこで、今度はイタリアン・カジュアルを導入してみた。やはり芳しい結果は得られなかった。

もしかしたら、アミューズメント設備を充実させれば、いいのかもしれない。そこで、原宿ゼストで成功したビリヤード台をここにも入れてみることにした。開店二年目のことだ。でも、本格的な料理を食べに来る人たちにビリヤード台はただの置物に過ぎなかった。客寄せの効果はほとんどなかった。


せっかく出した新規店だ、そう簡単にあきらめたくはなかった。が、しかし成果は上がらなかった。高級レストランは生半可な取り組みでは成功しない——。二店舗続けて出店に失敗したぼくは、文字通り、それを実感した。なかなか高い授業料だったが、しょうがない。そもそも、カジュアル店しか経営していないぼくらが高級店を始めても、お客さんがなかなか足を運んでくれないのだ。これ以上、決断を先延ばしにするのは得策ではない。仕切り直そう。

ぼくは、再挑戦を自分自身に誓って、八八年五月、サン・スーシ・クラブを業態変更し、「西麻布ゼスト」として、再スタートを切ることにした。

ただ、サン・スーシやサン・スーシ・クラブへの投資で、長谷川実業は思った以上の痛手をこうむった。

他店の利益をこの店につぎ込んだ結果、八五年から八七年にかけての三年間、ぼくの会社はずっと赤字経営だった。幸い他店が儲かっていたから、資金ショートには陥らずに済んだが、それでも当時の年商はせいぜい一〇億円程度だったろう。金融機関に見放されたらおしまいである。薄氷を踏む数年だった。ただし、給与と銀行への返済だけは、一度も遅らせたことがなかった。この二つを遅らせたら、本当におしまいだ、と思っていたからだ。

いずれにせよ、赤字続きのために、開業以来とってきた多店舗戦略をこの三年間はまったくとることができなかった。店舗数を増やしていないということは、大幅な売上増が見込めないということである。サン・スーシ・クラブで業績に大きな穴を空けているだけに、なんとしてでも売り上げ面での大幅な改善を早急に果たす必要があった。だが皮肉なことに、そのサン・スーシ・クラブの赤字のせいで、最大の解決策である「新店舗展開」という戦略がとれずにいたのだ。

これは痛かった。

しかし、実は同じころ、ぼくはもっと大きなトラブルに巻き込まれていたのである。

社員の離反だ。

店長が辞めていく

一九八〇年代に入り、長谷川実業の店舗数も社員も年々増えていった。八四年時点の数字を見ると、店舗数は七店。従業員数は正社員が二五人前後、アルバイトが一〇〇人前後だったろうか。年間売り上げはたしか八億円程度だったと思う。こうなると、小さいながらも「企業」だ。そう、ぼくはいつの間にか、目指していた「企業」をつくり上げていたわけだ。

外食業界において、単店舗と企業との差とはなにか。それは、個店の場合は、経営者が店の指揮者を兼ねることが多いのに対し、企業の場合は、経営者は現場をある程度離れ、経営に専念する、という点であろう。

ぼくも、七三年高田馬場で北欧館を開店したとき、それから六本木にゼストをオープンしたときは、一日の大半を店の現場で過ごした。

しかし、原宿にゼストを出したころから、経営者のぼくが特定の店舗だけを見ているわけにはいかなくなってきた。各店舗に責任者をつけて、「現場を任せる」体制を整える必要が生じてきた。

お気づきだろうか。北欧館を開店してから、六本木ゼストを展開し、原宿、代官山、西麻布、青山と多店舗化を図っていく過程をずっと記してきたが、ひとつだけぼくが書いていないことがある。それは、サービスのことだ。

ゼストにしろ、ラ・ボエムにしろ、今のグローバルダイニングの店舗の最大の「売り」のひとつがサービス水準の高さにあることは、一度でもうちの店を訪れたことのある方ならばおわかりくださるのではないだろうか。本書の第2部には、ぼくがいかにサービス水準の向上に腐心しているか、また、そのために、いかに社員やアルバイトの教育に力を入れているのかが、事細かに記してある。

けれども、実を言うと、七三年に北欧館を開店してから六本木と原宿にゼストを展開した七〇年代終わりごろまで、ぼくがサービスを重要視したことはほとんどなかったのだ。

なぜか。当時、ぼくはこう認識していた。

──お客さんというのはあくまで「店」の魅力に引き寄せられるのであって、決してそこで働く「店員」のサービスの魅力に引き寄せられているわけではない。いや、そうあってはならないのだ。なぜならば、もし、お客さんが「店員」に付いてしまうのであれば、その店員がもし他の店に移動してしまったら、うちのお客さんも一緒に移動してしまうではないか！　だから、むしろ個々の店員が必要以上にお客さんを呼べるようになってしまうのは、店の経営上よくないのだ！

いま、考えると赤面ものの浅はかさである。今のぼくの立場──客を呼べるサービスを提供する、というのと、まるっきり反対だ。

ただ、ぼくがこんなふうに考えたのは、レストランにおけるサービスをいわゆるキャバレーやクラブのホステスのサービスと同列に見なしていたからだ。ナンバーワン・ホステス一人の力で持っている店がこのホステスの転職であっというまにつぶれていく、というような話を何度も聞いていた。自分の店がそうなるのが、単純に怖かったのだ。

だから、七〇年代終わりまで、長谷川実業に体系だった社員教育のシステムはなかった。また、つくろうともしなかった。そもそも、会社組織といえるほどの体をなしていなかった。あえて言うならば、「ぼく」そのものが、当時の長谷川実業のシステムであった。

そのせいもあって、七〇年代後半の長谷川実業では、社員やアルバイトの出入りが実に激しかった。

ぼくは、もともと他人の痛みがわからない部類の人間だ。なまじ自分が痛みを感じないがために、他人も同じくらいは我慢できる、と勘違いしてしまう。そのうえ、口調は常に率直、ストレート。と言うと聞こえがいいが、要するに、無遠慮できつい。腹が立ったり、おかしなことがあったら、すぐに語気が荒くなるし、言葉にとげがあるようになる。

こんな人間が上にいたら、下につく連中はたまったものではない。きちんとした社員教育体系がないのに、いきなり現場で働かされたあげく、要領が悪かったりミスを犯したら、すぐに怒鳴りつけられるのだ。少数の例外を除いて、入ったばかりの社員やアルバイトが数カ月でやめてしまうケースが後を絶たなかったのも、当然だった。

このままじゃ、さすがにまずいな……。

ぼくがそう思い始めたのは、七〇年代の終わり、例のアンティーク家具屋を始めた頃だ。第4章ですでに記したように、アンティーク家具の輸入業務では、ぼく自身が海外に買いつけに行く。すると当然、その間は店を空けることになる。そのとき、いったい誰が各店舗を「経営」するのか？　いよいよもって、ぼくが各店の管理をしているようでは、会社が立ち行かなくなる。

いい人材を確保し、教育し、現場をきっちり動かすシステムを構築しなければならない。そこで、ぼくは自らマニュアルをつくることにした。

店のオペレーションのすべてを文章化し、誰にでもわかるマニュアルをつくる。面倒な作業だったが、ぼくは意を決し、自分一人で全部手書きでやろうと決心した。

作業を始めたのは、例のアンティークショップを開いて数カ月たった八〇年のことだ。アンティークショップのほうは幸か不幸かさっぱりお客が来なかったから、ぼくは、営業時間中に、就業規則や給与規定、人事考課システムなどの本をとにかく読みまくって勉強した。久しぶりに味わう嫌な気分だった。しつこいほど書かせていただくが、ぼくは勉強が大嫌いなのである。

ただ、今回の勉強は大学受験のときとはわけが違う。ぼくの利害に直接関係するのだ。ぼくが無知のままでは、本当の企業化など夢のまた夢である。それどころか既存の店をつぶしかねない。

とはいっても、こちらは人事だの、社員教育だの、給与体系だのに関して、なんの知識も持ち合わせていない。最初は、絶壁の高山の頂上まで登らなければならないのに、道具は素手だけで、しかも頂上が見えない状況だった。それでもなんとか「登頂」を成功させねばならない。

ぼくは途中で投げ出しそうになりながらも、何度も気を取り直して、就業規則、サービスや清掃の仕方、業務の流れなどを紙にまとめていった。組織体系もつくり直した。役割分担を明確にするために、役職も増やした。

作業が一通り終わったのは八四年のころだった。

努力の甲斐あって、ぼくの労務管理の知識はプロ並みになった。さあ、あとはこのマニュアルに従って、現場業務を改善するだけだ。ぼくはマニュアルをプリントにして、全社員とアルバイトに配った。

ところが……。

このマニュアル、肝心の効果はさっぱりあがらなかった。まず、社員の定着率は相変わらず低いままだった。すぐに辞められてしまうのでは、教育のしようがない。では、会社に残った社員の教育は？　こちらも大した結果を得られなかった。

原因はマニュアルの中身そのものにあった。

このマニュアルの中身は、もっぱら各業務の作業工程を機械的に記したものであった。すなわち、挨拶の仕方だとか、ある料理の作り方だとか、清掃の順番だとか、レジの管理の仕方だとか、まあそんなことを細々と記してあったわけである。

もちろんこうしたマニュアルも必要なのだが、肝心なことは、このマニュアルをベースに、いかに現場のサービスや技術を向上させ、売上増につなげるか、ということなのだ。

ところが、ぼくのつくったマニュアルには、その肝心かなめの点が欠けていた。このマニュアルさえあれば、昨日入ってきたばかりの新人バイトでも、なんとか仕事はできる。けれども、このマニュアルをいかに読んでも、それだけでこのバイトが仕事内容をきちんと理解し、サービス水準を向上させるようになるか、というと、それははなはだ疑問であった。

要するに、当時の長谷川実業の業態や規模といった実態を無視し、知識に頼りすぎたかたちでこのマニュアルをつくってしまったのだ。かつてサービスを軽視していたときと、ぼくの根本的な発想はなんら変わっていなかったのだ。

そのうえ、このマニュアル作成と並行して、まともな企業にはきちんとした組織を、と思い込んだがために、役職を必要以上に増やしてしまった。その結果どうなったか。社内の風通しは悪くなり、社長であるぼくに、現場の情報が伝わりにくくなってしまった。大した規模でもないのに、一種の大企業病にかかってしまったのである。

組織改善のつもりが、改悪になってしまった。有能な社員を獲得し、教育し、定着させ、より強固な組織をつくりあげる。そんなぼくのもくろみはもろくも崩れてしまった。

しかし、この時点では、まだこの組織改革が、長谷川実業をつぶしかねないほどの問題をかかえているとは、ぼく自身気づいていなかった。


ぼくが問題に否が応でも気づかされたのは、最悪の事態が起きたからである。うちの現場の中枢を担う最も優秀な人間が二人、辞める、と言い出したのだ。

辞める、と口にしたのは、中川克司と新川義弘。二人とも現在のグローバルダイニングの取締役であり、それぞれ営業サポートセンター・リーダーとユニット1・リーダーを務めている。うちの会社にとってかけがえのない男たちだ。

マニュアルをつくり上げ、社内組織をいじり始めてわずか一年後の八五年、そのかけがえのない男たちが、相次いでうちを去ろうとしていた。

新川が長谷川実業に入社したのは一九八四年のことだ。まだ二一歳だった。それまで洋酒会社の経営するレストランで主任を務めていた新川は、当時うちの店で働いていた高校の同級生の誘いで、すでに幹部社員だった中川に会った。物おじしないはきはきした男だ。一回顔を合わせただけで彼は中川のお眼鏡にかなった。二日後、彼はそのレストランを辞め、うちに入社してきた。

「一番、仕事のハードな、難しい店に配属してください」

新川は入ってくるなり社長のぼくにそう言った。

ご希望にはお応えしよう。ぼくは前年暮れに開店したばかりの代官山ラ・ボエムに新川を配属した。

新川は、想像以上に「できる」男だった。

まずサービスの達人だった。店内でテーブルに座った客が振り返る。すると、振り返ったその瞬間、新川は客の目の前にいた。まるで、予知能力を持っているがごとく、彼は客の要求を察知した。動きに無理も無駄もなかった。サービスは常に自然体で気がきいていた。おまけに一度見た客の顔は決して忘れない。

そのうえ、新川は上昇志向が強く、ぼくに劣らぬ負けず嫌いだった。何をやるにしても一番でなければ気がすまなかった。彼の仕事ぶりを見て、ぼくは思ったものだ。

「こいつ、敵にまわしたくないな」

ぼくが人に対して使う最高の誉め言葉だ。こういうガッツと能力とを同時に持ち合わせた人間に会うと、ぞくぞくして飛び上がりたくなるほどうれしくなる。

外食産業の発展に現場のサービス水準の向上が欠かせないことを教えてくれたのも、新川だった。後述するが、こいつのサービスは文字通り「客を呼び寄せる」力を持っていた。この八〇年代真ん中の時点で彼がうちにいてくれなかったら、現在のグローバルダイニングがここまでサービスを売りにできる会社に成長したかどうか、きわめて怪しいものである。

さて、そんな新川が配属された代官山ラ・ボエム。この店を率いていたのが店長、中川だった。

中川の社歴は古い。彼が最初にうちに来たのは七六年、六本木ゼストのオープンのときだった。大学を二年生で中退したばかりだった彼は、アルバイト扱いでゼストのオープンを手伝ってくれたのだが、歳や役職に関係なく実力のある人間にはがんがん仕事をさせるぼくのやり方が気に入ったのだろう。原宿ゼストが開店して一カ月後、七八年四月に正式に入社した。

中川は実直な男だ。歳のわりに冷静なところがあって、気配りができる。ぼくや新川が典型的な「攻撃型」だとすると、中川は「守り」に強いタイプだった。若いときから管理職向きの性格だった。しかも度胸があった。

そのうえ中川は、うちの店の文字どおり「すべて」を知っていた。なにしろ、六本木ゼストのオープン時には、アルバイトでありながら、内装の手伝いから始まってウエイター、バーカウンター、調理までをこなしたのだ。まさにうちの現場の生き字引といってよかった。当然、彼は次々と店長を務め、店を軌道に乗せていった。六本木ゼスト、原宿ゼスト……。そんな中川の実力を最大限生かそうと創業店長に任命したのが、代官山ラ・ボエムだったのである。

最初に退社を切り出したのは、新川のほうだった。

そのころ新川は、入社一年目にして、早くも西麻布（当時霞町）ラ・ボエムの店長を務めていた。彼は、代官山ラ・ボエムで一年ほど仕事をした後、この西麻布店の店長職に就いた。文字通りの大抜擢だ。

ところが、しばらくして、ぼくはこんな話を耳にした。新川店長の現場の評判がよくない……というのだ。ただし、ぼくが直接現場の連中に聞いたわけではない。その話をぼくに伝えたのは、古くからぼくの右腕的な存在で部長を務める男だった。その当時、例の組織改変に伴って、現場の統轄はこの部長に一任していた。西麻布ラ・ボエムの売り上げが伸びていなかったのは事実だった。だからこそ、新川に店長を任せたのだ。ところが、それまで現場で張り切っていた新川のやる気が裏目に出たというのである。新川は、妥協や手抜きを許さず、厳しい姿勢で現場の体制を整えようとしていた。その結果、大量のアルバイトが辞める羽目に陥った。

ぼくの右腕である部長はこう漏らした。

「新川はたしかに頑張っている。でも、あの頑張り方はまずい。彼の頑張りと若さのせいで、店の連中がどんどん辞めている。このままだと、あいつ自身が焼き切れちゃうし、なにより店が危ないですよ」

まずい。ぼくはすぐに新川とミーティングを開いた。

新川は、ぼくに訴えた。

「今の体制じゃ、あの店は絶対にうまくいきません。まず、ダメなアルバイトを全部切る。それから、厳選したアルバイトを現場に配置すれば、必ず売り上げは改善します」

彼は新しい人材を投入して強いチームをつくるのが、改善の第一歩だと主張したのである。

ぼくは言った。

「でもな、お前のやっていることはちょっと極端すぎるぞ」

「そうですか?」新川は不服そうだった。

新川のような優秀な人間に焼き切れてもらっては困る。ぼくは続けた。

「新川、ちょっと休め。これだけ頑張って、寝る間も惜しんで仕事をしているのに結果がでないんだ。いったん店長職を降りて、ほかのやつのリリーフを仰げ」

彼を店長から外して、代官山に戻したほうがいい。そうぼくにアドバイスしたのは右腕である部長の意見だった。もっともだと思ったぼくは、それをそのまま新川に伝えたのだ。

自分のやり方に自信を持っていた新川は、この言葉に強いショックを受けたようだった。

西麻布店の店長職を解かれた新川は、ほどなくして、うちを辞めた。


新川の退社は、衝撃的な出来事だった。間違いなく、うちの若手トップだったのだ。そいつが辞めてしまった。ところが、それからしばらくして、さらに衝撃が走った。

なんと、大ベテランの中川までが「辞めたい」と言い出したのである。たしか八五年の暮れのころだったと思う。

さすがに、おかしい。

この期に及んで、ぼくはようやく疑問を抱いた。中川は冷静な男だ。自分の仕事の内容はもちろん、各店舗の状況、そしてこの長谷川実業の実情も全部知っているはずである。その男が、なぜ辞めると言い出したのか。

ぼくは、中川とさしで話をすることにした。

彼と腹を割って話をするのは、久し振りのことだった。組織改変に伴い、現場の統轄は例の部長に任せ、ぼくはもっぱら金融機関とのつきあいや出店計画の立案などといった経営業務に専念するようになっていたからだ。……そういえば、もう何年も、現場の若い連中と話をしなくなったな。ぼくは、ふとそんなことを思いながら、中川との面談を始めた。

「中川。なぜ、おまえまでが辞めるなんて言い出すんだ」

ぼくは単刀直入に切り出した。しばらく黙っていた中川は、意を決して口を開いた。

「社長、実は……」

中川の話を聞いたぼくは、本当に驚いてしまった。そして、なぜ、新川や中川のような優秀な連中が辞めていってしまうのか、その理由が、このときはっきりわかった。

原因は、当時ぼくが一番信頼を置いていた、あの右腕だった部長にあったのだ。

中川の話をかいつまんで説明すると、部長は、ぼくと現場とのあいだに入り、情報をコントロールしていたのである。社長であるぼくには、中川や新川など現場トップのネガティブな部分のみを主に報告し、中川や新川など現場トップや現場スタッフに対しては、ぼくが彼らにネガティブな評価を下している、と伝えていたのだ。経営者たるぼくにしてみれば、現場に対する不満が募り、現場の連中からしてみれば、経営トップたるぼくのやり方が信用できなくなる……。こんな悪循環にはまってしまっていたのだ。

中川からこんな話を打ち明けられたからには、すべて自分自身で確かめる必要があった。ぼくはでき得るかぎり、一人ひとりの社員に面談を行い、事実を検証していった。

中川の証言には、一点の嘘もなかったことがはっきりした。となれば、やることは一つしかない。ぼくは部長を呼んだ。

「中川が辞めたい、と言ってる話は知ってるな?」

ぼくは彼に言った。

「俺は中川に直接理由を聞いた。それから、現場の連中一人ひとりに面談をした。で、みんな口を揃えて同じことを言った」

ぼくは、中川たちから聞いた話をこの部長に伝えた。そして最後にこう聞いた。

「おい、これは本当の話なのか?」

彼は否定しなかった。ぼくはこう告げた。

「お前の行動で、うちは貴重な人材を失ったし、今も失おうとしている。今までの業績はもちろん評価する。お前にこういう役目を負わせた俺にも責任はある。首とは言わん。部長職から

その場は返事をしなかった彼は、二週間後「辞めます」とひとこと告げて、長谷川実業を去った。

いったい、なぜこんなことが起きてしまったのだろうか。

ぼくは今でも、この部長が「悪いヤツ」だったとは思っていない。おそらく典型的な「調整型」の人間だったのだろう。そして、現場を統轄する部長職は、彼の調整能力を過剰なまでに活用できる地位だったのだ。

しかも、社長であるぼくは現場の管理を彼に一括して任せている。一方、現場にとっては、彼は、社長の声を直接伝える「神父」のような存在である。結果、彼は自分に都合のよい情報操作をするように、いつの間にかなってしまったのだ。

そうなると、人間は自己保身に走る。彼は、中川や新川のように「できるヤツ」、すなわち自分の立場をおびやかしかねない連中を排除しようとする。そこで、社長であるぼくには彼らの欠点を伝え、彼らにはぼくに対する不信感を植え付ける。かくして、優秀な幹部社員が次々と辞めていく、という事態が発生した、というわけである。

これは、後から新川に聞いた話だが、当時、この部長と新川ら現場のスタッフとは、仕事帰りにしょっちゅう一緒に飲んでいた。そしてこの飲み会は決まって「長谷川耕造の悪口合戦」になったという。この飲み会で、ぼくに対する現場での悪印象は決定的になったというのだ。

中川も言っていた。「部長の言葉は社長の言葉だと信じていた」

何が悪かったのか、今こそぼくにははっきりわかった。

なんと、あれほど苦労して行った組織改変が、結果として風通しの悪くなりがちな組織をつくり、あやうく会社そのものを壊死させかねないところまで追い詰めていたのである。実際、このころ、新川を含め、うちの会社の一八人いた幹部社員のうち六人もの人間が退社していた。ぼくは、自分で自分の首を締めようとしていたのだ。

ぼくは、社員たちに宣言した。

「これからは会社の風通しをよくする。ぼくもなんでもみんなに相談して決めていくから、みんなもなんでもぼくに相談してほしい」

それからぼくは、改めて中川に声をかけ、会社に残るよう持ちかけた。現場の仕事を知りつくした彼に、本部機能をサポートする仕事を任せようと考えていた。中川のほうも、例の部長が辞めることはまったく想定していなかったのだろう。最初はとまどっていたが、「これで問題がなくなったわけですよね。わかりました、もう一度頑張ってみます」と退社を踏みとどまってくれた。

さあ、そうなると気になるのが、お互いの気持の行き違いから辞めてしまった新川だ。

ある日のことだ。中川がこんな話をぼくにした。

「実はね、新川、ほんとはうちに戻ってきたいんですよ」

「おい、ほんとか？」

ぼくはさっそく中川と一緒に新川に会いに行った。会うのは半年振りになるだろうか。彼は友人の紹介で、とあるフレンチレストランで働いていた。本格的なフレンチの現場で、サービスを一から徹底的に勉強し直そうとしていたのだ。やはり、こいつはモノになる。ぼくは、そう思った。

ただ、店にいざ顔を出すと、ばつが悪いし、照れ臭い。新川の顔を見ても、ストレートに、おい、うちに戻ってこいよ、とは言えなかった。

「シンちゃん、ここ、面白いの？」

ぼくは、とりあえず聞いてみた。おそらく新川の方も、同じく照れ臭かったのかもしれない。

「ええ、まあ、とにかく頑張ってますよ」と社交辞令のような言葉が返ってきただけだった。

せっかく、新川が自分で選んで働いている店だ。オーナーに直談判して、むりやりうちに連れ戻すわけにもいかない。その日、ぼくたちはあっさり帰ることにした。

数日後、偶然にも、新川の働いているレストランの社員たちが仕事帰りになんと六本木ゼストによく立ち寄っている、という話を耳にした。ぼくはさっそく店に行き、彼らの話を聞いてみることにした。

不思議なことに、うちの店でくつろぐそのフレンチレストランの社員たちの中に、新川の顔は見られなかった。それどころか、横でそれとなく聞いていると、彼らみんなで新川の悪口を言っているのだ。連中の悪口を聞いているうちに、ぼくはなんだか楽しくなってきた。

あの野郎、相変わらずだな。

そう、新川は新天地のフレンチレストランでも、相変わらず自分の理想のサービスを目指してガンガン働いているのだ。ところが周りの連中のほとんどがそれについていけない。ついていけないから、しょうがなく徒党を組んで悪口を言う。そんな状況が手に取るようにわかった。

ぼくは内心（こいつら腐ってやがるな）と思いつつも、さりげなく、「新川ってのはね、前うちで働いていたんだけど、あいつ、そっちでもそんなにダメですか」と聞いてみた。するとすでに酒が入っていたこともあるのだろう。「だめだよ、あいつ」「もう浮いちゃって浮いちゃって」「だいたい頑固なんだよね」と矢継ぎ早に答えが返ってきた。

この返答を耳にして、ぼくは腹を決めた。こんなクソみたいな会社から、とっとと新川を連れ戻そう。なんの問題もない。

翌日から、ぼくと中川は交替で新川のところに足を運んだ。そして一刻も早く戻ってきて、と説得を続けた。何回か足を運んだぼくは、新川にこう言って、頭を下げた。

「新川、俺はおまえが仕事をするうえで絶対満足できるような店をつくる。おまえに逃げられては、うちの会社はやばい。俺は全力を尽くす。だから戻ってきてくれ」

それから数日後、新川はうちの会社にカムバックすることを告げた。

社長が「謝る」経営

中川が踏みとどまってくれた。新川も戻ってきてくれた。サン・スーシの失敗で、赤字状態は続いていたが、空中分解しかかっていた長谷川実業は最悪の事態を回避できた。

直接の原因は、例の部長の行為にあったのだが、もとをただせば、ぼくが当時の長谷川実業の実情を理解せず、借り物の知識で人事改革や組織改革を図ろうとしたことが、この部長の行為を生んだともいえる。

根本的な理由はやはりぼく自身にあったのだ。

長谷川実業が多店舗展開するようになって、現場を離れることが多くなってきた。ぼくがいなければ店舗経営が成り立たないようでは困るからだ。むしろ意識的に、現場の連中と顔を合わせないようにしていた部分もあった。しかし、そこに大きな問題が隠れていた。

多店舗化した外食企業の社長が、いちいち店舗現場を回らなければ動かないような店は駄目だ――この考えは今でも変わらない。ただ、それと、現場の声が社長に届いていない、社長の声が現場に届いていない、というのはまったく別の話だ。いつのまにか、ぼくは現場に自分の声を直接伝えず、また、現場はぼくの声を直接聞かなくなっていたのだ。

今度の事件は、かくして起こった。

経営者が現場を直接管理する必要はない。しかし、経営者は常に現場の声を直接耳に入れ、自分の言葉を直接現場に伝える必要があるのだ。

いま、ぼくはよく社員に怒られている。しょっちゅう間違いを犯すからだ。間違いに気づいたら、すぐに謝る。それがぼくの流儀だ。

ずっとそうやって頭を下げてきたから、最近は社員にすぐこう言われてしまう。

「社長、謝ればすむと思っているんでしょう?」

その通り。ぼくはそう思っている。間違ったら謝る。謝れば許してもらえる、と。

長年社長業をやってきて、自分の口の悪さや、後先考えずに言いたいことを言ってしまう癖は、一生直らないな、ということを悟った。この性格を下手に直そうとしたら、それこそ胃潰瘍になってしまう。

性格を直そうとは思わないが、対応策はきっちりとる。それが「間違ったら、謝る」ということだ。どんなに怒鳴り散らした後でも、仮にぼくの発言が間違っていたら、素直に謝る。すると、最初は憤慨していた相手も、態度が変わる。そしてぼくへの接し方も変わってくる。次にぼくが間違ったことを口にした後、すぐにフォローを入れてくれるようになる。

「この前のあの発言、あれはちょっとひどかったですね」

「え、そうか?」

「はい、あの件、明らかに社長の事実誤認ですよ」

もちろん、あからさまに間違いだ、と言われると、最初はちょっとかちんとくる。それでも、話をきちんと聞いて、相手に理があれば、素直に頭を下げる。

トップが自分の意見をはっきり言うこと。そしてその意見が間違っていたら、素直に非を認め、謝ること。これができなければ、会社組織の空気はよどみ、風通しが悪くなる。行きつく先は組織の腐敗だ。

うちの会社に実力があるとすれば、それはぼく一人の実力ではない。ぼくと一緒に仕事をしてくれるスタッフたちの実力なのだ。ということは、彼らに気持ち良く仕事をしてもらえなければ、結果を出せるわけがない。

では、スタッフたちにどうやったら気持ち良く仕事をしてもらえるか。項目はたくさんあるけれど、その一つが、社長に謝らせることなのである。アルバイトだろうと、社長の意見に間違いがあれば、はっきりものを言う。彼の意見が正しければ、社長が素直に頭を下げる。スタッフは気持ちがいいだろうし、なにより組織の風通しがよくなる。当然、仕事にも身が入る。それに引きかえ、こちらが謝るのはただである。ぼくが謝るほど、現場の生産性は上がるのだ。

こんな単純な、しかし案外実行が難しいことに気づいたのが、まさに今回の新川、中川の退社騒動だった。けれども、実は事件が起きる数年前、ぼくはトップが頭を下げて謝ること、現場の意見を直接聞くことが、いかにマネジメントにおいて大切なことなのか、それを実感する経験に遭遇していた。

中川や新川の退社騒動が起きる少し前、八三年のことだ。当時三三歳のぼくは、すでに記したように、スタッフの声などいっさい聞かず、現場の連中に雷ばかり落としていた。

あれは原宿か六本木のゼストだった。ある晩、ぼくが店に顔をだすと、アルバイトの若いやつがユニフォームの前掛けをつけていなかった。

なんてたるんだ野郎だ。ぼくは、客が目の前にいるのにもかかわらず、このアルバイトを怒鳴りつけた。

「おい、なんでユニフォームつけてないんだ！」

彼に口を開かせる間もなく雷を落としたぼくが、そのまま店を出ようとすると、店長の中川が追っかけてきた。

「社長、あいつは悪くない。さっき、俺があいつに買い物に行かせたんです。で、戻ってきたら、もうお客さんがたくさん来て忙しくなっていたから、前掛けをつける暇もないまま、現場の給仕に入っちゃったんですよ」

冷静な中川が珍しく声を上げて、ぼくに抗議してきた。

ぼくは、はっとした。

考えてみると、それまでスタッフから、こんなかたちで抗議を受けることはなかった。いちいち意見なんか聞いていたら仕事にならない。とにかく俺の意見を通すのが大切だ。なんとなくそう思っていた。

でも、中川から事情を聞いて、自分が今、アルバイトのやつにいかにひどいことを言ってしまったのかがはっきりわかった。

急に後悔の念がわきあがった。けれども、その場ですぐに店に戻って、謝ることができなかった。ぼくは店の外で一〇分ほどうろうろしたあと、公衆電話から店に電話を入れ、アルバイトの男を呼んでもらった。

「仕事が一段落したころ、さっきの話の続きがあるから、後で行く。待っててくれ」

店に戻って、アルバイトを呼び出した。ぼくの前にいるこの若い男の顔は深く沈んでいた。それはそうだろう。よりにもよって客の面前で社長から怒鳴りつけられたのだ。もしかしたら、クビを言い渡されるのでは、とでも思っているのかもしれない。

そんな彼にぼくはすっと頭を下げた。

「さっきは悪かった」

彼はきょとんとした顔をしている。ぼくは続けた。

「中川から話は聞いた。俺が事情も聞かずに怒鳴っちまった。ひどいことを言って、ほんとに申し訳ない」

彼の顔がぱあっと明るくなった。このとき、ぼくは悟った。やっぱり、ちゃんと現場の連中の話を聞かなきゃだめだ。それから、俺だって間違うことがある。間違ったら、謝ることが大切なのだ。

残念なことに、このときの教訓をぼくはすぐに生かせずにいた。結果、新川、中川の退社騒動が起きた。騒動が収まったとき、ぼくは自分がすでに一回、問題点に気づいていたことを思い出した。ここで言う問題点とは、すなわち経営者が現場と意思の疎通を欠いてはだめだ、ということだ。

中川が会社に残り、新川が戻ってきた。

ぼくは、もう一度、経営の体制を整えることにした。八六年、長谷川実業は二年連続の赤字決算に突入しようとしていた。それでも人材が戻ってきたのだ。ぼくは思った。

夜明けの前が、一番暗いんだ。

第6章 1987——1999

成長 業態多様化そして米国進出

インセンティブ・システムの導入
世田谷・三宿への進出
海外進出と高級店再挑戦
モンスーンカフェ誕生
グローバルダイニングへ

現場の中心スタッフが退社を踏みとどまり、長谷川は最悪の危機を脱した。けれども売り上げが低迷しているのに変わりはない。長谷川は、優秀なスタッフが気持ちよく働ける組織作りを一から考え直した。そこで導入したのが、働いて結果を出せば給料が上がる「インセンティブ・システム」だ。実績に見合ったボーナスが獲得できるこのシステムの導入で沈滞ムードの社内には活気が戻り、再び売り上げが伸び始めた。

時は一九八〇年代終わり、バブルの真っ最中。長谷川は、ゼストとラ・ボエムのコンセプトを明確にし、横浜の同じビル内に同時出店した。さらに閑静な住宅街に過ぎなかった世田谷・三宿に大型店舗「ゼスト」「ラ・ボエム」をたて続けに出店、瞬く間に売り上げを伸ばし、同地は「観光名所」となった。このとき初めて長谷川の会社は全国銘柄となる。その一方でバブル経済の崩壊をいち早く察知した長谷川は、経営体質のさらなる改善を目論見、実績主義、ガラス張り経営などを進めていった。

順調に成長し続ける長谷川の会社は、ついに念願の海外進出も果たす。かつて挫折した高級レストランを九一年ロサンゼルスで仕掛け、成功を収める。そのノウハウを日本に持ちかえり、今度は「代官山タブローズ」を開く。さらに、九三年にはエスニックレストラン「モンスーンカフェ」を西麻布に出店、大人気を博し、渋谷、代官山、そしてサンタモニカへと多店舗展開を図る。

九七年、長谷川は社名をグローバルダイニングに改めた。九〇年代一貫して二桁成長を遂げた同社は、九九年店舗数が二三店舗にまで上ったのである。

インセンティブ・システムの導入

中川から事情を聞き、部長が辞めた。それから新川が戻ってくるまでの半年の間、ぼくは長谷川実業の経営改革に取り組んでいた。

数字で見ると、うちの経営は危機的な状況にあった。二店のサン・スーシの出店で生じた赤字の穴埋めは終わっていなかったし、現場のごたごたのせいで、既存店の売り上げも足踏み状態だった。

ぼくはもう一度、この会社にいま必要な策が何なのか、冷静に分析してみることにした。まず、なぜインド料理店とフレンチレストランがうまくいかなかったのか。なぜ既存店の売り上げが伸びないのか。この二つの問題を、客観的に、それこそ客の目で考えてみた。

考えてみれば単純なことだった。

要するにうちの店は、きちんと差別化できていないのだ。ひっくり返してみれば、客にとって、あってもなくてもよい店、になっていたのである。

ただし、外食産業において差別化を進めることは大きな経営リスクを伴う。ライバル店と異なる道を選ぶわけだから、目論見がちょっとでもずれれば、まったく客の来ない店になってしまうかもしれないからだ。

そんなとき、ぼくは厳しい道を選ぶ。うちの店が消えるか消えないか、大きなリスクを冒してでも、ほかにない独自路線の店づくりをもう一度していこう。ぼくはそう決心した。

問題はもうひとつあった。第5章で詳細に記した現場のマネジメントの問題だ。この点で誤った対策をとったがために、危うく長谷川実業の組織は崩壊の危機に直面したのだ。今度こそ、優秀な社員が育ち、やる気を出してくれるシステムを開発する必要があった。同じ過ちを二度と繰り返してはならない。

ぼくは、『日経ビジネス』を定期購読したり、各種経営関係の書籍を読み漁り、どうやったら現場スタッフを活用できるようになるか、考え続けた。自分がもし連中の立場だったら、会社にどうしてほしいか。どんなシステムがあれば、やる気を出して働くだろうか——。自らの身に置き換えて、ぼくはいろいろな案をつくってみた。

ぼくが行きついたやり方は、インセンティブ・システムの導入だった。簡単に説明すれば、一生懸命仕事をして、その結果が売上増や利益増、顧客増という具体的な成果に表れたら、表れた実績をそのまま給料に反映してもらう、という仕組みである。ぼくが社員だったら、このやり方が一番納得がいくし、体と頭を使って思いっきり仕事をするだろう。

最近では、一部の大企業でも導入が進んでいるらしいが、八〇年代後半、インセンティブ・システムを体系的に導入した企業は、あまり見当たらなかった。年功序列と結果民主主義のシステムで動く日本の企業組織と、インセンティブ・システムは、きわめて食い合わせが悪いためだ。

でも、長谷川実業は、会社としてみればまだまだ若い。なにせ社長のぼくがまだ三〇代なのだ。導入するならば、会社が若いこのときしかなかった。

ぼくは、具体的なインセンティブ・システムの仕組みを作った。かつて労務管理の自習をして得た知識がこのとき役に立った。

ベースとなるのはボーナス支給のシステムである。ボーナスの支給に関して、インセンティブの思想を導入したのだ。それまで、長谷川実業のボーナスは、半期に一度、一律給料の一カ月分が支払われるだけだった。それを、半年ごとの売上額を中心とした予算の達成率に比例して、半年で最大六カ月分の給与に相当するボーナスが支給される仕組みをつくったのである。店の売り上げをうまく伸ばせば、なんとこれまでの六倍のボーナスを手にできるのである。年間ベースで考えれば、最大でこれまでの二倍近い年収をとることも、計算上は可能となるのだ。

八五年、ぼくはさっそくこのシステムを導入した。

しかし、そう簡単にはいかない。最初の半年、このインセンティブシステムで、多額のボーナスを手にしたものは残念ながら誰もいなかった。システムだけが空回りしてしまったかのようだった。

やはり駄目か……。ぼくは、また改革に失敗したのかと暗い気分に陥りかけた。

そんなときだ。新川が会社に復帰した。

ぼくは新川に、いきなり「南青山ラ・ボエム」の店長の職を用意した。第5章で詳述したように、この店はもともとインド料理店「サン・スーシ」としてスタートしたのだが、大失敗に終わり、泣く泣く既存業態の「ラ・ボエム」に転換したばかりだった。

ラ・ボエムに変わってから売り上げは改善した。一カ月あたり四〇〇〜五〇〇万円程度だったろうか。なんとか黒字転換も果たした。けれども、ぼくとしては、もうひとつ上を目指す店にしたかった。

問題は、店のあった広尾の日赤通り沿いが決して人通りの多い場所ではなかったことだ。一番近い駅は、地下鉄の表参道か六本木だが、歩いて二〇分近くかかる。店の前の通りも細いため、自動車で路上駐車できるスペースもない。しかも、路面に面した一階にあるこの店はカウンターにテーブル席が少々あるだけの、うちの店舗としてはかなり小ぶりなほうに入る。四〇〜五〇人も入れば、満員になってしまうような規模だ。

かなり強烈な「客寄せ」の道具、先ほど記した「差別化」のポイントがない限り、この店を不良店から繁盛店に変えることは不可能だった。

そこでぼくは、復帰したばかりの新川をこの店の店長に抜擢した。もともと「難しい店の売り上げを伸ばしたい」と言って、うちに入ってきた男だ。何よりサービスの天才だ。何かやってくれるに違いない。八六年春のことだったと思う。

新川はほんとうにすごい男だった。店長に就いてわずか数カ月、南青山ラ・ボエムの売り上げは、それまでの二倍近く、月七〇〇万円まで伸びてしまったのである。

ちなみにこのとき、新川を店長にしたこと以外、この店は何も変えていない。メニューも従来通り、スタッフもそのままだ。では、新川はどうやって売り上げを伸ばしたのか。

新川は店長になってすぐ、店の特徴を見極めた。キッチンのスタッフは問題ない。料理の質も悪くなかった。問題は、新川の得意とするフロア側にあった。接客サービスがぎこちなく、もたつきぎみだったのだ。

彼は、サービスの向上を店の改善課題の筆頭に掲げた。この店はただでさえ不便なところにある。だから売り上げを伸ばすには、リピーターのお客さまを増やす必要がある。そのためには、何度も訪れたくなるサービスを提供できるようになるのが一番だ——。これが新川の仮説であった。

新川は、フロアのスタッフたちに、お客さまに「食べてもらいたい」「飲んでもらいたい」という気持ちをもっと上手に表現する必要がある、と説いた。さらに、お客さまに声をかけるタイミング、言葉の使い分け方、表情などを指導する一方で、早番と遅番のフロアリーダーを決めて、時給に差をつけた。そして、自分がいないときに店を任せられる人間を育てた。

このように新川はスタッフに次々と具体的な課題を与えていった。課題を与えられて、それをきっちりこなせるようになるというのは、サービス業の仕事すべてに共通する面白さである。

スタッフは、新川店長のもと、初めて人にサービスすることの楽しさに目覚め、店の雰囲気は次第に生き生きとしていった。

そして、新システムを導入して二回目のボーナス・セッション。新川は、いきなり一二〇万円のボーナスを獲得した。当時の月給が二五万円ほどだったから、彼はボーナス・システムの上限に近いインセンティブを獲得したことになる。

新川の成果を見て、一年前には不安だったぼくも、一転、これはいけるぞ、という手応えを感じた。この仕組みはいけるぞ、きっと第二、第三の新川が出てくるはずだ。うちの会社は一気に伸びるぞ。

ぼくの予感は当たった。あいつがもらえるんなら、俺だっていけるはずだ――。こう思うやつらが次々と現れて、仕事に精を出すようになったのである。

でもそれだけでは、まだ手ぬるい。ぼくは、アルバイトの時給にも仕事の結果に応じて差をつけることにした。フロアで実際に給仕を行う連中はアルバイトが多い。彼らのやる気を引き出せるかどうかは、各店の業績に直結する問題だ。

このアイデアの元は、実は新川だった。現場でいち早くその必要性に気づいた彼が、店長会議に提案してきたのである。新川はこう言った。

「アルバイトの真柄《まがら》という男がいる。こいつに時給一二〇〇円出すことを許可してほしい」

当時、うちの時給は、時間帯にもよるが、この真柄の働いている時間帯では、九〇〇円だった。それをいきなり三〇〇円も上げろというのだ。実現すれば、アルバイトとしては破格の待遇になる。

新川によれば、そもそもこれは、真柄のほうから出た話だったという。彼は新川に訴えた。

「今の時給は九〇〇円ですよね。でも、これを一二〇〇円にしてほしいんです。三〇〇円上げてもらう代わりに一時間にカクテル一杯余計に売れれば、原価率を計算すればむしろ会社の得でしょう。俺、そのくらいなら、できますよ」

なるほど。新川は思った。こいつの言う通りだ。よし、こいつがもしそれだけの実績を上げられるのであれば、三〇〇円ぽっち、ぜんぜん惜しくないぞ。

真柄は口だけの男ではなかった。新川に訴えた翌日から、普段にも増してサービスをこなし、見事に売り上げを伸ばしていったのである。それを見た新川は、「アルバイトの給料にもインセンティブ制を導入して、やる気と売上増を引き出そう」と、店長会議にかけたというわけだ。新川の提案は採用され、このときから、アルバイトも仕事の出来によっては、破格の時給を手にすることができるようになった。

新川も、アルバイトの真柄も自分の仕事の生産性を上げるツボを押さえることのできる人間だったわけである。

お客さまの注文をただ待つだけで、頼まれたものを運ぶだけではロボットと変わりない。そんな人間と、お客さまを喜ばせて次々と注文してもらえるようなサービスができる人間とでは、生産性がはるかに違う。これは正社員だろうが、アルバイトだろうが関係ない真実だ。

真柄の実例が出るまでは、うちの会社でも、働き始めてから何カ月か経たないと時給が上がらないシステムだった。でも考えてみれば、これは、ぼくの嫌いな年功序列システムの一種である。ビギナーだろうが、アルバイトだろうが、きっちり売り上げの上げられるやつならば成果給を与える。これが一番現場の活力になるのは、新川のボーナスの例ではっきりしていた。

ちなみに今では、語学力や仕事の成績次第でアルバイトに時給二〇〇〇円を支払うケースもある。

このように、うちの現場のマネジメントの改善は、フレンチレストランから戻ってきた新川によるところが大きい。彼なくして、今のうちのサービスの土台と、従業員やアルバイトの登用システムは完成しなかっただろう。

こいつのサービスがどれだけすごいか、具体的な例でひとつ紹介しておこう。

新川が「南青山ラ・ボエム」店長のときのことだ。

ぼくのお客さままであり、友達でもある、とてつもなく「わがまま」な方々がいた。そのうちの一人が、とある日曜日、帝国ホテルで結婚式を挙げた。ぼくも含む仲間うちで、二次会、三次会と飲み歩いた挙句、急に「寿司食いてえ」と騒ぎ出した。けれども当時、日曜深夜に営業している寿司屋はない。「しょうがねえなあ、長谷川の店、行こうぜ」

かくしてこの「わがまま軍団」は、うちの「南青山ラ・ボエム」に行くと言い出した。ぼくは翌日の仕事を考えて、帰ることにしたが、この連中のわがままは度を越している。さすがにちょっと心配になって、「俺の友達の、例のわがままな連中が行くから、よろしくな」と新川に電話をしておいた。

翌日午後、昨日の仲間の一人、杉本という男から電話がかかってきた。

「おまえんとこの店長、新川ってのはすごいな」

「え、何がすごいんだ?」

「今朝起きてさ、きのう使ったクレジットカードの明細を見たんだよ。そしたら、一六万円も払わされていた」

「馬鹿野郎。うちのボエムでどうやって一六万円も使うんだ」

「うそじゃないよ。おまえな、ドンペリを何本か開けさせられたんだから」

「開けさせられた? そんなもん、強制できるわけないだろ」

「いや、長谷川、こういうことなんだ」

杉本は説明してくれた。

昨日、杉本たちは店に入るなり、新川にいきなり「店長、寿司持ってこい」と言い出した。ほんとに困った連中だ。イタリア料理店に寿司なんか、あるわけない。だいたい、連中はうちの店の常連だ。そんなこと百も承知でわがままを言っているのだ。

まあ、この場合、「申しわけありませんが」と断るのが、常識的な対応だろう。

「ところが、この新川ってやつはここからが違ったんだよ」杉本は話した。

新川は、「寿司、ですね。二、三分お時間いただけますか」そう言って、電話帳で開いている寿司屋を探した。あるわけがなかった。実は道を隔てた目の前に寿司屋が一軒あるのだが、もちろん閉まっている。まさか主をたたき起こすわけにもいかない。さて、どうしたものか。新川は電話帳を手に、じっと考えて、はっと気づいた。

一軒だけある。二四時間営業の六本木のびっくり寿司だ。

新川はすぐに番号を調べ、電話をかけ、「持ち帰りで特上八人前」と注文し、杉本たちに「寿司、用意できますが、一五分時間をください」と伝えた。

「それだけでも、もう驚きなんだけどさ」杉本は笑いながら言った。

「まだ続きがあるんだよ」

寿司の手配を済ませた新川は、すぐにうちの他の店に電話して、あるだけのドンペリを集めさせた。それが終わると、新川は、通勤用のモペットで六本木まで自ら寿司を取りに行き、正確に一五分後、新川はたった五人の深夜の客に、特上寿司八人前をどーんと出した。

「おいおい、ほんとに寿司が出てきちゃったよ」驚き、笑いながら、杉本たちが寿司に手をつけた瞬間、新川が再び彼らの席に現れた。ただし、両手にドンペリのボトルを持って。新川はにっこり笑ってこう言った。「杉本さん、お開けしますか」

言いたい放題のわがままを見事にかなえてもらった直後だ。

「ここでノーとは言えないよな」杉本は電話越しにぼくに話した。

「結局、三本飲まされちゃったよ」

もちろん、こんなサービスのテクニック、ぼくが教えられるわけがない。全部新川がその場で即座に考え、即座に判断したことだ。杉本からその話を聞いて、ぼくは痛快だった。

この野郎、やっぱり天才だな。

かつて採用面接で新川に会ったとき、こいつはこの商売をやるために生まれてきたような人間だ、と思ったのだが、そのときの印象に間違いはなかった。彼は、うちで必要とされる能力のすべてを持っていた。

新川の話がいささか長くなったが、要は、彼のような人材をいかにたくさん輩出できるかどうか。それが長谷川実業の経営改善の最大のポイントのひとつであった。そして、最も効率のよい対策が、「働いて成果を上げたやつが、いい給料をもらえる」インセンティブ・システムの導入だったわけである。

ただ、現場のマネジメントで、改革しなければならない問題がもう一つ残されていた。

そう、新川が辞める原因となった例の部長の存在だ。いや、正確に言えば、部長が問題だったのではない。たった一人の中間管理職の人間が会社全体の行く末を左右できるようになってしまった組織体制そのものが、問題だったのだ。

会社の一部のセクションに人事権を握らせるのではなく、常に能力のある人間が伸びていける環境をつくらなければならない。その環境をつくれないようでは、企業としての長谷川実業のこれ以上の成長は見込めない。

では、どうすればいいだろう。できる人間が競い合い、力を合わせて大きく成長していける環境をつくる。それが社長としてのぼくの仕事だ。結果を出せば、出した分の報酬を払う。昇給、昇格、人事異動も自己申告制にしよう。人事権を持つ職そのものを廃止しよう。すべてを合議と結果で決めるスタイルにしよう。

ぼくは、そう、今のグローバルダイニングの経営体制につながる雛型を、このとき初めてつくり上げた。いま考えても、このときが企業としてのうちの会社のターニングポイントだった。この一番つらい時期を、投げ出さずに独力で乗り切ることができたからこそ、うちの会社独自の組織の基礎ができたのだ。

インセンティブ・システムの導入に加え、少し前からぼく自身が現場の声を拾うように努力したせいもあるだろう。この制度改革は、最初からうまく機能した。社員たちはぼくを信頼してくれるようになり、こちらの厳しい要求に応え、なんでも話し合って決めるようになった。ぼくが社員から学ぶ機会は格段に多くなった。

優秀な人材の流出も止まって、インセンティブ・システムの導入で社員やアルバイトのやる気が高まり、売り上げも順調に伸びはじめた。

久しぶりに新しい店を出す用意ができた。

ただし、問題があった。時は一九八七年。日本のバブル前夜だ。すでに地価が上昇し始め、都内の賃貸料も高騰の兆しを見せ始めていた。都内出店はすぐには難しそうだった。

東京が駄目ならば、横浜がある。幸い、地価高騰の余波は、まだ都内中心部のみだった。ぼくは、格好の出店場所を見つけた。横浜・元町である。八七年八月、横浜はマリンタワーのすぐ横、山下公園に面した煉瓦壁のテナントビルの二階と三階に「横浜ゼスト」「横浜ラ・ボエム」を同時出店した。ビルは吹き抜けのある開放的なつくりで、元町や中華街もすぐ近所であることから、相当な客の出入りが見込めそうであった。

このときの横浜出店で、ぼくは初めて「ゼスト」にテックスメックス料理レストランというコンセプトを与えた。それまでは、「パブ」という業態で営業をしていたゼストだったが、六本木や原宿でかなりその名前が知られるようになり、一種の「ブランド化」に成功した。

そこでぼくは、グレードアップするには今がチャンスだ、と考えた。かくして、ゼストをパブからレストランに昇格させたわけである。

では、数ある料理の中で、なぜ米国南部料理とメキシカンの折衷であるテックスメックスを選んだのか。理由の一つはその当時、ちょっとしたテックスメックス料理ブームが起きており、お客さまからも要望があったからだ。

けれども、ただブームに乗るだけではあまりに危険だ。ブームになった料理があっという間に下火になるケースを、ぼくはいくつも間近で見てきた。では、長続きするゼスト流のテックスメックスはできないものか。

ぼくは、メニュー構成に工夫を凝らした。本場のテックスメックスは、いかにも米国流でかなり脂っこい。ところが、ぼく自身はあの脂っこさだけはいただけないと思っていた。もし、本場のテックスメックスを口にしたら、おそらく日本人の多くがぼくと同じ感想を持つのではないか。どうやらここにゼスト流の工夫のポイントがありそうだ。ぼくは、ラードの代わりに良質の植物油を使って調理させることで、あっさりした風味に仕上がるよう、工夫を加えた。

この工夫が功を奏した。ヘルシー志向のメキシコ・アメリカ料理という触れ込みは、若い日本人はもちろん、在日外国人にも大いに受けた。

このように店舗のコンセプトを明確にしたうえに、立地の良さももちろんあっただろう、横浜のゼストとラ・ボエムは両方ともヒットした。月商は合わせて一五〇〇万円に達した。これに気をよくしたぼくは、翌年の八八年五月、ずっと赤字続きだった「サン・スーシ・クラブ」を業態変更し、「西麻布ゼスト」として再スタートを切らせた。今では、西麻布ゼストは霞町近辺のランドマークの一つとなっている。

世田谷・三宿への進出

八〇年代末、時代はまさにバブル経済の真っ只中にあった。街には、人々があふれかえっていた。平日でさえ、深夜のタクシーを拾うのが困難なほど、繁華街はにぎわっていた。

ほんの数年前まで、息も絶え絶えだった長谷川実業も、経営改善に加え、景気の追い風を受け、再び成長路線をひた走っていた。青山、六本木、西麻布、原宿、代官山……。東京の遊び人たちが集うこのあたりの街では、ゼストもラ・ボエムもちょっとした有名店になっていた。とはいうものの、このときまで、長谷川実業の店は、あくまで「港区限定有名ブランド」といった扱いだった。うちの店舗が本格的にブレークし、その名が一般に広く知られるようになったのは、八九年、世田谷の三宿に進出してからである。

渋谷から２４６通りを車で下ること五分。池尻大橋の地下駅の表示を過ぎ、数百メートル進むと、三宿と書かれた交差点に差し掛かる。この交差点の向かって右側が、住所でいうと世田谷区三宿。左側手前が世田谷区池尻だ。この三宿交差点から左右に伸びる通り沿いが、俗にいう「三宿」である。

現在、三宿は、東京西地区屈指の外食エリアである。周辺に高級住宅街が多いことから、芸能人やスポーツ選手の客が多いことでもよく知られている。東京の夜遊び好きならば、少なくとも一度は三宿を訪れているはずだ。

ただし、三宿がこうした華やいだ場になったのは、間違いなく、ぼくたちの出店がきっかけだった。

うちが三宿に進出したのは八九年のことだ。まず九月、三宿側に「世田谷ゼスト」をオープンした。そして二カ月後、今度は池尻側に「世田谷ラ・ボエム」をオープンした。どちらも一〇〇坪の大型店である。このとき、三宿の通りには、店と呼べるものはほとんどなかった。わずかにガソリンスタンドとデニーズがあるだけだった。

三宿の通りは特殊なかたちをしている。２４６の交差点を基点に左右に数百メートル、ゆったりと広い通りが走る。パーキングメーターも設置され、そこそこの広さの歩道も併設されている。ところが、三宿側の通りは、突然目の前を住宅街に阻まれ、細く曲がりくねった道に分岐してしまう。池尻側の通りは九〇年代終わりになってようやく駒沢通りにまっすぐ抜けたが、それまではやはり住宅街にぶつかったところで、貧弱な道路にかたちを変えていた。おそらく、道路拡張工事にいったん入ったのが、地価の高騰などの理由で、途中で止まったままになってしまったのだろう。

いずれにせよ、うちが店を出すまでの三宿は、繁華街から離れた人通りの少ない住宅街にすぎなかった。バブル経済の浮わついた空気もここにはまだ届いていなかった。今でこそ、夜更けすぎまで人通りの絶えないにぎやかな場所となったが、当時の三宿の空気を知る人間は、地元の方を除くとあまりいないのではないか。

では、なぜ、そんなところにわざわざ店を出したのか。

きっかけは偶然の話だった。出店の一年前、八八年のことだ。当時、新しい店をどこに出そうか、次にやるなら大型店だ、でも港区はもう地価が高くてなかなか出せないなあ、と思っていたぼくに、つき合いのあった不動産屋が面白い物件を紹介してくれた。

「長谷川さん、都心からちょっと離れたところなんだけどね」

そう言われて連れていかれたのが、ここ、世田谷の三宿だったのだ。

ぼくは、ぴんときた。この場所は、絶対行けるぞ。

まず立地がいい。渋谷からタクシーに乗ってもワンメーターで着く。また、自動車で移動する連中にも都合がいい。先ほど説明したように道幅が広いうえ、パーキングメーターが両側に設置されている。それから潜在需要も大きい。客層としては申し分のない世田谷の高級住宅地が後ろに控えている。

さらに、ラ・ボエムの候補地のすぐ横にはとても広くて気持ちのいい世田谷公園がある。ここは週末でも人が集まる。しかも駐車場も併設されている。コスト面でみても、すばらしい。なにせ駅からやや離れたただの住宅街だ。家賃も保証金も、それまで出店していた東京の中心部に比べれば破格に安い。ビジネスを始めるときも、固定費を低く抑えられる。当然、利益率も上がる。マイナス面は、この時点で人通りと交通量が少ないこと。すなわち「ふり」の客をつかまえにくい、ということくらいしかなかった。

ここで商売に成功しなかったら、よっぽど腕が悪いに違いない。誰もまだ店を出そうとしないのが、不思議なくらい条件の整った場所だ――。ぼくの目には、この三宿の静かな街並みがそう映った。

あまりにこの地が気に入ったぼくは、池尻側の店舗スペース（ここがラ・ボエムになる）を借りるだけでは飽き足らず、なんと三宿側に土地まで購入（こちらがゼストになる）してしまったのだ。

ここで、三宿を知る人から、こんな疑問が出るかもしれない。

いや、最大のマイナスポイントがあるじゃないか。

そう、駅から遠いことだ。田園都市線（当時の名称は新玉川線）の池尻大橋の駅から歩いて一〇分以上はかかる。そんなところが、なぜ「商売するのに最高の場所」と思ったんだ?

ぼくに言わせれば、駅に近いというのはちっともプラスのポイントじゃない。駅前などは、逆に最悪の立地である。というのも、駅前の店舗では、「いい客」を集めるのが、逆に至難の技となるからだ。

うちの会社では、レストラン事業をただの外食産業ではなく、エンタテインメント・ビジネスの一種ととらえている。そして、エンタテインメントがビジネスとして成立するきっかけは、基本的に口コミである。まだ訪れたことのない人が知り合いから「あそこの店、いいよ」と聞いて、「えー、行きたい、どこにあるの？　んー、なんか不便なところにあるのね。でも、……行ってみよう！」となる。これが始まりだ。

駅から遠い店だから、「わざわざ」目的意識を持ってなければ、行く気にならない。いざ、着いてみると、今度は行列ができていて、なかなか食事にありつけない。とにかく、テーブルにつくまでに手間と暇がいる。でも、いったんテーブルについて、食事を始めれば、こんなに楽しいところはない。もちろん食事はうまい。給仕もスマートで、気がきいている。よし、今度また来よう！

――これが、ぼくの目指している、エンタテインメント性の高いレストランのかたちだ。そして、こうした魅力を持つ店をつくるには、駅が近くにあってふらりと誰でも立ち寄れるような場所よりも、むしろいささか不便なところのほうが、都合がいい。「わざわざ」来てくれる顧客にターゲットを絞ることができるからだ。

もちろん、リスクが大きいのも事実だ。駅前に立地している店の場合、強い目的意識を持たない客層を容易につかまえることができるから、店の水準に多少ばらつきがあっても、最低限の集客は自動的に可能となる。が、駅から遠いところにある店の場合、わざわざ訪ねてくれたお客様が最初の来店で評価しなければ、二度と訪ねてくれることはない。そうなれば、あっという間に閉店に追い込まれるだろう。

で、ぼくはハイリスク・ハイリターンの道を選んだ。この道の選び方はこのときに始まったわけではない。第4章でも記したが、西麻布や代官山にラ・ボエムを出店した当時も、周囲に店がなく駅から離れているという点では、同じような状況だった。そのハンデを乗り越えて、繁盛店に仕立て上げてきた自負がぼくにはあった。

また、ぼくはこの三宿で新しいチャレンジをしてみたかった。一つは、繁華街から完全に離れた郊外型の店舗はこれが初めてだということ。そして、もう一つは横浜で成功した、「同地区に別形態の店を同時出店する」戦略だ。

八七年、横浜で同じビルの中にゼストとラ・ボエムを出店しようと考えたとき、反対を唱える者も社内にはいた。客を取り合ってしまい、売り上げを相殺してしまうのではないか、ということだ。

しかし、ぼくの考えは違った。まず、うちは社内外を問わず「競争命」の会社だ。最大のライバルは社内にいる――。そうスタッフたちに教えてきた。同じ地域に二店舗を同時出店すれば、互いの店長を筆頭に競い合って顧客獲得に乗り出すに違いない。これが相乗効果になる。それだけではない。さらに副次効果もある。二つの店の競争でその地区が活気づき、よりいっそう客が集まるようになるのだ。

ぼくのこの仮説は、横浜の二店舗の成功でほぼ実証された。そこで考えた。路面店を同時に同じ地区で展開したときにもこの論理が通用するのか――。三宿でのゼスト、ラ・ボエム同時展開は、まさにそれを実証しようというわけだ。

とはいうものの、実はこの世田谷・三宿の出店に関しては、店長会議でかなりの反対意見があった。

みんなが反対する大きな理由が一つあった。「ゼスト」は自社物件だったからである。

バブル時期にしては比較的リーズナブルに手に入れた土地だったが、それでもこの土地の確保と建物の建築に何億もの資金を必要とした。だから、出店に失敗すれば、投資額が大きいだけに、下手をすると倒産するかもしれない。店長たちの意見が慎重になりがちになるのも、無理はなかった。

それでも、ぼくは絶対に成功する、と確信していた。

その理由を、そして熱意を、どうすればスタッフ全員に伝え、同じ気持ちで新店舗の開発に取り組めるだろうか。とにかく話し合うしかない。本当にいやになるほど毎日毎日議論を繰り返した。もちろん、その過程で、ぼくは自分のプランの詰めの甘い部分や間違った部分を訂正した。けれども、大きな賭けに出る、というぼくの決意そのものはひるむことはなかった。

結局、世田谷・三宿への出店は、ぼくが計画した通り、遂行されることになった。となれば、あとは全力を尽くすだけだ。まず、それぞれの店長には、うちのエースを投入することにした。ゼストには、すでに何度も登場した新川を抜擢した。一方のラ・ボエムには久保信二を投入することにした。

久保の入社は八三年一一月。最初は六本木ゼストのアルバイトとしてうちの会社に入ってきた。もともと寿司屋で働いていたという久保は、ある意味でうちの会社の企業文化を築いた男の一人だ。決して切れ味鋭いというタイプではないのだが、サービスの本質を知っていた。六本木ゼストでキッチンの仕事を覚えて、カウンターホールの仕事も身につけた久保は、すぐに正社員となり、原宿ゼスト・アネックスの店長に就任した。以降、各店の店長を歴任し、着実に実績を上げてきた。八〇年代中ごろ、海外を見て回りたいから辞める、と言っていた時期もあったのだが、結局うちに残ってくれた。

話はやや横道にそれるが、久保が築いた企業文化について触れておこう。うちの文化、それは「掃除」をきちんとする、ということである。

なあんだ。あったりまえじゃないか。

おそらくそう思う方は少なくないだろう。さよう。あったりまえのことである。けれども、あったりまえのことをあったりまえのように毎朝毎晩、全社員に呼びかけて実行するのは、非常に難しい。

久保はそれをやった。

うちの店は夜明けまで営業しているため、ときとしてお客さんが騒ぎすぎて、ご近所に迷惑をかけるときがある。たとえば代官山のラ・ボエムでは隣近所から苦情がしばしば寄せられた。

それが、久保が同店の店長に就任してしばらくすると、ぱたりと苦情がやんだ。

なぜか。それは久保がまず自ら、そしてそのうち店員たちが交替で、毎朝毎晩店の周囲を掃除したからだ。久保はぼくにこう言った。

「店の周囲を掃除すると、まず、ご近所に顔と店を覚えてもらえます。それから、もちろん店の印象がよくなります。そのうえ、道行く方と会話をしたりすることで、いやみなく客寄せができます」と、いうわけである。久保の始めたこの「掃除」運動は、今ではうちの会社の全店で励行している。

また、久保によれば、掃除をさせればそいつが優秀かどうかがすぐわかると言う。

「優秀なやつは、たとえばトイレ掃除をさせると、見えないところまできっちり磨く。掃除ってのは、見えるところだけをいくらきれいにしても、駄目なんです」

これはまさしくこの商売のサービスの本質だ。お客さんの目の届かないようなところまでサービスしてはじめて、〝よいサービス〟といえるのだ。見せかけのサービスというのはすぐにめっきがはがれる。

話をもとに戻そう。

ぼくは、世田谷・三宿進出計画を進めるにあたって、新川、久保のツートップ体制をとることにした。

すでに記したように、三宿におけるゼストとラ・ボエムの同時出店は、かなり厳しい前提条件を背負っての計画だった。人通りが少ない、駅から遠い、繁華街も近くにない、近隣に店もない、しかも最初のライバルは同じ会社の仲間たちだ——。ただし、この前提条件が厳しいからこそ、乗り越えたときは大きな果実を手にすることができる。それがぼくの考えだった。

ぼくたちは、お客さんを満足させられる店舗づくりに徹底的にこだわった。立地の選定、店のコンセプトづくり、外観と内装も考え抜いた。建物を建て始めたのは、そのあとだ。

紙で作った模型にお客やスタッフの動線を考えて、改良を加える。通路がここではお客様と給仕がぶつかってしまう。ここにトイレがあるのは不便だ。おい、この席にどうやって食事を運ぶんだ……。そんな議論を繰り返しながら、店の具体的な設計図をつくっていく。

一方で忘れてはならないのは、エンタテインメント性だ。いかにこの店をお客さまに楽しんでもらうか、そのためにはどんな工夫が必要なのか、何度も考えぬき、さまざまなアイデアを盛り込もうと試行錯誤した。

たとえば、ゼストの内装には、ぼくの趣味のテイストをたっぷり盛り込んだ。テックスメックス料理を出すこの店には、アメリカの荒野の空気をかもし出したい。ぼくは、昔鹿島たちと見た一本の映画のワンシーンが鮮烈に脳裏に焼き付いていた。第1章でもすでに記したが、映画の名は『荒野の決闘』。戦後すぐにつくられた言わずと知れたジョン・フォードの傑作中の傑作だ。この映画のなかで、ヘンリー・フォンダ演じるワイアット・アープが立ち寄る街の酒場。あの酒場のシーンが、なぜかぼくのお気に入りの映像だった。二〇年経った今、あの映像をそのまま自分の店の一部にしたい。ぼくはそう思って、内装に力を入れた。

さて、ハードの準備が整えば、あとは各店舗で働く店長以下スタッフの働きにかかっている。現場がやる気を出して売り上げを伸ばせば、それに報いるインセンティブ・システムもオペレーション・マニュアルもある。店長には事実上の店の経営を任せている。

以上の作業工程は、実はきわめて短期間で進められた。とりわけ自社物件のゼストのほうは、驚異的なスケジュールで建築が進行した。なにせ八九年四月に購入契約を済ませると、同月末には建築申請を出し、五月には図面を引き始め、六月初頭には建築確認を取り作業開始、わずか二カ月強で建築を終え、八月三一日にはレセプションパーティを開いた。なんと、八八年から開設準備を進めていたラ・ボエムの作業を途中で抜いてしまったのである。

この地と出会ってからわずか一年、八九年九月、いよいよ「世田谷ゼスト」が、続いて一一月「世田谷ラ・ボエム」が、それぞれ誕生した。両店とも外国人客を見込んで英語のできるスタッフを集め、開店前に何度もミーティングを重ねた。

現場を任された新川と久保の二人の店長は死にもの狂いで準備に当たってくれた。実は二人とも最初はこの地区の出店に反対していた。でもいざ店を任せるとなれば、質・量とものすごいパワーを発揮してくれるのが、うちのスタッフの最大の強みだ。そんな彼らに引っ張られるように他のスタッフも燃えてきた。

忘れもしない「世田谷ゼスト」オープニングの日、店の外には長蛇の列ができていた。初日に七〇万円を売り上げ、すぐに平均一〇〇万円を売り上げる予想をはるかに超えた「お化け店舗」に文字通り化けてしまった。マスコミも殺到し、流行誌に「三宿」「ゼスト」「ラ・ボエム」の名前が飛び交った。これまでの最高の月間売り上げは「ゼスト」が五〇〇〇万円、「ラ・ボエム」が六〇〇〇万円を記録している。

ぼくらが出店するまで、東京でも三宿を知るものは少なかった。「みしゅく」と読めない人間も珍しくなかった。しかし、出店から一年後、東京の若者で、三宿を知らない人間はいなくなった。人通りの少なかった三宿の界隈は、あっというまに他の飲食店が立ち並び、東京有数の人気ストリートに変化した。

そして、長谷川実業の店舗は、広く世間に知られるようになった。

海外進出と高級店再挑戦

世田谷に二店をオープンした直後、ぼくは貪欲にもさらなる大きな目標を胸に秘めていた。米国出店だ。

開業以来、海外に自分の店を出すのは、ぼくの夢だった。でも、もう夢では終わらせない。今ならば、向こうでやっていく自信がある。そんなわけで、ぼくは米国へと旅立った。八九年一二月のことだ。

渡米中、さまざまなところを視察したぼくだったが、偶然、向こうにいる間に読んだ米国経済誌のある記事の内容に、衝撃を受けた。『ニューズウイーク』か『タイム』だったと記憶している。タイトルを邦訳すると「日本経済よ、ありがとう」。中身はといえば、日本がバブル経済に浮かれた結果、大量の日本の金が世界中にばらまかれ、当時瀕死状態だった世界経済を支えた、という内容だった。

支えた、ということはつまり、海外に投資したカネは戻ってこない、ということである。ひとつの直感がぼくの脳裏を走った。日本経済、ふっとぶな……。

ぼく自身は倹約家だった祖父の教えを受けた商人道が身についていた。だから、バブルにはいっさい踊らされなかった。六本木だの、原宿だの、青山だの、西麻布だの、代官山だの、バブルの土地景気のど真ん中ばかりで商売をしてきたから、よく勘違いされるのだが、投機目的の土地や株の売買にはまったく手を出さなかった。世田谷のゼストこそ自社物件だが、あれはちゃんと店として利用するために購入したものだ。だから、今でもきちんと営業している。

話がちょっと横道にそれた。いずれにせよ、ぼくは米国で、日本のバブル景気が終焉するデジャブを見た。しかし、日本に帰ると、ぼくの危機感を裏付ける報道は何もなかった。それどころか、日本の株価は市場最高値を更新していた。世の中全体が黄金の九〇年代の到来を心待ちにしているかのようだった。師走の東京は、浮かれた空気に覆われていた。

が、いったん終焉のデジャブを感じてしまったぼくの危機感は拭い去られるどころか、ますます増していった。

年末の店長会議でぼくはみんなに宣告した。

「おい、信じられないかもしれないがな、九〇年代、日本経済はおそらく大変なことになる。今の超好景気は終わる。それからとてつもない経済危機がやってくる。そのときに備えて、うちの会社が生き残るため、これから社内で〝地獄の競争〟をやる。目的は、売り上げが半分になってもつぶれないタフな企業体質をつくること。それにつきる。俺は、これからそこを目指した経営をするからな」

みんなきょとんとしていたが、かまうことはなかった。翌九〇年の正月明けから、すぐにぼくはすでに進めていた実績主義をさらに徹底させていった。各店舗の売り上げ、社員に支払っている給料やボーナス、昇給の状況、会社の経費もすべてガラス張りにした。

それから、月二回の店長会議の役割を非常に大きくした。今まではどちらかといえば、業務報告や連絡事項の確認といった、店長同士と経営陣の単なる情報共有と交換の場にすぎなかった。その役割に加え、ぼくはこの店長会議を「経営」の舵取り役に据えることにした。人事や各店の運営など会社の経営方針のほとんどをこの会議で決めることにしたのだ。決済は、出席者の多数決で決まるのである。また、昇格、昇給も自己申告制にした。昇格を望むものは稟議書を上げなくてはならない。それを検討して多数決で決めていくのだ。

店長会議は〝公開裁判〟の場にもなった。誰かが失敗したら、すべて会議で公開され、降格やペナルティを出席者全員で決める。いちばん容赦ないのは、もちろんぼくだ。そのため議論はしばしば紛糾する。

けれども、失敗を社長や役員の一存で裁くより、店長全員で話し合い、全員で決めるのがいちばんフェアな方法だ。何よりも間違いを学びあうチャンスになる。何が起きて、それはどう判断され、どんなペナルティを課されるのか、その場にいることではっきりする。それがノウハウの蓄積になっていくのだ。

この公開裁判で同僚を裁くということは、非常につらい作業だ。社員たちにとっても地獄だろうが、経営者のぼくにとっても地獄のシステムだ。なんといっても、経営のすべてをオープンにしているのだ。ぼくが経営者として間違った行為を犯せば、すぐに糾弾される。

ぼくは、社員みんなに匕首を突きつけて、高い要求をする。だから、もしぼくが納得のいく経営を実現できなければ、かつてのように社員たちは会社から逃げ出すだろう。逆にいえば、ぼく自身、社員みんなから常に匕首を突きつけられている状態なのだ。この互いの緊張感こそが、経営を間違った方向に導かないための最良の方法だとぼくは思っているけれど、しんどいことに変わりはない。

また、ムダな経費は使わないということもより徹底することにした。たとえば、社長としてぼくに特別与えられているのは、国産車一台だけだ。もちろん運転手なんかつかない。海外出張も飛行機は社長以下全員エコノミークラスだ。接待は禁止。御中元・御歳暮もダメ。そこまで徹底すると、社員のほうもいかにムダを削るかが面白くなってくる。ここがムダだと思ったら、その手の経費はどんどん削る方向でみんなが提案してくるようになった。

ぼくはあせっていた。米国で読んだ数ページの特集から受けた衝撃が、それだけ大きかったからだ。とにかく地道に努力を重ねながら、きちんと税金を払い、資金を蓄え、体力のある企業体質をつくり続ける。それしか、この会社の未来はない――。

そんなぼくの予感は、悪いことに的中してしまった。

九〇年一月四日、東京証券取引所が年明け最初の相場を開くと同時に、株はどんどん売られていった。その日の株式市場はほぼ全面安となった。海外市場では円安傾向が強まり、それに伴い、債券までが売られた。いわゆる「トリプル安」で、九〇年最初の市場は開いた。

これが、日本経済凋落の合図となった。あとは、みなさんご存知の通りである。バブル崩壊だ。それから現在にいたるまで、長い経済不況が続いている。九九年には一瞬ネット景気が膨らみかけたが、あまりの実態のなさに、あっという間にしぼんでしまった。

しかし、うちの会社は、事前に対応策を練ったのがうまくいったのか、逆に九〇年代に入ってからの一〇年間、本格的な急成長の時代に入った。まず、世田谷の大型店二軒がブレークした半年後の九〇年四月、渋谷公会堂前のビルに「渋谷ラ・ボエム」を新規出店した。翌九一年八月には、「六本木ゼスト」を業態変更し、「六本木ラ・ボエム」として再オープンした。

またそれと並行して、八〇年代終わりから温めていた海外進出計画をいよいよ実行に移すことにした。ターゲットは米国。かつて、いきなり六本木に二号店を出したときのように、最初に世界一タフなマーケットで勝負したかったからだ。

当初は、ニューヨークに出店するつもりだった。けれども、九〇年当時、米国は深刻な不況に陥っており、とりわけニューヨークの不景気は目を覆わんばかりだった。さすがのぼくもこの不景気には躊躇した。ならば、とばかりに選んだ場所が、ロスアンジェルスだった。

九〇年四月には、同地に子会社「Global Investment Concept Inc.」を設立し、開店準備に取りかかった。

米国に進出するときは、本格派レストランでいく。かつて、フレンチレストラン「サン・スーシ・クラブ」を閉めたときに誓った再挑戦を実行するためにぼくはそう決めていた。ぼくは思った。俺の会社にはそれができるだけの実力がある。

準備会社を設立してから一年半後の九一年一一月、レストラン「ロスアンジェルス　ラ・ボエム」がオープンした。ハリウッドはサンタモニカ・ブルバードに面した第一級の立地だ。店長には社外の一流人材を登用した。あの「キハチ」のゼネラルマネージャーを務め、外食業界では実力者で知られたトム・カーディナスを迎えたのだ。

客単価は四五ドル。物価の安いロサンゼルスでは高級店になる。一二〇坪となかなかの大型店だ。料理の内容は、フレンチ、イタリアン、中華、そして和食を食材に合わせて組み合わせたインターナショナル料理だ。内装もかなり豪華でどっしりしたものにした。

ぼくが一五年以上にわたって培ってきた店づくりのノウハウと感性のすべてを注ぎ込んだこの大型レストランは、現地で人気を博した。地元のハリウッドスターたちもお忍びでやってくるようになった。

ロスのラ・ボエムが成功したことで、ぼくは高級店を展開する自信がようやくついた。

ぼくは、ロスの店のコンセプトをそのまま持ち込んだ新業態を、改めて国内で展開することにした。インターナショナルレストラン「タブローズ」だ。

九二年一〇月、「代官山タブローズ」がオープンした。コンセプトは、「大人がお洒落をして楽しめるディナーレストラン」。

場所は、通称並木橋通り沿いのビルの地下一階。地下といっても一階まで吹き抜けになった開放的なつくりになっている。内装デザインもロスのラ・ボエムを担当した米国人デザイナー、マーガレット・オブライエンを起用し、思いっきり向こうの香りがする空間に仕上げた。高い天井。デコラティブな壁。重厚なテーブルと椅子——。全体のカラーイメージは赤と黒。そこに効果的にゴールドがあしらわれている。映画のワンシーンに出てくるような、非日常的な空間を目指した。

提供する料理は、俗にパシフィック・リムともいわれるインターナショナル料理だ。食材に合わせ、イタリアン、フレンチ、エイジアン、チャイニーズ、そして和風と臨機応変に調理し、世界に通用するスマートかつ痒いところに手が届くサービスで提供する。客単価はロスよりさらに高め、八五〇〇円に設定した。とはいうものの、高級店は仕入原価も高いため、利益率そのものは決してよくない。

店長には「ぼくにやらせてください」と手を挙げた新川が就任した。

実は新川は一カ月ロスに研修に行ってきた。そして、トムのもとで働き、他の一流レストランを見学し、世界に通用するサービスを体で学んできた。この店を立ち上げるのに彼を超える人材はいなかった。

ただ、高級店の立ち上げはやはり楽ではなかった。初期投資が大きいうえに、原価率も高い。結局、新川の腕をもってしても、黒字化するまでに一年を費やした。昔の失敗もあったから、当初は多少やきもきした。が、店長の新川を信頼して「必ずいけるぞ」と一任することに腹を決めた。

この店の売り上げが急に改善したのは、やはり新川が頭を使ったからだった。まだタブローズが赤字だったころ、横に別の店が開いていた。ところがこの店が閉店するという。その話を聞いた新川は、「そこに個室とパーティルームをつくりたい」と店長会議で提案してきた。「よし、やろうじゃないか」ということで、店は約一三〇坪になった。

店に奥行きが生まれた。それだけで店の魅力が何倍も増した。さらにもちろん開店以来の新川をはじめとするスタッフたちの地道な努力が実を結んだのだろう。パーティの予約がだんだんとれるようになってきた。そんなある日、突然、売り上げがぐんと伸びた。気づくと店内が客でにぎわっている。

それを新川から聞いたぼくは、初めてのレストラン、ラ・ボエムがテイクオフしたときのことを思い出した。

その日を境にタブローズの売り上げが急角度で上昇した。最高のサービスをモットーに成長したこともあって、うちの中では最も外国人のお客さまが多い業態となった。また、結婚式需要が多いのも特徴だ。タブローズでウエディングパーティを開くカップルは年々増加の一途をたどった。かくしてタブローズは数年で、会社の看板店舗のひとつとなった。

さらに開店から五年後の九七年三月には、「タブローズ」に隣接したスペースに「タブローズラウンジ」をオープンした。どっしりとしたソファと重厚な書棚を壁際に配し、貴重な美術本を実際に棚に並べた。照明はぎりぎりまで落とし、ろうそくの明かりが顔を照らす。タブローズで食事した後に、本場のジャズ演奏を聴きながら、キューバ葉巻や日本では手に入りにくいブティックワイナリーのワインが楽しめる。そんなラウンジだ。

この店を併設したことで、タブローズの人気はさらに上昇した。

タブローズとタブローズラウンジのコンセプトは、「俺自身がいちばん行きたい店」、である。もともと、ぼくの店づくりの方針が自分が行きたいと思う店をつくることだった。が、二三歳のときに比べると、二四年の月日を迎えたこのとき、自分の趣味嗜好が年々変わっていることに、われながら驚いた。若造だったぼくの行きたい店も、こんなに「大人」になったのだ。

一〇年前に失敗に終わった高級レストランの展開は、ロスと代官山という二つの場所で捲土重来をはたすことができた。ようやく、世界で通用する本物の味とサービスを提供できるレストランを、自らの手でつくり上げることに成功したのだ。

これが、みんなの大きな自信につながったのは言うまでもない。

モンスーンカフェ誕生

九〇年代に入って、毎年新店を展開しつつ、ぼくはまったく新しい業態で顧客をつかむことを考えていた。ターゲットはエスニック料理だ。

これまでに手がけたことのない店のコンセプトを考えるのは実に楽しい作業だ。タイ、ラオス、ベトナムなど、アジアの料理のエッセンスを取り入れながら、ぼくがいちばん好きな醤油味も加えた、オリジナルのエスニック料理レストランをどう作るか。ぼくたちは、メニュー段階から試行錯誤しながら、中身をつめていった。

九三年三月、青山から西麻布へ抜ける外苑西通り沿い、青山墓地の脇を抜けたあたりに、五六坪の「西麻布モンスーンカフェ」を出店した。

東南アジアの独特の雰囲気を味わえるバンブーや木材、調度品を多用したインテリアにして、リゾート気分も楽しめるテラス席を設けた。新鮮な素材、化学調味料を使わない調理法のエスニック料理を、日本人の口に合うようにアレンジした。このコンセプトは、こちらの想像以上に、受け入れられた。今までに何度となくエスニック料理ブームは起きては消えているが、モンスーンカフェは開店以来、一度も業績を落とさず、売り上げを確保している。このエスニックレストランは、今でもお客さんの支持を一番得ているのだ。

西麻布のモンスーンカフェは、うちの店舗としては世田谷・三宿の二店舗以来のブームを巻き起こした。巷には、似たようなコンセプトのオープンカフェ風のエスニック料理店が次々と誕生した。またまた、マスコミが殺到し、雑誌はもちろん、テレビのロケにまで使われることが珍しくなかった。

モンスーンはいけるぞ——。ぼくは、西麻布店のヒットがただのブームで終わらないという確信を持った。そこで矢継ぎ早に多店舗化を図った。まず九五年九月には代官山。九六年八月には渋谷。その三カ月後にはアメリカのサンタモニカ。九八年一二月には南青山へ出店した。

なかでも最大のヒットとなった店が、世田谷ゼスト以来の自社物件「代官山モンスーンカフェ」だった。

旧山手通りの246通り寄り。代官山地区の外れに位置するこの店は、二五〇坪の営業面積に客席数三〇三席、うちの店舗の中でも二番目の広さを誇っている。一〜二階は吹き抜けにして、二階は回廊式に通路を通し、ロの字型に客席をつくって、ダイナミックな演出をした。二階席からは、一階のフロアの動きを見ることができる。まるで劇場の二階席から舞台を見ているような楽しさで、この手の仕掛けがぼくは大好きなのだ。

I型キッチンの中を右へ左へ動くスタッフ、お客様を迎え、誘導し、注文を取り、サービスするスタッフ。混めば混むほど、人の動きはせわしくなり、活気と熱気が生まれて、おのずからアジアの喧騒を演出する。今度、一階の奥まったあの席に座ってみたい。向こうのグループはどんな関係の人たちなのだろう、カウンターの上にあるディスプレイ、あれはいったい何だ……と、人の動きやインテリアに見入りながら、お客さまがいろいろなことを感じ、喜んでくださる。まさしくダイニングがそのまま舞台になったような、ぼくの最もお気に入りの仕掛けである。

この店がユニークなのは、こうした見た目の仕掛けだけではない。オペレーション革命ともいえる「担当制」を初めてシステムとしてスタートしたのだ。

以前からぼくは、欧米のレストランではスタンダードの「担当制」を導入したいと考えていた。

目的は、世界に通用するサービスを提供できるようにすることだが、裏に大きな理由があった。担当制の導入は、ライバル店とサービス面で差別化を図るための重要なポイントになるからだ。しかも、この担当制をノウハウとして蓄積できれば、いずれフランチャイズ方式での企業化も夢じゃなくなる。

おっと、担当制について説明するのを忘れていた。担当制というのは、チップの原則がある欧米のレストランならではのシステムだ。それぞれの従業員が自ら担当するテーブルや業務を明確に区分けし、分担された業務の中で最善のサービスを尽くす。そのサービスがお客様に評価されれば、「チップ」というかたちで報酬を受け取ることができるという仕組みである。チップという名のインセンティブでサービスの向上を図るのがこの仕組みのポイントだ。

実は、実質的にこの担当制が導入された店が社内ですでにあった。世田谷・三宿の二店舗ゼストとラ・ボエムである。

どちらも店舗面積が一〇〇坪を超えた初めての店である。その巨大店舗全体のサービス水準を向上させるために、新川、久保の両店長が無意識にこの担当制に近いかたちで現場の人間をマネジメントしていたのだ。やつらは優秀だから、「自然」に自分なりの担当制システムを確立してしまったのである。

そもそも、うちの会社では、ロサンゼルスに店を出したことで、チップのいろはについては学んでいた。

チップというのは、まさしく従業員の個人収入である。カードでチップを決済する際も、その日のうちに従業員に店から立て替え払いされる。それだけに、従業員もサービス向上に俄然熱心になる。ただし、チップというのは直接お客さんにサーブする係しか貰えない。で、このサーブ係はどうしなければならないか。バックヤードの調理担当やドアボーイなどに、自分のチップを分けるのである。優秀なサーブ係だとチップの半分を他部署の連中に分けるという。そこで気前のいいサーブ係は、バックヤードの信任も厚く、よりたくさんチップを貰えるサービスを実現できる、という話だ。

とはいっても、これはあくまでアメリカの話だ。日本のようにチップ制のないところでの担当制は、やはり従業員それぞれが、お互いの業務に見えない壁をつくり、ここからこっちは俺の仕事、そこからあっちはおまえの仕事、という具合に「自主的」に分けていくしかない。

ここで代官山モンスーンカフェでの「担当制」の進め方について説明しよう。

担当制には、「時間帯・場所別」の担当と、「業務」の担当の二種類がある。時間帯とは、営業時間による早番・遅番。場所別とは、代官山モンスーンカフェを例にあげると、三つに分かれた各フロアのこと。キッチンのスタッフの場合は、担当フロアがないため、仕入れや仕込み、ラインなど、業務上の区分けがそのまま「場所別」担当に相当する。一方、業務の担当は、バックヤードの業務分担である。棚卸し、ユニホーム、清掃といった文字通り業務別に担当を固定する。

どの担当に関しても最高責任者を一人決め、スムーズに仕事ができるよう、スタッフを的確に回す。大型店になるほど働くスタッフの人数が増えるため、担当制をきっちり敷き、責任者がきちんと管理しないと必ず混乱を招いてしまう。

ただし、担当制とはいうものの、仕事の分担を明確にすればそれで済むわけではない。そこが、外食産業で担当制を敷くことの難しさだ。一般の会社ならば、仕事内容別に、総務、営業などと明確に業務を分けることができる。けれども、レストランの場合、一つの店の中で、各スタッフが同時に複数の業務をこなすのは当たり前だ。そのため、担当制を敷くにしても、融通のきかせ方が、制度の正否に直接つながる。

最初に担当制を本格導入した代官山のモンスーンカフェでも、スムーズに担当制が機能するようになるまで二年くらいの歳月がかかった。現在では、基本的にどのスタッフも複数の仕事を担当している。もちろん、中には一つの仕事しか担当できない人間もいる。そういう人間に対しては冷酷なようだが、給料や時給で差がつくシステムになっている。

なお、担当制の総責任者はもちろん店長だ。うちの店長の給料は基本的に高い。それだけにこのような現場のマネジメントに関しても、高度な能力を要求されるのだ。

今後は担当制をさらにブラッシュアップするために、各従業員に売上歩合制を試験導入しようかと考えている。中身は、字面を見れば理解いただけるだろう。要するに、個々の社員の売り上げに対するパフォーマンスを計り、それをそのまま給与体系に反映させよう、ということなのだ。

グローバルダイニングへ

これまで記してきたように、九〇年代に入って、長谷川実業は、「モンスーンカフェ」や「タブローズ」といった新業態を開発・展開し、ロサンゼルスやサンタモニカへの出店といった海外進出を進めるなど、攻めの経営を行ってきた。

また、その一方で、既存店の拡充もぬかりなく進めてきた。「ラ・ボエム」は一九九四年三月に表参道、九八年九月に白金、九九年三月に銀座、同年一二月に北青山に新規出店した。また、「ゼスト」も、九四年八月に飯倉、九五年八月に渋谷、九八年五月には恵比寿に展開している。

渋谷では、渋谷公会堂の向かいにあるビルの中に、二階「ゼスト」、三階「ラ・ボエム」、四階「モンスーンカフェ」と、三店舗が同居している。うちの店としては珍しく路面店でないうえに、同じビルに密集しているため、三店が相次いで開店した当初は、客を食い合うのではという声もずいぶん聞かれた。

しかし、この手法は、実は八〇年代、横浜でゼストとラ・ボエムを同じビル内に同時出店して成功を収めているのだ。

前に述べた通り、まず一カ所に異なる業態の店が複数あれば、ビルそのものにお客様が集まりやすい。各店舗の集客力が強ければ、ひとつの店に入りきれないお客様をほかの店に収容できる。食い合うどころか、周辺のお客さんを丸ごといただける、効率的な手法なのである。

しかも、うちの店長は、ここまでお読みくださった方ならばご存知の通り、俺が俺がの〝競争大好き人間〟ばかりである。各店舗の店長は、ライバルがまさに横、いや上下にいるわけだから、いやがおうでも頭と体を使って、売り上げを伸ばそうとする。お互い長所を盗みあいながら、自店にオリジナリティを付加する。

事実、渋谷のこの三店舗の売り上げは開店以来、一貫して好調である。

今、うちの会社にこの集中出店方式を嫌がるスタッフは一人もいない。社員がハードルの高さを面白がれる。そして高いハードルを超えたやつが高い給料を得る。さらに高いハードルに挑戦する——これがうちの強みであり、社風になってしまっているのだ。


さて、ロサンゼルスに「サンタモニカ　モンスーンカフェ」を出した翌年の九七年一月、ぼくはずっと使用してきた長谷川実業株式会社という社名を「株式会社グローバルダイニング」に改めた。

社名変更した理由は二つある。まず、ぼくがこの商売を始めた当初から目標にしていた「世界に通用する店をつくる」という夢が現実になってきたから。そして、その上を目指すためにより本格的な企業になる、すなわち株式上場をターゲットに据えたからである。

当初、社名をカタカナに変えるのは、いささか浮ついた雰囲気が漂い、会社が傾いてしまうような気がして嫌だった。

が、あるとき社員から「社長、長谷川実業という名前も相当やばい響きがありますよ」と言われた。ぼくは考え抜いた末に、会社がめざすものをずばり表現した「グローバルダイニング」という社名に決めたのである。

同じころ、三軒目の自社物件店を白金にオープンした。九八年九月のことだ。

二〇〇〇年九月に地下鉄南北線が開通した白金台。その白金台のいわゆるプラチナ・ストリートを目黒通りから下って途中の右手。ここに三階建ての建物をつくった。ライムストーンの壁の北イタリア風のつくりで、一、二階は吹き抜けと回廊席を設けた「ラ・ボエム」を開き、三階にはカリフォルニア・キュイジーヌの高級店「ステラート」を、「タブローズ」の姉妹店としてオープンした。

ステラートは、二〇〇種類のワインをとりそろえた大人が楽しめるレストランバーだ。店のつくりにも例によって徹底的にこだわった。内装は、コーナーに緑を配し、シックにまとめた。天井は思い切り高くして、ガラス張りのドーム型天井をしつらえ、大きなシャンデリアを下げた。入り口近くのウエイティングバーには、重厚なカウンターに専用のソファを用意した。さらに専用階段を上ると星を見ながら食後酒を楽しめる屋上テラス席がある。高台にあるうえに、近くに高層ビルがないため、すばらしく見晴らしがよい。国立自然教育園の緑と星空を借景に、酒がゆっくり飲める趣向だ。

九〇年代最後の出店は九九年一二月にオープンした「北青山ラ・ボエム」だ。表参道駅から徒歩五分。青山通りの紀伊国屋側の裏手に位置する南欧風の建物だ。二階には同年三月オープンの「銀座ラ・ボエム」で試みて好評だったロの字型のオープンキッチンを採用し、そのキッチンを囲むようにカウンター席を設けている。

八七年の横浜出店以降一三年間に、グローバルダイニングは米国での二店を含む二二店舗を展開した。自分で言うのもなんだが、よくもまあここまで出店ラッシュを続けられたものである。

しかしもう一つ、九〇年代最後の仕事が、ぼくとグローバルダイニングのスタッフたちには残っていた。

株式上場である。

第7章 1999——21世紀へ

未来 上場、そして新たな市場へ

東証二部上場

ビッグプロジェクト

世界に通用する企業

レストラン業界に新風を巻き起こした長谷川は、一九九九年一二月、ついに東証二部上場を果たす。株式公開で、名実ともに企業として大きくなったグローバルダイニング。その勢いは、二〇〇〇年に入っても留まることを知らない。

二〇〇〇年三月には、横浜市の「モザイクモール港北」の屋上に、子どもと一緒に食事を楽しめる「カフェ　ラ・ボエム　コン　バンビーノ」と「ラ・ボエム　エスプレッソ」という新業態を開発した。続いて四月、ソニーがお台場にオープンしたエンタテインメント施設「メディアージュ」の四階にレストランゾーン「グリエンパサージュ」を出店した。「ゼスト」「ラ・ボエム」「モンスーンカフェ」に新業態の和食処「権八」を加えた四店舗を一挙に立ち上げたのだ。さらに、ディズニーランドがある舞浜駅前の巨大ショッピングモール「イクスペアリ」に「モンスーンカフェ」をオープンした。

そして、長谷川はさらなる世界進出をもくろんでいる。間近に迫った二一世紀に向けて、永遠のチャレンジャー、長谷川耕造が率いるグローバルダイニングは進化を続ける。

東証二部上場

グローバルダイニングは、一九九九年一二月七日、東証二部に上場した。

喫茶店「北欧館」を開いたときから、ぼくの夢は企業化を図ること、そして世界に進出することだった。世界進出の足がかりは、ロサンゼルスへの出店で果たした。そして上場企業になることで、ようやく自分の中では「一人前の会社」になったような気がする。

けれども、これで若いときの夢を果たした、とは思わない。せいぜい、夢の前髪をつかんだくらいだろう。ぼくはそう考えている。

九九年一二月の連結売上高は七八億円だった。今、オフィスには「二〇〇五年度には二五〇億円」と書いたポスターを掲げている。

ぼくは、これまでも常に高い目標を設定し、実際にポスターに書いて、社内の壁に張ってきた。不思議なもので、具体的な目標をこうして掲げて毎日目にしていると、そのうち、どうすればその目標に達することができるかが見えてくる。

売り上げが二ケタの億の前半だったころは、年間売上高一〇〇億円というのが現実的な目標だった。五〇〇億円ともなると、霞がかかってまったく見えなかった。現在のように八〇億円近くまで売上高を伸ばすと二五〇億円というのはたやすく達成できるような気がする。となれば、五〇〇億円まで売り上げを伸ばすにはああすればいい、と具体的なイメージを膨らますことができるようになってくる。

あと二〇年、そんなかたちで一歩一歩階段を上がるように目標を達成しながら、年商二〇〇〇億円を超える外食エンタテインメント産業に育てる。それがぼくの目標だ。

でも、そのためには、常に新しいこと、人々をあっと驚かせるようなことを次々と生み出していかなければならない。二〇〇〇年に突入したグローバルダイニングでは、さまざまな新規事業に取り組み始めている。

ビッグプロジェクト

ぼくが考える店、ぼくがつくる店。それはいつもぼく自身が行きたい店だ。ゼストもラ・ボエムもモンスーンカフェもタブローズもみんなそうやって生まれてきた。

じゃあ、今のぼくが行きたいのはどんな店だろう?

その答えのひとつが、二〇〇〇年三月、横浜市の郊外、港北ニュータウンの阪急系テナントビル「モザイクモール港北」の屋上、ペントハウスに出店した「カフェ　ラ・ボエム　コンバンビーノ」だ。

ここは、従来のイタリアン「ラ・ボエム」に、小さな子どもと一緒に来店できる新しいコンセプトをプラスした新業態だ。ぼくも再婚して、今は七歳を頭に三人の娘がいる。ところが、こうした幼い子ども連れの家族が周囲に気兼ねなく外食できるところといえば、今の日本ではファミリーレストランしかない。

毎回ファミレスで食事、というのはごめんだ。ぼくはそう思った。でも、ほかに外食するところがない。ならば、ぼくが自分で子どもを連れて行けるレストランをつくろう!

かくして、「子連れの家族で食事に行ける洒落た店」、カフェ　ラ・ボエム　コン　バンビーノが誕生した。グローバルダイニングでも初めての本当の郊外店舗だ。

店のある港北ニュータウンは、渋谷を起点に延びる日本の東急鉄道の田園都市線と東横線にちょうどはさまれた台地に広がる新興住宅街だ。私鉄の駅からは離れているが、横浜の市営地下鉄が通っているうえに、東名高速道路や第三京浜道路のインターチェンジも比較的近くにあることから、このあたりに家を買い、東京に通う人は多い。そのなかには、独身時代に六本木や西麻布のゼストやラ・ボエム、モンスーンカフェで遊んだ経験のある、子持ちの三〇～四〇代の夫婦などもいるに違いない。

ぼくは、そんな方々が子ども連れで満足できる空間を提供してみたかった。遊びに通じた今の三〇代家族の場合、「子連れ用」と見くびっておざなりな店づくりでもしたら、おそらく見向きもしてくれないだろう。

うちのお店の入っているモザイクモールは、階下に阪急百貨店が入り、さらに屋上には、ユニークなことに「観覧車」が備え付けられている。この観覧車越しに、うちの店から、港北ニュータウンの全景が一望できる。また、下から車で一気に上がり、専用駐車場に横付けしてそのまま店に入れるつくりだから、ビルのてっぺんでありながら路面店のような気安さで訪れることができる。

フラットで広々とした店内の奥。厨房の手前に子どもが遊べるキッズルームを用意した。木製の柵で囲い、スロープをつけ、積み木などのアミューズメントグッズを用意し、幼児が安全に遊べるよう工夫した。席からは柵越しに中が見えるから、親御さんも安心、という設計である。

もちろん、この店の対象は子連れ客だけではない。大人の会話を楽しみたいカップルや、商談に使いたいビジネスマンなども想定客層に入っている。こうしたお客様のために、キッズルームから離れたところに、半個室のような席を用意した。

さらに出口には、「ラ・ボエム　エスプレッソ」を併設し、焼き立てのパンとおいしいコーヒーを提供することにした。

新業態の展開として、次に手がけたのが、二〇〇〇年四月、東京・お台場の新しいスポットとして話題のソニーのエンタテインメント施設「メディアージュ」の最上階に展開した施設内最大のエンタテインメント・レストランゾーン「グリエンパサージュ」である。

この空間は、「ラ・ボエム」「モンスーンカフェ」「ゼスト」に加えて、新業態の和食処「権八」の四店舗からなる。横浜、渋谷で成功した同一ビル内同時展開の応用編というわけだ。

権八は、グローバルダイニングとしては初の和食レストランだ。いきのいい旬の和食メニューと地酒、手打ちそばをゆったりと味わっていただく。日本の蔵をイメージした内装に、土間、梁、炉端、格子と、「古きよき日本の家」の空気を伝えるような什器を用意した。

ただし、このメディアージュへの出店は、非常な苦労がつきまとった。

まずなんといっても、久しぶりに店長会議で大反対にあってしまった。お台場？　まだインフラもきちんと整備されていない。アクセスも悪い。観光客がメインになるから土日中心の営業となるが、これはうちには向かないパターンだ。いくらなんでも四店舗同時出店は負荷がかかりすぎる、しかもそのうち一つは新業態じゃないか——。反対意見は、しごくまっとうな内容だった。

あげくの果てに、このメディアージュ出店は、店長会議の投票の結果、否決されてしまったのである。

それでも、このメディアージュへの出店は、うちが二〇〇五年までに売上二五〇億円を達成するためには必要なチャレンジの一つである、とぼくは考えていた。たしかに現時点では、アクセスが悪いかもしれない。けれども将来的に見れば、有望な大マーケットだ。しかも、うちの出店予定の区画はオーシャンフロントだ。都内の大型店舗で「海の見えるロケーション」を売りにできる店なんかほかにはない——。そう言って店長たちを説得しようと試みたのだが、役員の中川も新川も今回ばかりは出店反対の姿勢を崩さない。

ぼくはついに伝家の宝刀を抜くことになった。社長の権限である「拒否権」を発動したのだ。もちろん失敗したら責任は自分がとるつもりだった。店長会議に出店している連中たちはみんな一瞬あっけにとられていたが、「社長がそこまで覚悟しているなら、やりましょう」と何とか同意を得た。いったん意見が一致したら、うちの会社の団結力は強い。店長候補と現場スタッフたちが一丸となって、仕事に取り組み始めたのだ。

ただし、実際に店舗つくりの段階に入ると、さらなる困難が待ち受けていた。店づくりに妥協できないぼくは、各店舗の内装を何度も何度もやり直しをさせた。ところが四店舗は同時開店を目指していたため、人繰りから金繰りまで、あらゆる作業が錯綜して、現場の仕事はさらなる混乱に陥った。ちなみに渋谷の三店舗は開業時期がすべて違ったから、こうした混乱に遭遇しなくて済んだのである。

いずれにせよ、メディアージュでの開店は、かなり慌ただしいものとなった。また、地域全体の集客力の問題もあり、九〇年代の出店のときのように、なかなか結果が出なかった。各店舗が月次ベースで黒字に転換したのは、オープンから四カ月もたった八月に入ってからだ。とりわけ、新業態の「権八」は、今も試行錯誤を重ねて、味とサービスのクオリティを上げる努力を続けている。

ぼくはいまさらなる出店攻勢に出ている。

二〇〇〇年七月七日。東京ディズニーランドのある千葉県浦安市のJR京葉線舞浜駅に直結した大型複合商業施設「イクスピアリ」の中に、モンスーンカフェの新店舗をオープンした。イクスピアリの話題は、耳にしたことのある方も多いだろう。ディズニーランドのホテルが併設され、ディズニーランドとコンセプトを完全に融合させた、これまでにない劇場型の内外装を持つ大型商業施設だ。入居テナントも、ディズニーショップに加え、服飾のユナイテッド・アローズ、高級スーパーの成城石井、そして宝飾のティファニーなど、郊外店らしからぬ一流どころばかりを集めている。

このイクスピアリの二階、中庭に面したところに、モンスーンカフェは位置している。営業面積三〇〇坪、席数三〇〇と、グローバルダイニングの店舗でトップクラスの大型店だ。内装もこれまでの店とは趣向を変えた。まず、入り口は洞窟風で、そのまま圧迫感のある洞窟通路を抜ける。と、いきなりどーんと客席スペースが目の前に広がるという趣向だ。さらに、家族連れを意識して座敷型の席も用意した。

けれんみたっぷりの内装デザインは、もちろん「ディズニーランドの街」を意識したものである。営業時間は朝の一〇時から夜の一一時まで。うちの店としては閉店時間が早いが、これまでディズニーランドの客という巨大な潜在需要を目の前にしながら、まともな外食がまったくなかった地域だ。そこに夜比較的遅くまで開いている巨大店舗があれば、かなりの集客が期待できるに違いない――。

これが、ぼくの目論見だった。

この目論見はいざ開店してみると、よい意味で外れた。というのも、ディズニーランドのお客さん以外に、地元舞浜近辺に住んでいる方々の来店が、想像以上に多かったからである。考えてみれば、ここも、横浜港北ニュータウン同様、多くの新興住宅やマンション群を抱えている。地元顧客という潜在需要があるのは当たり前だったのだ。

現在、モンスーンカフェ舞浜イクスピアリ店は、月間六〇〇〇万から八〇〇〇万円を売り上げている。この数字は弊社のトップ店舗、代官山モンスーンカフェの売り上げに次ぐものだ。今後は、ディズニーシーと直結するモノレールの駅がイクスピアリにできるため、さらなる客の増加を見込んでいる。

ちなみに、横浜・港北ニュータウンにしろお台場メディアージュにしろ、舞浜イクスピアリにしろ、すべて大家さんがうちに出店を持ちかけ、それで立ち上げたリース店舗である。テナントとしてぜひうちの建物に入ってほしい——。このように声をかけられるのは、グローバルダイニングが「企業として」認知されてきた証と言えよう。

とにかく二〇〇〇年の出店で、新しい市場、「郊外」での店舗展開に対して、ある程度のめどがついた。二〇〇一年には、横浜・青葉区の東急田園都市線沿いに「モンスーンカフェ」の大型店をオープンする心積もりだ。九〇年代の終わりまで、グローバルダイニングのマーケットは、東京の中心部に絞り込んでいた。しかも、港区、渋谷区、世田谷区、中央区といった都会的なエリアにしか店を出していなかった。

二〇〇〇年以降は、このマーケット以外に、港北ニュータウンや舞浜など郊外マーケットをより積極的に開拓していくつもりだ。とりわけ、田園都市線沿線には、かなり多くのグローバルダイニングの潜在消費者がいるに違いないと推察している。

世界に通用する企業

さて、もうひとつ、一段上を狙わなければならないマーケットがある。

海外だ。

現在、海外の店舗展開は米国ロサンゼルスの「ラ・ボエム」とサンタモニカの「モンスーンカフェ」の二店だ。ぼくは、今後米国でまずニューヨーク、そしてヨーロッパの主要都市、というふうに、世界中のメジャー・シティには必ずうちの店があるというような、社名通りの「グローバルダイニング」が根づくようにしていきたいと考えている。

そのためには今、社内の公用語を英語にすることも視野に入れている。

まず、書類を英語にするところからスタートだ。しゃべるのは何とかなっても、公式の書類を英語で統一しないと、国外店舗を社内競争に引き込めない。売り上げだの利益だのといった数字はいちいち翻訳するより英語にしたほうが早い。店長会議の一部をインターネットを使ってやるのも手か——。実現はまだ先の話であろうが、こうしたことを考えるのは実に楽しい。

実は、すでにネット会議のベースが構築されている。一九九九年から、グローバルダイニングの全店舗がネット上でつながるようにしたのだ。このため、連絡事項も速やかに行われ、各店舗からの質問やアドバイスの要求、それに対する本部からの回答などもきわめてスムーズにできるようになった。

ぼくが密かに自負していることがある。それは、世界のレストランの中で、経営のノウハウを一番蓄積しているのは、グローバルダイニングではないか、ということだ。うちの店長会議は、まさしく「グローバルダイニング大学」である。

役員の久保がよくこんなことを言う。

「店長会議に欠席する人間は、それ以上の成長は望めない」

これはどういう意味か。一カ月二度の店長会議に出られないような店長は、自分がいなければ店が立ち行かなくなってしまうのではないか、と恐れている。それはすなわち、完全に店を預けられる部下を育てていないということなのだ。

その手の人間からは多くを望めないだろう。なにせ店長会議という格好のノウハウが蓄積できるところに出てこないからだ。

現在、うちの現場担当役員は、店長から昇格してきた中川、久保、それに新川だ。こいつらは皆、自分の後継ぎになる人間を発掘して、ちゃんと育ててきた。だから、現場を一歩離れることができた。

かつてぼくと彼らは、お互い匕首を突きつけながら個々の店舗の水準を向上させた。同じことを今度は彼らが自分たちの後輩とやらなければならない。その繰り返しで次々と人材が育っていかなければ、年間二〇〇〇億円などといった途方もない売り上げを達成するのは難しい。うちの役員たちから、ぼくが教わることはとても多い。たとえば、接客サービスでは新川には絶対かなわない。チームづくりだったら久保には絶対かなわない。父親としても、夫としても、人間としても、久保のほうがぼくより上等だ。

優秀な会社には、必ず優秀な人間がいる。だからこそ、会社の力を保ちたいならば、優秀な人間が残ってもいいと思うようなインセンティブ・システムが必要だ。うちは独立志向の強い業態だから、シェフにしてもフロアにしても、自分の意思で独立していく人間は必ずいる。

実は九九年、株式を上場した後、三人の店長が相次いで退社した。ぼくが非常に信頼していた、個人的にも好きな人間だったが、彼らは、あえてこそこそ隠さずに「実は退社したいんです。独立がしたい」とぼくに直接言いにきた。こうなると、止めようがない。次の店長会議で、彼らはみんなの前で辞めると宣言した。

ぼくは彼らを非常に買っていた。ほかの店長にしても同様だった。

それだけに残念でならなかったが、ここでがっかりしているだけならば、経営者の資格なしである。ぼくは残された店長たちにこう言った。

「残念だが、こいつらは辞める。だから、これからの俺たちの目標は、こいつら三人にいかにほぞをかませるか、だ」

そして、こう続けた。

「みんなのなかにも、いずれあいつら三人のように、独立して自分の店舗を持ちたいと思う人間が出てくるだろう。それはとてもいいことだ。ただ、もし、そう思ったときは、ちょっと立ち止まって考えてほしい。もし、君たちが新しいビジネス・モデルをつくって独立しようというならば、そのビジネスのエンジェルにグローバルダイニングがなる。そうすれば、数年で巨額の売り上げをあげるのも可能だ。ただこの店を離れて独立するか、それとも俺と組むか。どっちがいいか考えてくれ」

グローバルダイニングの社員は厳しい競争をくぐり抜けてきただけに、店長クラスはいずれも優秀だ。だからこそ逆に、今回三人が退社したように、誰がいつ独立してもおかしくない。こうした優秀な連中にいかにしてうちの会社で働き続けてもらうか、それが、これからのグローバルダイニングにおける最大の課題の一つだ。

ぼくが考えている具体的な対策は、大リーグのような組織とシステムを構築することである。大方のサラリーマンというのは、自分を会社に所属する「雇われの身」と思っている。この発想を根底から覆してしまうのだ。すなわち、会社というのは、「大リーグ」と同様、一つの仕事のフィールドである。そして社員というのは、大リーガーと同じだ。実力を発揮して結果を出せば、巨額の報酬を得ることができる。会社に勤めているからといって、決して組織に属した「雇われの身」ではない。会社と対等の「契約」関係にある「プレーヤー」なのだ——。

今、ぼくは会社と社員の関係を、そう説明することにしている。ある日の店長会議では、こんな話をした。

「いいか、会社に雇われているなんて思わないでくれ。グローバルダイニングという組織を利用して、自分の人生を生きていく、いつもそう考えていてほしい。その結果、パフォーマンスさえよければ、おまえらは大スターになれる、名経営者になれる。そしていい思いができる」

するとと、新川がこう聞いてきた。

「いい思いって、年収に直してどのくらいなんですか？」

「おまえはいくらくらいだと思う」

「うーん、三億円くらいかな」

「それじゃ少ない、最低一〇億円だ。そのくらいもらわなければ、金持ちとはいえないぞ」

この会話は別に冗談ではない。近い将来、本当に優秀な社員にはそのくらい支払えるだけの体力を、グローバルダイニングは身につける必要がある。でなければ、優秀な連中はいずれ独立し、人材の空洞化にさらされることになる。

そんなことを考えるのも、うちの店長クラスには、（こいつ、独立したら、絶対に成功するな）と思わせる人間が何人もいるからだ。彼らは、いまのぼくにとって背中の「匕首」だ。彼らの希望や欲望や夢がぼくが実際に与えられるものよりも大きくなった時点で、彼らがうちの会社にとどまる理由はなくなってしまう。だからこそ、さまざまなかたちで、ぼくは優秀な社員たちに、「より大きな夢」を現実化して、与え続けなければならない。

その具体策として、一九九九年、株式公開を前に、久しぶりにぼくは会社組織に手をつけた。各店舗を業態別に二分割し、それぞれを一つの企業体としてユニット化し、「経営者」を据えるのである。まず「ラ・ボエム」「タブローズ」「ステラート」「権八」がセンター1、センターリーダーは新川だ。「ゼスト」「モンスーンカフェ」はセンター2、リーダーは久保である。そして両センターを統括して本部で支える営業サポートセンターのリーダーが中川だ。彼ら三人には、自分の分担センターの「社長」として、人材の教育から管理までこなしてもらう。

それまでも、新川、久保両名とも、店長を務めながら他店の指導を行っていた。けれども、店長兼任のまま他の店長を指導するのでは、どうしても影響力が弱くなりがちだ。そこで、彼らの役割をセンターリーダーというかたちで明確にして、各店長に対する影響力を強めるわけである。店長たちはセンターごとに会議を開き、そこでより緊密な情報交換をする。結果、店長同士はお互いに学ぶ機会が増え、会議をまとめるセンターリーダーは経営者としての力をつけ、部下を育てられるようになる。

ぼくは思う。社員に、このように常に新しい挑戦の機会を与えていかなければ、必ず仕事への情熱が失せてしまう。

逆にいえば、常に新しい挑戦の対象とその挑戦の成果にふさわしい報酬とを与え続ければ、優秀な社員たちが、会社を引っ張っていってくれるようになる。ビジネスの醍醐味というのは、つまるところ挑戦＝チャレンジによって得られる「刺激」と、死に物狂いで働いた後に得られる「報酬」にある。グローバルダイニングでは、常にこの二つを社員たちに提供し、お客様に最高の料理とサービスを提供できるように、努力していくつもりだ。

もちろん、ぼくらのビジネスは常に試行錯誤の連続だ。成功するときもあれば、失敗するときもある。予測が当たることもあれば、外れることもある。

たとえば、二〇〇〇年春スタートした横浜・港北ニュータウンの「ラ・ボエム　コン　バンビーノ」。こちらの店は、半年たって仕切り直しを迫られている。当初の「子どもを連れて入れるスタイリッシュなレストラン」というコンセプトが、効きすぎてしまったからだ。子どもを遊ばせるスペースがタダのため、常連の子連れのお客様に非常に喜ばれた。それはいいのだが、結果として、子どもを連れたお客様の溜まり場のようになってしまい、店の回転率は落ちるわ、商談関係のお客様やカップル客の足は遠のくわで、ビジネスとしては芳しくない状況に陥ってしまったのだ。

子連れのお客様向けの新しい外食の空間、というコンセプトそのものは間違ってはいないと今でも思う。ただし、このコンセプトを商売に結び付けるにはやはり〝お子様〟に対するサービスをなんらかのかたちで有料化する工夫が必要なのだ。その部分の詰めが今回は甘かった。

とはいっても、こうした見誤りというのはこのビジネスでは日常茶飯事である。大切なのは、ここからいかにうまく舵を取って、店を黒字化するかだ。同店もこれから大胆なリニューアルを図るつもりである。

お台場に出店したメディアージュの四店舗に関しても、さまざまな誤算があった。当店の売り上げそのものは悪くないのだが、周辺の集客力が今一つのためだ。しかも、ディスクローズされてなかった非常に割高なコストが発生している。現在、ディベロッパーに状況改善をもとめているところだ。こうした問題をどう解決していくか。上場企業だけに一刻も早い対応をとって、収益を改善しなければならない。

一方で、舞浜イクスピアリに出店したモンスーンカフェのように、オープン直後から好調な収益を上げ、売り上げ規模では、モンスーンカフェ代官山店に次ぐ基幹店に育ちつつある店もある。

いずれにせよ、ぼくは今後も知恵を絞りながら、みんなをあっと驚かせる店をあっと驚かせる場所にオープンしていくつもりだ。二一世紀に向け、その準備は着々と進んでいる。

いま、ぼくはもう一度、原点に戻れないか、と考えている。

かつて北欧を放浪したとき、アンティーク家具を求め欧州をさまよったとき、七〇年代の六本木を徘徊していたとき――。あのころ、ぼくが魅力を感じてはまった店は、レストランにしろ、バーにしろ、ディスコにしろ、ある一点で共通した匂いを持っていた。

それは「妖しさ」だ。

薄暗い店内。香水と煙草の香り。喧騒。音楽。さまざまな年齢のさまざまな国籍の名前を持たない男たち、女たち。昂揚したむせ返るような熱気が店内を包む。そこにいるだけで、自分も熱を移されたようにぼおっとなり、日常を忘れ、飯を食らい、酒を飲み、踊る――。

あの空気、あの熱気。あれこそが、最大のエンタテインメントであり、サービスなのだ。今のぼくの店に、あの空気があるだろうか？　もし消えかかっているのであれば、もう一度、一から出直しだ。

――どこかの繁華街の片隅の雑居ビルの地下。いったい誰が始めたのかわからない店がある。看板も見当たらない。でも、その店の扉を開けば、そこには異界が広がっている。日本でもない、アジアでもない、ヨーロッパでもない、米国でもない。この店だけの妖しい、そして魅惑的な空気――。

グローバルダイニングの名を捨て、そんな店をこっそり開く。そんなことを想いながら、ぼくは次のビジネスの策を練る。

さて、今度はどこにどんな店を開こうか。

第2部
長谷川耕造の経営哲学

グローバルダイニングの企業理念は、最高だ。企業理念とは、経営の羅針盤です。

グローバルダイニングの企業理念は、「私たちは全力でお客様を楽しませ、高い利益を上げ、株主価値を向上させ、無限の可能性にチャレンジして、人生を楽しく生きる、楽しく仕事をする」。

チャレンジ大好き人間集まれ、チャレンジして人生を楽しく生きよう。結果としてお客様が喜び、株主価値が向上し、マーケットからもかわいがられる企業になろうということです。

社員にはいつも、「俺たちはレストラン業界のエベレストを、単独無酸素登頂を狙っているんだからな」といっています。これ以上のチャレンジはないというところまでチャレンジし続ける、と言い続けているわけです。

モットーは、仕事を楽しいゲームにしていくこと。

グローバルダイニングのモットーは、公正さと規律（フェアなルールの確立）、個人の意志の尊重（やりたいゲームは自分で選ぶ）、実績主義（プロのプレーヤーだから、やったらやっただけ）の三つです。

企業理念の「楽しく生きる、楽しく仕事をする」というのはどういうことか。それは、仕事をどうやって楽しいスポーツに、ゲームにしていくかということです。モットーに掲げた三大条件が楽しいゲームの必要最低条件です。ルールは明快でなくては。

うちでは本人が希望しないかぎり人事異動もないし、本人が申告しないかぎり昇格も昇給もない。だから自分がやりたいゲーム、自分がやりたい仕事をみずから選んで、手を挙げて獲得しなさいと言っている。そして、やりたいことをチャレンジングにやって成果を上げたら、その成果に見合う報酬をちゃんと得られるという実績主義です。

むりやり異動させられるのはつらい。しかし、「自分の能力を上げるために、あの店に行ってチャレンジしたい」と自分で選択できれば、喜びになる。やっていることは同じでも、モチベーションのつけ方一つで極楽にも地獄にもなるわけです。

強制的な異動がないからといって安心などできません。ずっと同じ店でやりたいと思うチャレンジ精神のない人間は能力が上がらないから、落ちこぼれていきます。結果を出せない人間はうちでは要らない。小さい店で満足している店長は能力が下がって、売り上げも上がらなくなって、どつぼにはまる。その結果、競争に負けて、店長会議で裁判にかけられて降格です。

社長の私の一票も、二三歳の店長の一票も、同じ一票。

すべては投票により多数決で決定します。完全な民主主義です。

毎月二回、二つのプロフィットセンターごとに店長会議を行います。店長以上の計四〇名が出席。新しいメニューを提案したり、今後の新規店舗展開をどうするかについて、あるいは、勉強のために行く他のレストランでの飲食代についてはは領収書精算できるようにしようといったことから、〇〇君を昇格させるかどうか、社長を誰にするか、ということまで店長会議で決定します。

社長の一票も、二三歳の店長の一票も、同じ一票。つまり、私の提案でも過半数が反対すれば廃案です。

店長の実力は、すべて数字に表れる。

社長が店回りしなければならない店では、絶対に儲からない。ぼくはほとんど店回りをしていません。店長には店のほぼ全権を委譲しています。誰もじゃましに行く人間などいません。「どうぞ自分のやり方でどれだけ売り上げを伸ばせるか、楽しんでください」というのが、うちの方針です。

店長の実力はすべて数字に表れてくる。数字だけ見ていれば全部わかります。売り上げだけではなく、客の回転数なんかを含めてすべて数値化できます。売り上げや原価率、人件費率など、客観的な数字でしか評価しません。頑張ってるんですがなかなか数字が伸びないんですよ、なんていうやつは頑張ってないと判断します。

できる人間にはメンバーもお客さんもついてきます。たった一人の人間が変わっただけで店の売り上げは二割も三割もアップする。だから数字で結果を見せろと、明確に言っています。ぼくがアドバイスまたは指導しなければならないことは、すべて店長会議ではっきり言う。

店長には厳しい降格制度があります。以前は半期ごとの売上高が連続三回マイナスしたら降格でしたが、今は対前年比売上高で最下位を三カ月抜け出せなかったら、降格対象者となる。昔、実力があったかどうかではなく、今、実力があるかどうか。それが評価のポイント。

年功序列なんてふざけんな、です。

自分で言いださなきゃ、昇給も昇格もできない。

昇給、昇格、そして店舗の異動も自己申告制です。本人から申告があって初めて会社として検討します。「あいつは最近よくやってるから昇給させてやろうよ」なんて、おせっかいはしません。

昇給とか昇格は会社の問題ではなく、本人の問題ですから。申告のない人間は、まだ自分に自信がないのだろうと考えます。

新しい店をオープンするときはその情報を全店にＦＡＸします。希望者は自分で手を挙げること。その後、店長会議にてまず店長を決定し、その店長がメンバーを選びます。通常の人事異動に関しては、希望先の店長がＯＫと言えば、いつでもその店に異動することができます。

厨房わかんないやつに店長はやらせない。

味がよければ人が来る。味がまずけりゃ二度とその店に行かない。一方で、どんなにうまい料理を提供し続けても、たった一回の駄目なサービスで、二度とお客さんは来なくなる。料理とサービス、両方がわかってはじめて店が仕切れるのです。

だからうちでは、まず全員に厨房に入ってもらいます。そうすれば、ホールでサービスする人間と、料理をつくっている人間が、ちゃんとケンカできるようになる。その過程で、店の舵取りをする実力をつけたやつが生まれてくる。

終身雇用なんて、くそくらえ。

それぞれの会社には思想があります。その思想を受け入れられないのならば、入社すべきではないし、入社したあとでそう感じたのならば、一秒でも早くやめたほうがいい。日本では、入社させた人間は最後まで面倒をみるべきだという声が多いかもしれませんが、私たちはそうは考えません。終身雇用くそくらえです。欲のあるやつ。ナンバー1にならないと気がすまないやつ。牙があって、自分の人生のために生きているやつ。こうと決めたらあきらめないやつ。言いたいことは言わずにはいられないやつ。仕事を最高のゲームだと思っているやつ、そういうやつらとだけずっと仕事をしていきたい。

ただし、あくまでも仕事の上での話です。人間の価値は、仕事ができるとか、金や地位で決まるものではない、そうでしょ?

社員を叱るのも褒めるのも一〇の社訓でOK。

グローバルダイニングの社訓は、次の一〇か条です。

一　公正、礼儀、感謝の心
二　どんどんやれ、失敗を恐れるな
三　上を見て、より困難な道を選べ
四　考えろ、そして反省しろ
五　勇気をもって主張しろ
六　人の意見には耳を傾けろ
七　経営感覚を身につけろ
八　仕事はより単純に行え
九　現場第一主義
一〇　すべては君次第だ

以上は、すべて社員の実力をつけるためのものです。会社のパワーの源は、人材ですから。褒めるのも叱るのも全部、社訓ですませられる。「この野郎、仕事は単純に行え」とか、「勇気を持って言いたいこと言え」という話です。もしくは、「何考えているんだ、馬鹿野郎、責任転嫁しやがって。おまえ、自分がかわいくないのか」というわけです。問題が起きたら、「自分に何ができたか考えろ」。反省して、そこから学べということです。

トレンドに惑わされずに、普遍化できるものを追求する。

外食産業は、「食べる」という人間の根源的な欲求に訴える普遍的なビジネスです。そのなかで、永続性のある商売のコンセプトを詰めて考えていくことが大事です。安易に流行やトレンドに乗るのは自分の首をくくるはめに陥る。トレンドはあっという間に終わる。ところが、普遍性というのは底流にある。トレンドはその上をうごめいているだけ。そこを見極めるのはセンスの問題です。

常に新しいものを創造していくことなどできません。それは、みんなわかっている。IT革命のような革命的なものは何十年かに一回で、そう頻繁には起きません。

たとえばエスニック料理でも、タイ料理のブームはずいぶん昔にあった。そのときに、本能的に「これに安易に乗ったらヤバイ」というのがわかるか、わからないかがセンスです。修業を積むとセンスが理論化できる。ブームの表面ではなくその底流を見ると、本当の価値がわかってくる。そこを学んで再現する。そのあとアレンジを加えていけば、四〇年間ロック界に君臨する〝ローリングストーンズ〟のようになれるはずです。

売上予測をいかに正確にやれるかで、利益率が変わる。

うちの店は、年中無休なうえに営業時間が一七時間半と長い。大きく分けると、昼間の早番、ディナーの中番と遅番と、シフトの時間帯は三つ。店長の下に、三つの時間帯それぞれに大将をつけます。三人の大将が、自分の部下を採用する。彼らを鍛えて、一人前になっている部下が多ければ多いほど、そこでの生産性は上がります。

レストランという商売は、戦争に近い。売り上げ予測をするときに用意するのは、そのマーケット=出店地区に何があるかを知るための地図、カレンダー、それに天気予報。この三つの情報が全部必要です。

予測には正確さが求められるけれど、当然、何日かは外れる。今日勝負できないと今月は負ける、というときに勝負できるスタッフを育てているかどうか、これも大将の実力です。その大将たちを束ねるのが店長の実力です。厳しいけれど、予測が当たって勝てば面白くてたまらなくなる。ディフェンス勝負の日もあります。そんなときは人件費を抑えて、守りに徹しつつ、いかに売り上げるか勝負する。勝てれば最高の気分です。

食材などの発注も同じこと。売り上げ予測を立てて、分析までする。何がどれだけ売れるだろうか。それでやっと仕込み量が決められるんです。そこから発注しないと原価率なんか合わない。

私も若いころ、人員も仕入れも絞るだけ絞って、現場に迷惑かけたことがある。そうやって学んでいけばいいのだが、このシステムへの落とし込みが天才的にうまいやつがいる。状況判断を理論化して、戦い方を構築することができるんです。これを構築してやれる人間は、うちで四〇〇万円とか四九〇万円のボーナスを獲得しています。

最悪のシナリオ「恐慌」を、いかに生きのび、ビジネスチャンスをつかむか。

最悪のシナリオを予測して、それにどう対処するか準備するのは経営者の務めです。うちのような上場企業の場合、株主から委託されて、経営している。会社を存続させるというところが経営の根幹です。

私が考えている最悪のシナリオは「恐慌」です。そこを踏まえて経営していきます。そのシナリオを踏まえながら、ガードを固めて、なおかつ攻撃をかけていけるかどうかが勝負の分かれ目です。

日本では、この一〇年の間に「古いシステム」がゆっくり破綻してきました。そしてこれから、この古いシステムが破局を迎えようとしています。そうなると世の中は悲惨な状況に陥るかもしれません。ただ、この過程を経なければ、日本が本当に変わることはできない。この破局を乗り越えてはじめて、日本は世界に誇れる国になれるはずです。少なくとも、そうなれるチャンスです。

そしてそんなときこそが、ビジネスにおける自分の一生の中で一回きりのチャンスが生まれる。私はそう考えています。その破局の最中にいかに機転をきかせられるか、まさに自分の才能と力が試されるはずです。

破局が訪れたときに、ランチを今の半額にできるか、店で暴力沙汰が起きたときにどう対処するかなどを検討しています。また、経営的にはキャッシュを持って待機できるようになると心強い。株式上場で勉強をいろいろさせてもらって、投資家を集め、設備投資の資金を集める。リターンを払うことによって、ROEの面、財務の面では軽い財務を目指す、そういうことも考えられる。要するに、破局がくれば、物が安くなる。そのとき仕込みをして、景気がよくなったときに回収する。これは商売の鉄則です。破局が来てから五年間、利益が出なくてもいい。利益はその後にがんがん出せればいいのです。

将来、ニューヨークに店を出すつもりですが、今は絶対出しません。向うが不景気になってからです。

最悪のシナリオということは、実は自分たちの実力を示すうえでは、市場で勝ち残るうえでは、最高のシナリオでもある。だから、早くこい、恐慌こいなんです。うちは設備投資の資金は過去五年半、固定金利の融資しか受けていない。金利の低い中で固定で借りておけば、どうなろうが、別に怖いことないです。

バブル経済がはじける前にも、社員に「年明けには地獄が待っている。覚悟しておけ」と話した。それからどんどん社内の競争を厳しくして、レベルを上げてきた。あのときは、ほんとうの地獄は来なかった。大変ではありましたが、それに対応できたから、社員の信頼を得ることができたのです。

次が本番です。

自分の信条に合わないことには、手を出さない。

私が商売を始めたころは、株も土地も値上がりを続けていました。でも、そのとき私は（株だけは買いたくない）と思った。なぜか。それで儲かってしまうのが怖い、と考えたからです。株で儲かったら本当のゲームをやる気がしなくなってしまう。安易なゲームに走ったら、難しいゲームができなくなる。そんな恐怖感がありました。目先のカネに惑わされてしまうのがいやだったのです。

私は、それ自体が目的の金儲けには価値を見出せません。

昨今のネットやビット関連のブームも同じです。ソフトバンクは投資会社になってしまった。でも、ネット関連の投資会社という生き方が果たして正しいのか。米国のトップ投資家、ウォーレン・バフェットがこうコメントしています。――マイクロソフトでさえ一〇年後に存在しているかどうか確信を持てないのがこの業界、だからこの業界の株はいっさい買わない、と。彼の考え方は正しい、私はそう思います。

レストラン業界でもウェブサイトがはやりつつある。うちでも開いています。でも、商売の道具としてのインターネットなんて、今こそ逆に否定したほうが差別化できる。大量生産品を販売するならともかく、ある水準以上の商品や希少価値のある商品は、あらゆるものを大衆化するインターネットというメディアには、乗せないほうが宣伝効果がある。足を運ばなくては買えない。これが、これからは逆に付加価値になります。

レストランの予約受付をインターネットでこなそうと考えてみる。でも思うようにはできません。予約の仕事の理想は、お店にどれだけたくさんのお客さんを詰め込み、にもかかわらずお客さんを怒らせず楽しませることができるか。それができれば一種のアートです。テーブルの回転率を二時間で区切って順番にお客さんをつめ込んでハイおしまい、といった単純な機械作業じゃないんです。

たしかに、IT革命は、情報の分野に関していえば、グーテンベルクの印刷の発明に匹敵するかもしれない。でも、過大評価をすると道を過る。

第2章 人事

魂を売らずに、金を稼げるのがうちのシステムの強み。

人間はいくら働いて豊かになって金がたまっても、自分のパッション、情念に正直に生きないと絶対に幸せになれない。だから、金も稼ぎたいけれど、金を稼ぐために魂を売らないですむ会社組織を私はつくってきた。

私の考えている会社の理想型は、ブロードウェイの劇場や大リーグの組織のようなかたちです。マグワイアやサミー・ソーサは、大リーグに雇われた身とは思っていないはずです。ただし、彼らスター選手といえども、大リーグという組織がなければ金を稼げない。私は、社員と会社の関係をこれと同じようにしたい。

うちの会社は、自分がサラリーマンだと思っている人間が「いられなくなる」仕組みで動いています。だから社員たちにはいつも言っている。俺が構築した

「グローバルダイニング」というシステムのうえで、自分の才能を売る〝大リーガー〟になれ、と。

うちの若いやつは、根性があってすごい。

今の若者はだらしないというけれど、私は自分の会社の社員に関してそれを感じたことがありません。こんなに根性のあるやつらはいない、本当にすごい、私はそう思っている。

なぜでしょうか。それは、社会の常識を否定する、日本の社会の反逆児だけを採っていたからです。たとえば、昔は暴走族の頭だったやつがいる。在日韓国人で虐げられて育ってきたやつがいる。そういう人間ばかりがうちに来る。こいつらは、やりたいことだけをやる。本当にやりたいことだったら命をかけてやる。逆にやりたくないことは死んでもやらない。そんな連中です。

うちでのとてつもなく優秀な社員の一人は、在日韓国人です。いろいろな差別を受けてきても、ぐれず、やくざにならず、うちのビッグ・エンジンになっている。こいつは、すばらしいですよ。正義感があるし、頭もいい。打たれてきたから、本当の意味で強い。

うちは取締役も含めて、日本の社会に反抗してドロップアウトしたやつばかり。その証拠に、大学を中退した社長である私を含め、役員全員の最終学歴は「高卒」。大卒が一人もいない。もしかしたら、上場企業で、大卒役員がいないのは、グローバルダイニングだけかもしれない。

ビジネスパワーの源泉は、「いい人材」です。

ビジネスのエッセンスは、いい人材を採用して、育てることです。いい種を持っている人間は、その種が育つのを邪魔せずにすくすくと伸ばす環境にあれば、おおまかな方向性を与えるだけで全部自分で育つことができる。それがたぶん一番ビジネスパワーの源泉になります。採用した人間の才能が花咲いてくると、ほんとにうれしいし、楽しい。自分を超える人間をどんどんつくっちゃえば、あとは株主でいられるわけですから。

新卒採用でも逸材が見つかりましたが、いかんせん数が少ない。一五人採用して、頭角を現すのは一人か二人。そのために余分に何千万円もかかると、ちょっと考えます。

ただ、有名大学を出てわざわざうちに来ようというやつは、リスクを引き受けてでも一獲千金を狙って飛び出す勇気と自信があるのでしょう。

うちの役員は私の背中にずっとあいくちを突きつけて、「どうするんだ、長谷川さん。あんたは、俺たちを囲っておけるだけの力量があるのかい？」と言ってきた。その彼らに今度、あいくちを突きつける人間が育ってきている。この連鎖が始まるとうちはもっと強くなります。彼ら役員たちは「そのゾクゾクする感じがまたたまらない」と言っている。このゾクゾクがないと生きていけない連中だったから、ここまで伸びてきたんです。

私は自分が一目置く相手としか仕事をしません。そういう連中と真剣勝負で仕事をするのが楽しいんです。私はうちの役員たちをある意味で尊敬しています。そして、それを彼ら自身が知っている。この緊張関係のもと、五分で渡り合いながら仕事をするから楽しい。ほんと、商売ほど面白いゲームはありません。

採用した人間で残るのは、本当に強くて理論のあるやつだけ。

採用のときに私が見るのは、人間として強いかどうかだけです。質問するときに突っつくと、強いとかしぶとそうとかは見当がつく。別にけんかが強いかどうか、ではありません。本能的な強さや弱さ、これはけっこう当たります。この仕事に向くか向かないか、こういった面を読もうとすると、外れることが多いですね。

大事なことは、試用期間中にやらせてみてだめだったらなるべく早く結果を出すことです。「おまえは水泳部だよ。陸上部に入るなよ」と言ってあげるわけです。別に人間性を否定するわけではないから、はっきり言ってあげる。

社員の場合でも、労働基準法では試用期間中に採用を取り消すことができます。「うちでは三カ月間は試用期間だ。二カ月半目に話をして、あなたも気に入ったかどうか聞きたいし、うちもあなたが適応しているかどうかを話しましょう。そこで結論を出しましょう」というシステムです。

この試用期間中にだいたい半分の人間がいなくなる。そして、次の一年で三人に二人が辞めます。逆にこの時点で残った人間の多くは何年も続けていける。これをルールにすればもう酷でもなんでもありません。

いわゆる壁を乗り越えられたやつは残ります。そうすると、仕事が楽しくてしようがなくなる。もっと難しい店、もっとたいへんな店に行きたくなってしまうのです。

これまでにない人材をひきよせる、あやしい魅力がうちにはある。

グローバルダイニングも企業として認知されてきたのか、最近は大手企業から転職してくる人間がいます。つらいことが楽しいと思える人間にとっては、現場の仕事が面白そうに見えるわけです。たとえばこんな奴がいる。会社を辞めてワーキングホリデーでカナダに一年行って、英語を話せるようになった。日本に帰ってきてからうちに就職して、今は「白金ラ・ボエム」の店長として売り上げをガンガン上げています。

彼と同時期に大手新聞社の誘いを断ってうちに来たやつがいます。それで、この二人が最初に同じことをいった。

「会社の中で一番大変な店のキッチンに入れてください」

お望みどおりキッチンに入った二人は、他のスタッフに、「ばかだ」「間抜けだ」と言われながら、いつの間にかキッチンにはなくてはならない存在になった。すると、そうなった途端に、「今度はフロアに出ます」といって、自分たちでフロアに出た。もちろん最初はサービスのイロハもわからないけれど、鍛えられフロアでも認められるくらい成長した。二人とも英語を話せるし、日経新聞をきっちり読みこなせる。こんな人材がレストランを率いていると、ちょっと頼もしい。

こんなふうに、うちのユニット・リーダーである新川や久保の後を継ぐ人間が育っている。これがうちの強みです。目標の「エベレスト単独無酸素登頂」ができそうな気がしてきています。うちの一五年選手が「あっ、影薄くなっちゃったな、おまえ」と言われてしまうくらい、彼らの後に続く人材が育ってきている。これまで真面目に勉強してきた秀才タイプの人間が憧れる、妖しさ、助平さ、それがうちの会社にはある。だから、経営者として私がやるべきこと、それは、こうしたいい人材が辞めない魅力ある組織づくりです。

会社が仕切る人事異動は罪悪だ。

会社が勝手に人を動かす人事異動ほど、生産性を落とす会社側の行為はない。だから、うちでは人事異動を会社が仕切らない。動きたいやつは勝手に動くシステムです。本人が主体的に望んで動くのだから、出てくる結果は会社が仕切る場合とまったく違ってきます。

二〇歳前後の子で、一カ月最高四八〇時間ぐらい仕事した馬鹿なやつがいる。馬鹿だからそれだけ仕事をしてしまうのだけれど、その体力や精神力はすごい。彼は学んで理論性を身につければ、毎月二〇〇時間以下の労働時間で、同じ結果を出すようになる。

「人生は何が楽しいのか」を教えるとすごい。グローバルダイニングでは机上の学問は学べません。でも、本当のレストラン学ならば教育できます。人生の生き方は教育できます。「無限の可能性にチャレンジをして、人生を楽しく生きる。僕らの目的は人生を楽しく生きることで、そのために仕事をしましょうよ」というのがうちの思想。これがわかれば、自分から望んでより難しい店へとステップアップしていきます。その舞台とシステムはしっかりつくってきました。

家族より仕事が大事だなんていう社員は叩きのめす。

日本人の多くは、自分の人生の価値を忘れて仕事をしています。それは日本の悪しきシステムに飼育された結果です。言わせてもらうと、日本全体が飼育されてしまっているわけです。

かつて、阪神タイガースのランディ・バース選手は、自分の子供が難病にかかり、試合をすっぽかして母国に帰った。日本では彼のとった行動をものすごく非難した。でも、彼のしたことの何が悪いのか？　非難した人に「あなたは、家族より仕事を選びたいんですか。仕事と家族、どちらか一つといったら、家族でしょう」といいたいですね。

私は社員に、「家族に緊急事態が起きたときに、すぐに駆けつけずに仕事をやっていたら叩きのめす」といっています。仕事どころじゃないだろう、という話です。口だけでなく、本心でそう言う。すると、家族を大事にする社員ならばこの会社を大事にしてくれる。

年功序列なんてくそくらえ、完全な実力主義です。

無条件に給料や昇給が決まる年功序列なんて、くそくらえです。うちの会社では店長クラスになると、二〇代で冬のボーナスを何百万円もとったり、年収も一〇〇〇万円前後はざらにいます。店長やチーフの給料は、売り上げによって決まります。場合によれば中小企業の社長と同じくらい稼げるシステムです。

ただ、社長は会社の金が使える。フリンジ・ベネフィットを利用するから、本当に会社というシステムの奴隷です。魂を売る代償として、会社の金を使わせてもらっている。だけど、うちの社員は魂を売らずに、自分で得た情報を消化して判断し、仮説を立てて実行して検証できる。結果が出せるわけです。

一店舗で年間一〇億円近い売り上げを回すというと、アルバイトは毎日延べ一二〇人です。こいつらを仕切らなければ売り上げは上がらない。軍隊でいえば大隊に近いでしょう?　それが年中無休で一日の営業時間が一七時間半。それでも週休二日制をとれるシステムをつくっていくわけです。要するに、店長がアルバイトに対してインキュベーターもやれるわけだ。店長の能力で一番重要なのは、才能ある人間を採用して育て、自分の支えにする力です。

トイレ掃除を徹底してやる人間は、宝です。

これは真理です。有能な人間とは、決してこざかしいやつじゃない。頭の回転がいくら速くても成功しないやつは多い。本当に信頼がおけて力を出すのは物事を徹底することのできるやつです。以前は、単にパフォーマンスがうまいやつに、目くらましで給料を払ってしまう場合もあった。ところが、トイレ掃除をさせると人間の価値が浮き彫りになる。すみっこまでピカピカに掃除する、見えない電灯の裏側まで磨くやつは宝です。つまり、黒沢明だ。妥協しない。掃除を始めたら徹底してやってしまう。

店の実力を見るいちばん簡単な方法は、裏口から入って裏口を見ること。一目瞭然です。裏口がきれいな店は、掃除の担当制を機能させている。責任者に権限を委譲して、きちんとこなす人間に報いていないと、裏口まできれいにはならない。掃除を徹底できるかどうかは、実力をはかる物差しになる。店長も誰が実力があるのか、信頼できるのかがわかってくるわけです。

頭の回転のスピードより、論理的な思考ができることが大事。

能力にはいろいろあるけれど、頭の回転が速いかどうかは問題ではない。論理的な思考をできるかどうかが重要です。答えを出すのに時間がかかってもいい。時間がかかっても、正解の確率が高いやつは、一〇年たてば必ず伸びます。

頭脳がコンピュータと違うのは、回路を一回組むと経験から答えが自然に出てくること。ぼくは学生のころから要領が悪かったし、頭の回転も遅かった。ところが、商売をずっと突きつめてやってくるとほとんどのことは経験しているから、最近は頭の回転が速いと言われる。しかし、そうではない。回路がいっぱいできたから、答えがスピーディーに出るだけ。

では、回路をつくっていく要素は何か？　それは、白黒つけるところまでやり通すことです。コンピュータは0と1でしょう？　ところが、日本の風土はまあまあでグレーを許してしまうから、そこまで突きつめることを社会的にしにくくしているわけです。だから、伸びる才能も伸びることができない。実験と同じ、理論物理学と同じです。これはだめだという証明ができた途端に、だめなんです。だめだということがわからないと、いい方向はわかりません。

マニュアルなんて下支えにしかすぎない、創造性が勝負です。

うちのオペレーションマニュアルはすごい。ビル・ゲイツの「デジタル・ナーバス・システム」ではないですが、社内のタテ・ヨコのコミュニケーションがデジタル化されつつあり、生産性に直結するソフトを構築しつつあります。新しいものをどんどん取り入れているから、進化もしている。しかし、マニュアルはあくまでも下支えの役割しか果たせない。

共通理解のうえに、レストランというステージでスタッフそれぞれの創造性を売るのです。それができないと、うちではたいして給料は上がりません。みんなの違うＤＮＡから出てくる芸をお客さんに見せましょうというのが、グローバルダイニングのサービスであり、エンタテインメントです。

大事なのは創造性です。創造性のある優秀な人材を採用して、彼らの才能を売ってもらっている。採用の段階で、八割五分決まりです。あとの一割五分は、環境づくりはもちろん大事だけれど、コーチ役との相性だけです。だから、雇われているなんて思うやつには務まらない。

実力はすべて数字に現れる。徹底した実績主義、競争社会です。

うちでいう実績主義は、利益配分とは違う。前年対比の売り上げを中心とした予算達成率です。だから、店や設備が古いという言い訳はできないシステムです。以前は予算達成率が三期連続マイナスになると店長降格だったのですが、今はもっと厳しい。椅子取りゲームにしている。

いま三〇店舗あります。ケツの三店舗に入って三カ月動かなかったら、店長会議で裁判にかけます。その結果、だめだったら降格です。裁判だから、私が決めるのではなくて、店長全員の投票による多数決で決めるのです。それがフェアなルールだし、そのシステムが機能しなくなると会社がつぶれてしまいます。

その代わり、できる人間には報いるインセンティブ・システムを構築しました。アルバイトも社員も店長も、実力があれば報酬はどんどん上がっていきます。

第3章 顧客サービス

上司のほうを向いて仕事してるやつがいたら、叩きのめしてやる。

上司にサービスしてどうすんだ。上司にサービスしている暇があったら、お客さんを喜ばせろ、です。それが俺たちの仕事だろ。

それに何度も言うようですが、私たちの会社は年功序列ではないんだから。

お客さんのハートをとろけさせる技術と知識が必要だ。

営業が始まれば、攻撃のスタートです。お客さんのハートをとろけさせる技術と知識を、ぼくらはマシンガンとか大砲と言う。これは、お客さんが何か必要があって振り向いたときに、ウエイターがそこにいられるかどうかです。つまり、読心術です。

まず、テーブルの状況を理解しているかどうかということ。一〇テーブル担当できるウエイターの力量とは、一〇テーブルの進行状況を常に全部頭に入れられる能力です。

そのテーブルでは誰がホストなのか、どのような状況で、どのようなニーズが出てくるかを推測できなければなりません。それができるようになると、何か必要だと思ってお客さんが振り向くと、そこに必要なものを持って立っていられるウエイターに進化しているのです。

そうすると、お客さんがこのウエイターを愛し始めてしまう。「おかわりはいかがですか」と言われたら、「ノー」と言えなくなる

お客さんの顔と名前を覚えるのも、大切なサービス。

うちの店には、一回会っただけでお客さんの顔と名前を覚えてしまう天才がいます。ホスピタリティ・インダストリーの基本です。誰だって、一回会っただけで自分のことを覚えていてもらったら、嬉しい。二度目に来店したときに彼が、「○○さん、どうも。この前と同じお飲み物でよろしいですか」と言うと、もうこの店にハマリます。そうやって、みんなハマッている。

しかし、そこからが科学です。この情報を独り占めさせない仕組みが必要です。独り占めしていると、自分がいないときにお客さんが来たらいつものサービスが提供できない。すると客が逃げてしまう。彼は自分が覚えられる能力を自覚しているから、人に教えることはなんの苦でもない。お客さんは無限にいます。お客を囲おうとするのは、開拓する能力のない人間がやることです。

効率が悪くても、顧客満足度の高いシステムをとるのは当たり前のこと。

うちの店では、会計はテーブルですませるヨーロッパ方式を採用しています。お客さんにとっては、テーブルについたまま会計をすませたほうが楽だから。効率から考えると手間がかかるのでやりたがらない店長もいますが、ふざけんな、です。

強制はしないけど、能力のない店長には採用できないシステムです。しかし、会計のときにクレジットカードを使ったら、お客さんの名前をゲットでき、「○○様、どうもありがとうございました」というコミュニケーションがとれる。カジュアル店でこれができれば、他店との差別化になるし、話題性もある。非効率なことでも、顧客サービスにつながることはやるべきなのです。

うちでは顧客サービスにつながる非効率なことをどんどん取り入れてしまいます。なぜならば、ハードルは高いほどどう越えようかと知恵をしぼるし、結果、お客さんに喜ばれると、仕事はもっと楽しくなるからです。

大晦日こそ、ニューイヤー・エンタテインメントだ。

大晦日というと、昔は蕎麦屋以外の飲食店は暇でした。しかし、一九九九年の大晦日、うちでは一店舗で五六〇〇万円、六四〇万円を売り上げたところもあり、全体で約三九〇〇万円の売り上げを記録しました。Y2K問題もあったためか、在日の外資系金融機関等のトップ・エグゼクティブは全員が東京にいたんです。普通だったらクリスマス休暇で帰ってしまう彼らが「タブローズ」や「ステラート」に来て、四万五〇〇〇円の会費を払ってニューイヤー・イベントを楽しんでくれました。しかも、会費は安いという評判でした。

なぜならバリューを絶対に大事にするからです。四万五〇〇〇円の会費には四万五〇〇〇円の価値を与えます。イベントなどのエンタテインメントもあったけれど、そのときの赤ワインは全部、ボルドー五大シャトーのうちの四大シャトーから七〇〜八〇年代のものをそろえました。ワイン・コレクターで有名なアメリカの店がつぶれたので、そこから二五〇〇万円で一二五〇本買いました。ムートン・ロートシルト、ラフィット、マルゴーとオーブリオンです。その赤ワインを全部出しました。小売店で買っても高い七八年ものなども飲み放題です。四万五〇〇〇円払っても安いと思われる所以です。

したがって、一九九九年で一番売り上げたのは大晦日という結果が出ました。クリスマスではなかったのです。アメリカでもロンドンでもニューイヤーはどんちゃん騒ぎでしょう？　あのエンタテインメントを日本に移植したいとずっと考えていた。何も今日びこたつで「紅白歌合戦」だけではないでしょう。大晦日、どこの店も普段来てくれているお客さんでにぎわい、すごく楽しいミレニアムを迎えられたと、大好評でした。

人間の心理と本能を理解したサービスをするのがホストの役目。

高級レストラン「タブローズ」のホスト＝ウェイターの七五％は、お客さんの顔と名前が一致します。そうでなければ、リピーター中心の高級店はやっていけません。新しいお客さんをリクルートしてくるのは二五％です。

客層は外国人比率が高くて、今の時点で半分を超えています。価値を認めないと二ドル五〇セントのハンバーガーにガンガン文句を言うアメリカ人が、価値を認めれば一五〇ドルのディナーで安かったというのです。外国人は絶対額ではなく対価で考えます。バリューが大事なのです。

なかでもいちばんお金を使ってくれるお客は、高給取りの独身男性です。彼らはお金があるから、女の子たちを連れてきて、競って高いワインやシャンパンを開ける。レストランは人間の根源的な欲求を満たすものです。食べたいという欲求以外に、本能に根ざした見栄を張っている独身の男は一番のお客ともいえます。ホストはこの心理をちゃんと読めなければ、彼らに満足してもらえるサービスはできません。これは、もちろんカジュアル店でも同じことです。

第4章
店舗展開ハード

自分たちの店で、その場所を繁華街にしてやろう。

最初から繁華街に店をつくるのではなく、自分たちの店で繁華街をつくっていきたい。私たちの店の多くは、メイン通りから少しはずれたところにあります。私たちの店が、人々を集めるのです。世田谷の三宿など、私たちの出店がきっかけで真夜中までにぎやかなトレンドタウンになった場所がいくつかあります。思想のない店はつまらない。そして、店を出した以上「死ぬまでやめない」という覚悟があります。どんなに嵐や大雪の日でも、私たちは店を開きます。

レストランという土俵で世界とけんかするなら、まずアメリカだ。

たった一回きりの限られた人生のなかで、自分がどれだけの事業ができるのか。そのことにものすごく興味があります。日本だけで勝負するつもりはありません。一九九六年の年末、ロサンゼルスに二軒目のレストラン「サンタモニカ　モンスーンカフェ」をオープンさせました。客席数二九九席、スタッフ数七五名。外装、内装の奇抜さといい、天井の高さといい、「こんな店は見たことない」と、ロサンゼルスの人も驚いてくれました。

とんでもない店をつくる日本人だと思われているようです。アメリカはYES、NOがはっきりしています。ケンカするならまずはアメリカだと思っていました。レストランという業態は、世界中のどこに行っても同じ土俵で勝負できる。しかし、どちらかというと日本以外の国のほうがエンタテインメントとしての存在意義を認めているようです。

世界に通用する本物の店だけをつくる。

たとえ客単価の低いカジュアル店であっても、本物で勝負したいと考えてきた。店の空間、味、サービス、いずれの面でも価値があると認められるものを追求してきました。それは若いときに歴史と伝統のあるヨーロッパに行って本物を見ていたから。何もわからずに喫茶店を始めたときから、世界に通用する本物の店だけをつくろうと思ってきた。

たとえば、店に置く家具もポコポコ音がする偽物は絶対に許せない。黒澤明がセットを徹底してつくるというのは、安易な偽物は映像に出るからです。お客さんには絶対にわかってしまう。お金がなくてもアーティスティックないい店をつくることを心がけてきた。コンクリート造りでも、上から塗装をきちんとすれば本物になる。レストランの一号店「原宿ラ・ボエム」は、お金を全然かけられなかったけど、偽物は何もないんです。

思わず入りたくなる、何度でも足を運びたくなる空間をつくりたい。

ディズニーが際立っているのは、アニメの中に子どもが無邪気に入りたくなるような空間を再現しているからです。これはやはりすごい。同じようにヨーロッパの古い都市に行くと、観光名所には非常に魅力があります。人を引きつける魅力とは何かを具体的に分析する、居心地のいい空間とは何かを徹底して考えることが、私は得意です。

インテリアのポイントは、動物としての人間にとってどれだけ心地よく楽しい空間づくりができるかということに尽きる。そのためには動物心理学、人間心理学の勉強が必要です。人間工学を勉強しないとほんとうに心地よい椅子はつくれないのと同じで、心地よい空間をつくるためには、心理学的に人間はどういう環境だと落ち着いて、なおかつ楽しいかということがわからないとだめです。

グローバルダイニングの店の空間は、そんなふうにつくってきました。その過程で妥協するなんてまっぴらごめん。魅力ある空間づくりを理論として構築していくと、どんどん進化させていけるんです。

高級レストランは総合力で戦わないと勝てない。

「タブローズ」は、洋画の舞台装置のようなインパクトのあるつくりが人気です。ディナーレストランが売っているのは空気です。それは一番危ない商売です。この中にどれだけ競争力をつけるかというと、同業者が来たときに戦意を喪失させるものがたくさんなければならない。すぐにパクられてしまうようではだめです。

インテリアやワインの品質管理にも徹底して凝ります。お客さんはお金を使うけれど、併設されたタブローズラウンジにはジャズがあって、本やワイン、葉巻がある。高級レストランは、うまい飯とワイン、音楽、すばらしいインテリア、いいサービスなど、お客さまに快楽を与える総合力で戦わないとやっていけません。

お客さんが来て初めて、レストランは生命体になる。

社会は絶え間なく動いています。街自体も生命体だし、文化も変わっていく。それを把握していないと、永続生のある商売はできません。把握できると、逆にどこにニーズがあるかは自然に見えてしまう。私たちはいろんな仕掛けを考えてレストランという入れ物、いわば舞台装置をつくりますが、そこに命を吹き込むのはお客さんです。すべてのお客さんが店を生命体につくり上げていってくれる。

「タブローズ」は、本当は「タブロー・ヴィヴァン」という店名にしたかった。「活人画」という意味です。いわゆるレストランというのは、〝活人〟がくる場所です。出演写真を撮ったらそのまま絵になるようなレストランにしたかった。でも、タブロー・ヴィヴァンではフランスのカラーがついてしまうので、アメリカ人が来ない可能性があると考えたんです。結果は、料理のコンセプトと同じで、インターナショナルになり、外国人比率も五〇%を超えました。だから、タブローズに行くと、外国映画を見ているような気分にさせられるのです。

エンタテインメント・レストランの需要は、無尽蔵にある。

二〇年以上もレストランを経営してきて、最近だんだんわかってきたことがある。昔、原宿のゼストあたりに来ていたお客の息子さんが、うちのレストランで結婚式をやったという。結婚した彼は、おそらく西麻布や六本木のラ・ボエムなどに来てくれたのでしょう。二代にわたって利用してもらえる店になったのです。

そうすると、今度は彼らが子どもを連れていけるレストランをつくればいいわけです。だんだんと永続性のある事業になってくる。独身時代にうちの店を利用してくれたお客さんで、結婚して田園都市線沿線に住んでいるという人がいっぱいいいます。その世代は子どもができても楽しみたいという願望が強くて、この需要を掘り起こせばすごい。みんなが車で動く新しいタイプのマーケットがある。

その立地の先には湘南がある。やたらめったら橋頭堡をつくるのではなくて、「よし、まずここに出そう」と、決めたら速やかに出店する。じゃあ次はこういくと戦略を変える。それも絶対にオーバービルトはしない。井戸みたいなものだから掘りすぎるとかれてしまう。

二〇〇〇年は港北ニュータウン、お台場と幕張に出店しました。都内を入れて、橋頭堡が三つできた。この間を結んだら、今度は前線ができる。まるっきり戦争です。もちろん、外国にも出ていきます。

つくりたい店のイメージは、頭とハートに焼きついている。

私の店づくりのイメージは、若いころに観たたくさんの映画や舞台、実際にこの目で見た欧米の街がベースになっています。そこから、店のつくりやコンセプトが映像のように浮かび上がってくる。

西部劇自体は馬鹿らしいなと思うところもあるけれど、アメリカの短い歴史の中で一つの文化を形作っている面白さにひかれるのです。そこから「ゼスト」が誕生しました。西部劇といえば『荒野の決闘』のラストシーンであるモニュメント・バレーが象徴的。三宿のゼストの壁画もモニュメント・バレーを描いたものです。

また、「ラ・ボエム」は、イタリア映画の『甘い生活』の世界であり、名画『カサブランカ』のリックスカフェにも触発されました。映画や劇場の美術装置は、アイデアの宝庫です。すごい勉強になる。ブロードウェーのショーなども、限られた空間で一つの世界を構築しています。うちの店も、そこに人が入るとそのまま映画や舞台のシーンになるようにつくってきました。

なんの店？　それとも倉庫？　と話題になった恵比寿のゼストも然り。小物を含めたインテリアはすべて、テキサス郊外の荒野の真っ只中にある業者から、私が買ってきたものです。本物の一等品です。外装のさびた鉄板も全米中からインターネットで集めたんです。

駅前は最悪の立地。雑踏の中にいいお客さんはいない。

駅前のような雑踏の中に店を出しても、うちにとっていいお客さんは極端に少ない。定置網で次々と通る客を集めるのが駅前商売。でも、うちにとっての〝お客様〟は、一本釣りしなければ集められません。

私たちはレストランを「エンタテインメント・ビジネス」ととらえています。お客さんに喜びや楽しさを買っていただくのです。だから、一般的なマーケティングはあまり意味がありません。ただ、私自身が行ってみたくなる場所を選ぶ。そこが繁華街から離れた場所でも、わざわざでかけるのに値する価値があればいい。

ただし、理論的に考えればほんとうに成功しないはずがない場所を選んでいます。西麻布や白金や三宿なども、多店舗展開することで、人気のストリートをつくってきました。人が集まってくると、そこに新しい店ができる。うちの店長にしてみれば、他店との競争より、社内の競争のほうがつらいシステムになっています。逆に、そこが強みです。だから、銀座に店を出したらあまりに簡単に繁盛してしまい、怖くなってしまったくらいです。

第5章 料理

どんなに有名な料理人が作っても、なくならないものはまずい。

うまいワインがすぐなくなるように、うまい料理はすぐなくなる。うまければうまいほど、すぐになくなる。まずいものは、なくならない。すごく、わかりやすいです。料理を覚えるのが早いやつほど、本当にアタマのいいやつなんじゃないかと思います。

寿司屋などでは八年、一〇年の修業が必要だといいます。しかし、そんなことはない。努力すれば、一年で覚える人間だっている。だけど昔から若いやつらに稼がれたら困るので、徒弟制度にしているだけのこと。年功序列と同じです。

有名ホテルのレストランに一〇年いました、と自慢したがるやつほど、一〇年修業してきたくせに、教えられたことしかできない。基本の理論を、いろいろなものに応用していくのが料理じゃないのか。料理は、とても楽しいものですよ、創造性のある人間にとっては。教えられた料理より、過去の料理より、うまいものを作ってやろう。そう思ってほしい。

本当にうまくて良質の素材なら、毎日空輸することもいとわない。

高級レストラン「タブローズ」で提供する生ガキは、オーストラリアで養殖されたものです。これが、熊本産の〝タネ〟を使っているのに、日本で養殖したものより生臭さがなく、濃厚な味でうまい。理由は、清潔さです。日本の海水は汚染されているから生臭い。このカキは単純に品質だけで毎日売り切れてしまう。その養殖会社のプロモーションビデオを見ると、水がとてもきれいなことに驚かされる。もっとすごいのは、作業している船がステンレス製でピカピカ光っている。一回作業するたびに雑菌が入らないように磨くのです。

日本の貝が食中毒を起こすのは、海水汚染が原因。海水の中に菌が多く、貝は海水を抱くから、もともと捕れたときに菌が多い。

本当にうまい良質の素材は、会社の本部が仕入れようと思ってもできないものが多い。口コミやシェフのネットワークが結構あるため、仕入れの権限をシェフに委譲して対応しています。もちろんインターネットも活用しながら、現場が直接やります。

フレンチもエスニックも、虚構の味付けが決め手になる。

人間の魂を奪うのは、虚構しかない。土着にしてしまうとだめです。たとえば、ギンギンのアフリカ料理なんか誰も食べたくないけれど、ヨーロッパのアフリカ料理はおいしい。本場の味そのままではなく、ちょっと薬味を入れないとだめです。グローバルダイニングで出す料理は、全部そうです。メキシカン料理、エスニック、イタリアン、フレンチ、どれもが日本人の私たちの味覚に合うようにアレンジしています。

アメリカに出店して一番苦労したのは料理です。シリアルで育ったアメリカ人の舌に訴えかけられる味が難しい。日本人がうまいと思う味付けでは、一般大衆はだめなんです。遊んでいる人間はフランス料理も和食もわかりますが、一般大衆は違う。でも、彼らが納得できる味でないと売り上げが上がらないわけだから、本当に苦労しました。

第6章 長谷川の夢

レストラン経営のプロが競い合う大リーグ組織をつくりたい。

うちの会社には私より優れた人材が何人もいます。私自身はシステム信奉者ですから、システム構築に関しては誰にも負けない。しかし、接客やチームづくり、人間性となると、負けましたというしかない、社長の私でさえ〝存在の耐えられない軽さ〟を感じるほど秀でた連中がいる。

レストランは、資本さえあれば独立しやすい業態です。優秀な人間ほど独立すれば成功します。だから、優秀な人間が残るインセンティブ・システムをつけ加えていくことにいつも心を砕くのです。常に独立を考えるやつの欲望よりも大きな「絵に描いた餅」を出していなければ、うちの会社にいるわけがない。

実際、うちの会社では雇われていると思っている人間は少ないだろうが、私はいつも店長会議で話すのです。

「おまえらは雇われ社員じゃない。グローバルダイニングの組織を利用して、自分の人生を生きていけばいい。その結果として、おまえらは大スターになれる。名経営者になれる。そういう優秀なやつらで大リーグをつくろうぜ」

グローバルな企業になるには、さらにすごい人材が必要だ。

うちの代官山モンスーンカフェでアルバイトをしていた、ハーバード・ビジネススクールの学生はすばらしく優秀だった。あの店はグローバルダイニングのなかでも、肉体的にも精神的にもとんでもなく厳しい店舗です。

でも、彼女はへっちゃらだという。しかも、上から指示を出す必要がない。見て、聞いて、全部自分で判断して結論を出せる。彼女が受けた教育は、まさしくうちが必要とする能力の訓練です。教えたことを覚えるのではなくて、状況を判断して自分で結論を出す訓練を受けている。日本の学校では教えてくれません。

だから、うちの会社が二〇〇〇億円売るようになるには、必要な人材だと思う。将来はなんとしてもスカウトしなければいけないのかもしれない。

全世界にグローバルダイニングの店を出したい。

グローバルなマーケットで勝負することが、私の長年の夢です。今は、アメリカのロサンゼルスに二店舗ですが、全世界の税制のいい国の主要都市には全部、うちの会社があるようにしたいと思っています。

世界中の人たちが、うちの店で楽しく食事をする風景を考えるとワクワクする。国ごとに、その国の文化に合うアレンジを考えていくのは、無数のチャレンジが待っているようなもの。心躍る大変さがうちの連中も好きです。

そのための準備はどんどん進んでいます。その一つが、社内文書の公用語を英語にすること。そうしないと、国外の店舗を社内の競争に引き込めない。〝競争命〟のグローバルダイニングですから。書類やEメール、帳票を全部送ってやれば、国外の店舗も自分たちが会社全体でどこのポジションにいるかがわかる。レースもグローバルになってくると、会社はもっと活性化していきます。

あくなき目標の前に立ちふさがっているのは、永遠に続く壁です。

これまで、いくつもの目標を掲げてクリアしてきました。できないんじゃないかとあきらめてしまうより、目標に向かってチャレンジしているほうが、自分自身を鍛えているのだから精神的には楽に決まっています。あきらめたり、挫折感にうちのめされるより、前に向かって苦労しているほうがずっと楽しい。そんなふうに考える仲間たちと、一緒にやれることが幸せです。

いずれ私が会社を去った後には、その仲間がグローバルダイニングを発展させていくでしょう。彼らの後は、彼らが育てた人間が引き継いでいってくれる、そんな希望も出てきました。そうなると、年商二〇〇〇億円も夢じゃないかもしれない。そんな予感を抱きながら、二一世紀を生き続けられる企業に育っていく基礎を、これからもしっかりつくっていきます。システムを構築するのが、私の喜びですから。

掲げた年間売り上げ目標は毎日目で見て確認している。

売り上げ目標の達成は簡単です。常により先に目標を設定して、ポスターに書いて張っておくだけで実現できました。ほんとうです。毎日見ていると、できそうな気がしてくるから不思議です。

昔は一〇〇億円は見えた。五〇〇億円になると、霞がかかって全然見えなかった。いま二五〇億円と書いてあります。

二五〇億円はなんか簡単にできそうになってきました。そうすると、五〇〇億円もこうやればいいのか、と……。夢ではない気にさせられるからこそ、楽しいゲームなのです。

長谷川耕造とはどんな人？

企業家としてのセンスがあり、社員に夢を与えてくれます

取締役営業サポートセンターリーダー
中川克司

1 入社動機・入社年月

ぼくが大学二年のとき、パブ時代の六本木ゼストでアルバイトしました。二四年も前のことです。店舗の内装がまだ終わっていなくて、壁のペンキ塗りを手伝わされ、こんなことまでさせていいのかと斬新さに驚きましたよ（笑い）。

一年くらいバイトして、印刷関係の会社に就職したのですが、肌が合わなくて辞めたんです。そのころ偶然ゼストの店長に会って、再びバイトすることになった。縁があったんでしょうね。

当時は社長を「マスター」と呼んでいて、社長くささはなく、ラフな感じでした。海外放浪癖があり、外国文化に目を開いていたからセンスもいいし、長谷川耕造という人間にとても興味を覚えました。

小さい店だったから、ウエイター、バーカウンター、調理となんでもやりましたよ。スタッフが少ないから、完全分業はできない。それゆえに一人ひとりの力量が高くなくてはならないんです。そのうち任されることが多くなり、気がつくと、この仕事の面白さにはまっていた。それで、一九七八年四月、正式に入社しました。

2 入社後の経歴

六本木ゼストの店長からスタートして、原宿ゼスト、代官山ラ・ボエム、サン・スーシ、南青山ラ・ボエムの順に店長を経験しました。南青山ラ・ボエム時代に病気にかかり、通院治療

するために現場の仕事ができなくなった。そこで本部機能をサポートする仕事に移りました。八七年に取締役事業部長、九九年の組織改革で、現職についたんです。

③営業サポートセンターはどんな仕事をしているのか？

現在は、新川と久保の営業ユニットリーダーが店のコンセプトに合った指導・教育をするのですが、ぼくは彼らの仕事の管理状況や品質、サービスが会社の規定に沿って運営されているかどうかを管理することと、店がうまく営業できるようにサポートしていく、いわばお助けマンとしての仕事が中心になっています。

また、広報、採用業務、マニュアル作成、購買など幅広いセクションを全部担当しています。チームは一一人ですが、ぼくを含めて三人が清掃やサービスなどをチェックする「店舗査定」を行います。この結果を数値化してボーナスに反映させる仕組みです。サービスや料理など、すぐに改善すべきことはその場で伝え、あとはレポートにして現場にも渡します。ただし、現場を離れて管理面からだけものを言わないよう、一日二店舗で飲食することをノルマにしています。なんといっても現場からの情報が何より大切だからです。

④長谷川耕造社長の経営方針、哲学をどう思うか？

もちろん共感しています。社長としては、ものすごく尊敬しています。企業家としてのセンスがあるし、先の夢を与えてくれる。経営者って、いつもそういう方向でメッセージを出し続けていないと、下で働くものは不安になるし、楽しくないですよ。現状に甘んじることなく、常に今日より明日、今年より来年はもっと成長していることを目標にしてチャレンジを続けるということを確実にやっている人です。その中から、いろんなアイデアが生まれている。勉強させられることが多いです。

社長の店づくりから仕事に対するこだわりはすごい。店、人、品質・サービス、経営などへのこだわりがないと結果は出せないですから当たり前なんですが、おそらく寝ている時間を除くほとんどの時間で常に考えていると思う。

5 現場では長谷川社長の哲学をどう受け止めているか？

うちの会社は基本的に、まあまあの仕事をさせるという面がない。会社に依存している形の社員はいられないシステムです。その代わり結果を出せば、きちんと報酬はもらえます。会社を踏み台にして独立できる力をつけてもらう一方で、独立するよりもうちの会社にいたほうがもっと面白い仕事ができる、お金も稼げるというメッセージを出し続けている。

現場は大賛成ですよ。人事考課もすべて数字で出てくるし、何をするにも店長会議で決めて全員にすべて公開しているから、歪みはないんです。仕事の環境が悪ければ、どんな有能な人間だって力を出さない。有能な人間に限って辞めていきます。

社長は自分でリスクのあるほうを選ぶ傾向がある。どうも自分をいじめたいらしい（笑い）。安全な道だけを行くのはかんたんですが、可能性があるならリスクを負ってチャレンジする。立地条件が悪かったらサービスで勝負していく。結果が出せれば現場も自信が持てる。そうすると、それが社風になってくるわけです。

社員数が少ないから、一〇倍の人数がいるアルバイトに社風を浸透させるために、時給は実力に見合った額を払っています。要求が高いから、それに見合うものを提供していかなければフェアじゃない。アルバイトも使われているという意識じゃなくて、仕事をするうえでのチームなんだという意識でやってもらうためのモチベーションを絶えず与えているから、実力をつけていきますよ。

6 長谷川耕造をどう思うか？

一人の男と見れば、気をつかわなければならない相手ではないし、好きなほうです。プライベートに飲み食いを共にするのは数えるほどしかない。別にお互いに避けている訳じゃないけど、越えたくない一線があります。そこを越えると仕事上のケンカができなくなる。これはきっと、社長も同じだと思う。社員の言い分に聞く耳を持つようになりましたね。

社長として見た場合、自分の言いたいことをガーッと言って、人の言うことには耳を傾けないところが以前はありましたが、かなり反省をしたみたいです（笑い）。人の意見を聞こうとする努力は今でもしてます。若いころはかけらもなかったですよ。今は自分の意見を伝える言い方に、社長の成長を感じます。

7 長谷川に対して、この野郎と！ と思うところはどこですか？

「この野郎！」と思うことはしょっちゅうですよ。今の一七歳の事件じゃないけど、オレも一七歳でここに包丁があったら危ないなあ。何千回も「この野郎」と思ったんじゃないかな。「カチンとくる」のには慣れないもんですね。「カチン」は「カチン」なんです。

その場合、すぐに解決しなくてはならないときと、解決は後に延ばしたほうがいいときとがある。ぼくらの意見が社長に反対されても、三、四回言い続けると結果が出る場合が多い。社長が一回目に「YES」ということは少ない。主張しろというより、社長の意見が変わるんです。たぶん、その間いろいろ考えているんだと思う。こちらも次に言うときには説得力があるように別の角度から言う。諦めちゃいけないです。

逆に「OK」と言ったのに、後からダメになるケースもある。こっちは人を動かしてるのに、急に方向を変えられても困る。彼が言うには、「あのときは未熟だった。考えてみると、やはりこうだ。間違えていないからいいだろう？」と、謝ってすませるんです。

8 中川さん自身のポリシーや目標をお聞かせください。

適材適所という言葉が示すように、ぼくの今の仕事をこなす、よりふさわしい人間が育ったときには、身を引こうと思っています。今、いいスタッフが揃ってきていますから。ぼくのポジションに上がる人間が力を発揮すればそれでいい。ぼくがいればポジションは空かない訳です。そのときには、違う人生を送ろうと思っています。

9 グローバルダイニングにおいて実現したいことはなんですか？

社名の通り、世界の主要都市にうちの店があるという世界戦略の実現です。狙ってダメだったらしょうがないけど、初めからそこを狙わないものに達成できるはずはありません。アメリカに二店舗だけじゃ、グローバルとは言えない。次はニューヨークに出したいですね。

その一方で、既存店のクオリティを上げる努力を絶えずしていかなければなりません。一回、その情熱を止めてしまうと必ず悪くなるんです。現場での教育は、しつこく教え続けないとクオリティが下がってしまう。

株式を上場したので、株主の目に経営内容がさらされるわけです。これまではお客さまのニーズに応えていればよかったのが、株主の要求にも応えていかなくてはならない。その要求は高いのだけど、クリアしていかなければ次のステップにはいけません。たえずチャレンジし続ける先にしか、ぼくたちの夢の実現はないのです。

長谷川耕造のフェアなところが好きだし、彼を超える人間になりたい

新川義弘
取締役センター1リーダー

1 入社したのはいつですか？

一九八四年四月です。

2 入社動機

サントリー系列の赤坂にあるレストランで働いていたんですが、支配人が信頼も尊敬もできない人間で、このまま組織にいたら自分が腐ると不満を抱えていました。

そんなとき、高校の同級生が遊びに来て、「今、原宿のゼストという店で働いているんだけど、社長、面白いよ。新ちゃんだったらぶつかるかもしれないけど、すごく合うかもしれない」って言われて、ピーンとくるものがあった。それで、原宿ゼストに遊びに行った。長谷川耕造さんがボマージャックを着て、リーゼントで現れた。とっぽい人で、目が鋭いんだけど、やさしい印象だった。その翌々日に会社を辞めて、転職しました。

3 入社後に一度辞めたそうですが。

最初は、オープンしたばかりの代官山ラ・ボエムに行かせてもらいました。ぼくは上昇志向のかたまりだからいちばん難しい店で勉強して、早く自分のチームをつくる力をつけたかった。その甲斐あって、一年後に西麻布ラ・ボエムの店長になったのですが、直情径行型で言いたいこと言うし、そのあとのフォローができなかったので、チーム作りがうまくいかなかった。

やりたい店ができずに人が離れていき、店の状況が悪くなったときに社長に呼ばれて、もう一回一からやれよということで降格。代官山ラ・ボエムに戻ってゼロからやろうという気持ちもあったけど、このままじゃ負けてしまう、もっと料理やサービスのことを勉強したいとも思い、退社しました。フレンチレストランでマネージャーの仕事についたんです。

今から考えると、非常に勉強になりました。でも、半年くらい経ってから、長谷川社長が店に来てくれて、戻りてえと心底思った。

4 再入社後の経歴

ちょうど、社長がボーナスのインセンティブシステムを導入したり、社内の風通しがよくなっているように客観的に見て思ったのも戻りたかった理由です。

再入社したぼくが狙ったのは、誰がやってもうまくいかない店の売り上げを伸ばすこと。それが南青山ラ・ボエムでした。スタッフのやる気を引き出すリーダー制をつくり、サービスの改善をしていくなかで、働くことが楽しいと思える環境ができて、活気が生まれると、売り上げがどんどん伸びていきました。スタッフとの間にも信頼関係ができて、ようやく自分のめざすチームづくりの勘所がつかめたんですね。

そこから、西麻布ゼスト、世田谷ゼストの店長を務めました。九一年には、実績を買われて役員になり、ロスアンゼルスのラ・ボエムの成功を生かしてできた代官山タブローズの店長に名乗りを挙げました。

チーム作りには自信があったものの、客単価三〇〇〇円のところから急に一万円の店にいきましたから、そう簡単には軌道に乗せられない。しかし、店長として月二回の店長会議ではいつも言葉や表情でアピールし、売上増の課題として取り組んでいる具体例を出し続けていた。でも赤字を出した一年間は屈辱的な思いもしました。世田谷ゼスト店長のときには、年収一千万を超えていたのに、七百万に落ち、ボーナスは二期ともほとんどゼロに近かった。

まわりの「やっぱり新川じゃいけないんじゃないの」という視線も感じたし、だけど、それがバネになったのかなあ。ずいぶん落ち込んだけど、常に目標を設定していたのがよかったのかもしれない。やってることは間違っていない。あとは社長がつくってくれたハードの箱の良さを信じてましたから、絶対にいけるとは思っていた。社長は「ゆっくりいこうや」とか「いけるいける」と言ってくれました。

ちょうど一年ほど経ったときに、急に売り上げが伸びるときが来ました。ずばっと。見事なものでした。「店が流行るってこんなものか」と思うくらいすごい。それから九九年まで前年比売り上げを一度も落としていないです。

今はユニット1のタブローズ、ステラート、ラ・ボエム、権八をトータルに見ています。グローバルダイニングの強い店長をイメージしながら、一番は人材の育成です。

ただやっぱり、週一日ずつ、タブローズとステラートの現場に入っている。そうじゃないと感覚も鈍くなるし、その二店舗は専門職に近いところがあるから、現場に入らないと指導できない部分がある。ぼくからもアイデアが芽生えないし、彼らも入ってこれない。本当に現場が大好きだから。現場に行かないと寂しい。

5 長谷川社長の経営方針、哲学をどう思うか?

社長の「自分自身が働きたいと思える会社をつくる」という考えに賛同しています。長谷川耕造の感性や価値観がみんなを引っ張ってきた。要所要所を決めるのも、ドラスティックな提案をするのも彼なんです。

うちの会社は、自分はこれだけやってますと主張しなければ、報酬もポジションも上がらないシステムです。社長だって、毎年の株主総会、役員会で「来年も社長をやりたい」と言わなければできないし、ぼくもそうです。ちゃんと手を挙げて抱負を言う。新しい店舗で店長をやりたい人も、どんな店にしたいのか抱負をみんなの前できちんと述べなくてはなりません。

若い店長も古手の店長も一票は一票。だから、そこから逃げちゃだめなんですよ。実力主義は時として非常に残酷なこともあるけれど、フェアだから、ぼくは仕組みとして好きです。「ちくしょう、社長。やってらんねえよ」って言ってるやつも顔がすっきりしてますよ。現にそういうやつは辞めないしね。あとでしこりが残ることが一番いやです。公開裁判も然りだけど、そのときに言わないとだめです。

最終的にフェアか否かがすごく大事。海外出張に行くときも交際費使うときもはひとり一万円までと決めて、みんなの前で報告します。社長がこの仕組みをつくったし、彼自身もルールを守っている。

6 現場では完全実力主義をどう受け止めているか？

ただ、完全実力主義だから常にテンションが高いということではなくて、常にいろいろなことを考えながら次の方向を模索する努力さえやめなければいい。休みもとらずに毎日あくせく、ぎすぎすやることではない。そういう環境ではないです。いいところを盗んでやろうと、会議のときでもいい意味でギラギラしているしね。

7 長谷川社長に対して、この野郎！と思うところはどこですか？

しょっちゅうこの野郎と思っています。ほんとに自分勝手だし、僕自身と似ているからぶつかります。ただ、この野郎と思わないで社長の下に行ってしまう人間は、うちの会社に向かない。自分自身をしっかり持っていないと、彼に食われますよ。社長も勉強したいんだから。

しかし、よく考えると社長の意見が正しいことが多い。そうじゃないといろんな意味でみんな会社に残らないですよ。会社組織に残る最大の理由は、自分を磨きながら勉強できて、給料がもらえること。ただ会社に飼われているだけだったら、とっとと辞めていますよ。

8 長谷川耕造をどう思うか?

企画の段階から始まってハードをつくっているのは長谷川耕造ですから、彼の土俵の中で仕事しているのは間違いない。実際、彼のつくるハードは素晴らしいです。尊敬していますよ。

また、彼は年齢や性別、立場や国籍を問わずにフェアな姿勢で意見を聞けるし、逆に社員とアルバイトで言うことも区別しない。

9 新川さん自身のポリシーや目標をお聞かせください。

目標は長谷川耕造を超えることです。自分の中にここは越えたいというハードルを常に見つけていって、同じ土俵に並んで一緒にやっていきたいですね。ぼくも彼がそう思い続けてくれる人間になりたいし、常に課題を与え続けてくれますから、それに向かって負けないように頑張る。目標は一番になることです。

10 グローバルダイニングにおいて実現したいことはなんですか?

グローバルダイニングの仕組みを世界の市場と戦える質の高いものにして、世界戦略を展開したい。そのためには、人材を育てることが重要です。ぼくが長谷川耕造を見てそう思ったように、ぼくも下の人から超えて行きたいと思ってもらえるように育てないと、グローバルダイニングのチャレンジはどこかで止まってしまう。それをクリアしていくぞと思うと、本当にワクワク、ゾクゾクします!

グローバルダイニングの企業理念は、最高だ

久保信二
取締役センター2リーダー

1 入社したのはいつですか

一九八三年一一月のことです。

2 入社動機

当時の六本木というのは、ぼくから見て日本一アンテナの高い町というイメージがありました。

実はそれまで寿司屋で働いていたんですが、今度は洋食の仕事を覚えようと考えていた。それでどうせ働くならば、六本木のレストランと決めていた。日本一の仕事が覚えられるだろうと思ったんですね。

『アルバイトニュース』を買い、六本木のレストランの募集情報を探して、該当ページをびりと破って、六本木へと向かった。ところがです。持っていたはずの紙切れをなくしちゃったんですね。こりゃ困った。店の場所がわからない。とりあえず家に帰ろう、と自宅に戻って、自宅に置いてあったアルバイトニュースをもう一度開くと、さっき破った反対側にも、六本木のレストランの募集要項が載っている。お、これでいいや、とその店の面接に行くべく、再び六本木へと向かった。その行き先が、今の六本木ラ・ボエム、当時の六本木ゼストだったというわけです。だから、ぼくがこの会社にいるのは、このときのドタバタがあったから。最初破ったページをなくしていなかったら、この会社に入っていなかったかもしれませんね。

3 入社後の経歴

六本木の店には、アルバイトとして雇われました。でも、最初はね、すぐに辞めようと思ったんですよ。なぜかというと、一週間でキッチンの仕事を覚えてしまったからです。なぜそんなに早く覚えられたかというと、まだその当時のゼストのメニューは、スナックに毛がはえた程度だったからですね。結局、辞めないで、カウンタホール業務も覚えようと二～三カ月がんばることにしました。で、仕事が面白いので、そのまま居ついたというわけです。

結局、キッチンから始まって、ホール、新店舗オープン、キッチンアシスタント、店長と、常に今思うと新しいチャレンジがあったので、飽きずにやってこれたという感じです。

店の名前を書き出すと、

六本木ゼスト→原宿ゼストアネックス（店長）→六本木ラ・ボエム→代官山ラ・ボエム→世田谷ラ・ボエム→ロスアンジェルス・ラ・ボエム→代官山モンスーンカフェ→ユニットリーダー、以上です。

4 長谷川耕造社長の経営方針、哲学をどう思うか？

今まで僕自身が飽きずにやってこれたのは、彼の経営理念に強く共感しているからだと思います。

5 現場では長谷川社長の哲学をどう受け止めているか？

五〇歳すぎて現場で働くということは、すなわち死を意味する、そう思っている社員は多いと思います（笑）。

6 完全実力主義は働く側にとってどうなのか？

現場とすれば、完全実力主義とは、天国でもあり、地獄でもあります。

まず、この「完全」という響きが恐ろしい。「完全実力主義」ということは、自分が働かされている側の意識で仕事をしている限り、つらくなって、すぐにやっていられなくなります。

たとえば、店長の立場ならば、会社から一つの店を与えられて、俺はこの店のオーナー経営者を今やっているんだ——そう思えなければ駄目です。これは現場の仕事すべてに言えることです。こうした考え方を持てない人は、うちの会社で仕事をしないほうがいい。ぼくが思うに、グローバルダイニングで仕事ができるかどうかは、優劣ではなく、向き不向きの問題です。

営業時間は一八・五時間ですし、労働時間が一カ月で四〇〇時間を超える社員もいます。しかも、結果が出せない奴はいたたまれなくて消えていきます。隣で同じ業務についている人間と、仕事の結果次第であっという間に給与の差がつきますからね。大変、厳しいです。

でも、完全実力主義というのはそういうものです。ここの条件に向いたやつは、給料が上がり、生き残る。向いていないやつは、給与が上がらず、消えていく。具体的に言うと、前回のボーナスが〇円(子供二人、勤続一〇年以上)という人間もいれば、五〇〇万円弱(独身、勤続五年弱)という人間もいます。

でも、誰もこの差に対しては反論しません。社員全員の多数決により決めたシステムに則って給与もボーナスも支払われているからです。

7 同地区に多店舗展開することについてどのように考えていますか?

おそらく一般的に考えると、同地区に多店舗展開する戦略というのは、同じ会社の店同士でお客様を取り合ってしまうのではないか、というイメージがあると思います。でも、実はまったく逆なのです。その理由を説明しましょう。

まず、同地区の多店舗展開に関しては、二つの方法論が考えられます。

一つは、同地区へ一気に異なる業態の店を複数出店する。渋谷のビル内にラ・ボエム、ゼスト、モンスーンカフェを、またお台場のメディアージュにラ・ボエム、ゼスト、モンスーンカフェ、そして和食の権八を同時出店したのがこのケースに当てはまります。複数の異なる業態の店を同じ場所に出店すると、グループ全体で集客力を拡大できるという利点があります。お客様に対するインパクトも、単独出店に比べると格段に強くなります。さらに、各店舗のスタッフの間に競争意識が生まれ、各店の味とサービスの水準のさらなる向上が見込めます。結果、よりいっそうお客様を集めやすくなり、グローバルダイニングのイメージを市場に強く訴えることができるようになる、というわけです。

もう一つは、渋谷区なら渋谷区というエリアに同じコンセプトの店をどんどん出していくやり方です。これは、港区、渋谷区に長年集中出店してきたうちの会社の基本的な店舗展開法です。なぜ、これが可能なのか。理由は単純です。まず、東京の市場規模はとてつもなく大きいということです。大雑把に言って、大阪と比べてマーケットの力は五倍はあるでしょう。だからある業態の店が当たれば、その業態は市場に認知されたことになります。となれば、同じ「餌」＝「業態」——響きは悪いですが——で、魚はいくつも釣れるのです。そのために死にものぐるいでいい餌を作り、育てなければいけないと思います。

ぼくの経験では、東京というのは世界一レストラン業界にとっては恵まれた街だと思いますね。だから、たとえ将来不景気に陥って勝負をかけなければならないときがくればくるほどゾクゾクしてくるし、楽しみにしています。会社は生き残っていけると思います。

ただし、世界を見るとなかなかそうはいかないでしょう。

長谷川耕造とはどんな人？

8 グローバルダイニングの躍進原因は

名前がまさに表しているように、世界基準で常に物事を考え、「世界一」という言葉が大好きな人間が集まっている会社です。根本的にケンカだとか競争が大好きな人間が多いところですね。

9 長谷川耕造をどう思うか。

創設者として尊敬します。

10 ここは長谷川社長に負けると思うところはどこですか。

今の時点では、すべて負けていると思う。

11 長谷川社長に対して、この野郎！と思うところはどこですか。

僕自身をコントロールしようと考えているように思えるところですね。

12 久保さんご自身のポリシーや目標をお聞かせください。

世界中の誰とでも、外観、収入でなく対等に話し合えるような人間になれるよう、死ぬまでチャレンジしていきたいですね。面白い人生を送りたいし「あいつ、ちょっといかれてるぜ」と驚き呆れられるくらい、楽しい人生が送れたら最高です。あと、大切にしておきたいのは、まず家族、そしてもちろん自分のハート。

13 グローバルダイニングにおいて実現したいことはなんですか？

この分野で、世界一の企業にしたいです。そのためにも、まずさまざまなキャラクターの従業員が集まり、彼らが個々の能力を最大限発揮できるようになる環境を作りたい。ぼく個人としては、まず世界に通用する能力を身につけたいですね。

第3部

長谷川耕造に聞く

聞き手 鹿島 茂
（共立女子大学教授）

1 名画・文学・ジャズに没頭

――二〇時、代官山タブローズの一番奥の席。金曜日だけにすでに店内は満席だ。オーストラリア産の生ガキを肴に、白ワインで、二人の会話は始まった。

長谷川――昨年（一九九九年）、久しぶりに顔を合わせたよね。

鹿島――たしか大学時代に会って、最初に再会したのが一九七六年だった。

長谷川――今の六本木ラ・ボエムがゼストだったたんだけど、その店がオープンしたころだ。

鹿島――その後、「長谷川が店を出したらしいけど、どうしているかな」って再会したのが九二年。それから七年も空いていたんだな。

長谷川――ここ、タブローズがオープンしたときだ。でも、こうしてじっくり話すのは二五年ぶりだ。早いものだな、人生も。どうする？　俺たちもうハーフセンチュリー・オールドだぜ（笑）。

鹿島――バブル全盛のころ、偶然、電車で女性誌の中吊り広告を見たんだ。そこに「レストラン業界の革命児」というタイトルの下に長谷川の名前が書いてあった。もしかして、あいつかなと思って雑誌を見たら、今の三宿の店が出ていた。三宿のゼストは『荒野の決闘』のイメージでつくったと書いてあるじゃない。

でさ、鮮明に思い出した。『荒野の決闘』といえば、俺たちが川崎に観に行った、あの映画じゃないか。

長谷川――ジェーン・フォンダのおやじのヘンリー・フォンダとヴィクター・マチュア。ジョン・フォード監督で、英語のタイトルは『マイ・ダーリン・クレメンタイン――My Darling Clementine』。俺は三〇回ぐらい観たなあ。

鹿島――長谷川、ほんとに好きだったよね。一緒に川崎の銀星座に観に行った。

長谷川――最初に観たのは中学生のとき。俺のいとこが六つ年上で映画少年だったの。それで『荒野の決闘』を観に連れて行ってくれた。中学に入ったか入らないかぐらいで、それが最初だった。

鹿島――だから、三宿のゼストが「なるほど、あれか。『荒野の決闘』か」と。

長谷川――『荒野の決闘』の中のバーは、店としてはあまりおもしろくなかった。でもその後のくだらないB級ウェスタンに、サロンがよく出てきただろ。ほら、カジノや中二階があるようなあの手の店のパターンだよ。それが、すごくイメージに残っている。三宿のゼストの壁画は、映画に出てくるモニュメント・バレー。西部劇というとモニュメント・バレーだったし、ジョン・フォードの映画が好きだったからね。『駅馬車』にしても、『黄色いリボン』にしても、やっぱり叙情詩だよね。『荒野の決闘』のラストシーンを覚えてる?

鹿島――モニュメント・バレーを馬でこっちに来るんだよね。それから「ラ・ボエム」というと、これはフェリーニの『甘い生活』だろうな、と。

長谷川――『甘い生活』の印象はすごく残ってるね。マルチェロ・マストロヤンニと、あの巨乳女優は誰だっけ?

鹿島――アニタ・エクバーグ。あれはわざわざ京橋のフィルム・センターまで観に行ったよな。

長谷川――俺は、ただ、あの巨乳ばかりが気になってた(笑)。それと、ピサの斜塔か何かに上がっていくシーンがあったよな。

鹿島――地下に下りていくとナイトクラブがあるんだ。ラ・ボエムはおそらく、そのイメージだろう。遠い記憶だけれど、たぶんそうだよな。

長谷川――マルチェロ・マストロヤンニがタキシードでプールに飛び込んだりとか、やっぱり鮮烈だったね。後になってイタリアへ旅行したときに、ポルトフィーノっていうリゾートに行ったんだ。ポルトフィーノはフランス側の国境に近い半島で、大金持ちが集まるの。その大金持ちは、みんなヨットで来るわけ。そこにスプレンディッドという、フランク・シナトラや世界のセレブリティーが定宿にしていたホテルがあるんだ。そこに泊まったときにも『甘い生活』を思い出した。

鹿島――ほんと、映画にはよく行ったね。いつも、もう一人の仲間の大野と三人で映画を観て、いいとか悪いとかさんざん批評していた。これこれの女優が好きだというと、「おまえは女の趣味が悪い」とか言い合ってた（笑）。

長谷川――若いときは記憶が真っ白なキャンバスじゃない。あのころ映画やジャズや本の世界に引っ張ってくれたのは鹿島だったから、おれは本当にありがたいと思ってた。ついていったのは興味があったからだけど、自分一人ではあのレベルまでは行かなかったと思う。映画は、ほんとにいろんなのを観た。フェリーニの『8 1/2』とか、フランソワ・トリュフォーの『突然炎のごとく』とかね。あと、ロマン・ポランスキーの『水の中のナイフ』。みんな一緒に観に行った。

鹿島――劇場は横浜近辺の日の出町や桜木町の名画座三本立てとか、馬車道あたりが多かったな。でも、だんだん遠出するようになって渋谷、新宿まで行ったね。当時は食い物屋なんかないんだ。渋食とか三平食堂とかで腹をいっぱいにしていたね。

長谷川――俺は自分で店をやってて、よく社員にいうのね。「おまえら、映画とかいっぱい観ろよ」って。「俺は学生時代に年間で何百本も観たぜ」っていうときに、一緒に観てたのが鹿島だもの。憶えているかな、大野と三人で『エルマー・ガントリー』を観たんだ。なぜだかわからないけれど、あの『エルマー・ガントリー』はよく憶えてるんだ。バート・ランカスターとジーン・シモンズが新興宗教を布教して歩く話で、それはもう山師がそれでひと儲けみたいな面白いイメージの映画だった。

鹿島――だいたい次に観る映画を考えてくるのはぼくと大野。クラスの出席番号だと、ぼくが鹿島で「か」、大野は「お」だから、大野はぼくの前の席にいた。ぼくは当時『スイング・ジャーナル』とかの雑誌を教室で読んでいて、そこへ長谷川がやってくる。雑誌を見ていると、大野も後ろを向いて一緒に見たそうな顔をしていたから仲間になった。その三人で趣味が合ったんだな。大野は、大野真弓というイギリス史の大権威の息子だったんだよな。

長谷川——変わったおやじだったな。

鹿島——たしかに一風変わった人だったね。でもそのオッサンは映画が大好きで、大野をいつも映画館に連れて行っていた。だから大野は映画のことをよく知っているんだ。俺も知っていると思っていたし、長谷川もけっこう観ていたけどね。

長谷川——ジャズや映画に関しては、大野と鹿島はいい勝負だった。特にジャズは。おれは勉強もできないし、その造詣もないからいちばん劣等感を持っていた。けれども、そういうものに対する魅力にはひかれていた。今になってみると、店づくりとか、おれ自身の持っているいろんな感性の栄養剤は、鹿島たちのおかげであのときに吸収したなという気持ちが強いんだ。俺は鹿島と大野はすごいなと思ってたもの。何がすごいかって、夏休みに大野の家に行ったときに、ライオネル・ハンプトンの『スターダスト』のレコードがあったんだ。あれを聴いて、「うわぁ、こんなの知ってるのか」と思った。

鹿島——ぼくも映画ファンだったけれど、大野に会う前は単なるミーハーだった。それが大野に会って、映画を一から教えられたと思ったね。大野というやつには、ほんとうに舌を巻くよ。

あるとき和田誠さんと川本三郎さん、亡くなられた瀬戸川猛資さんと、もう一人は逢坂剛さんがいて五人で映画の話をしたことがあってね。そのとき西部劇の話になったけど、ぼくは他の四人にかなわない。ここに大野がいたら、さぞや太刀打ちできただろうなと思った。おれは太刀打ちできなかった（笑）。

長谷川——大野が数年前にうちの店のオープニングに来たんだ。大野はどこか先祖にポリネシアンでも入っていそうな顔で目がぱっちりしてて、おべんちゃらは言えないんだけど愛嬌がある。鹿島と大野は、昔、野毛山にあった、知る人ぞ知るジャズ喫茶「チグサ」で、アルバート・アイラーの「スピリチュアル・ユリティ」とか聴いてた。おれはわけがわからなくて、「なんだ、これ」と思っても、口に出せなかった。もっとすごいと思ったのは、日本人アーティストの阿部薫を聴いていた！

鹿島——ぼくが阿部薫の名前をまったく知らなかったときに、大野が阿部薫をいろいろ追跡して、マニアになって自分で録音していた。阿部薫はその後死んでしまって伝説のミュージシャンになった。『エンドレス・ワルツ』という映画にもなって、町田町蔵（現・作家の町田康）が阿部薫を演じた。ぼくも大野につきあって新宿の「ピットイン」とかに阿部薫を見に行った。すごいなと思ったよ。大野は本当にのめり込んでいて、北海道まで聴きに行ったんだ。自分で機材を持って行って録音までしていた。

長谷川——鹿島もませてたよ。有名なジャズマンが来るから行こうぜって、ピットインや厚生年金会館まで行ったもの。ジョン・コルトレーンとか、ソニー・ロリンズとか、オーネット・コールマンとか。ドラマーのエルビン・ジョーンズもピットインで演奏するのを見た。不良高校生だったね、悪いことはしてないけど。

鹿島――確かにあのころ（一九六六年夏）、俺たちはまだ一六歳でコルトレーンを生で聴いたんだから大したものだよ。コルトレーンは翌年死んでしまったからね。勉強のほうは大野と長谷川は同じくらいだったけ？

長谷川――大野は俺よりできなかったんだ。予備校にいっしょに行ったんだから。

鹿島――でも、大野は奇跡的に東北大に受かった。

長谷川――同じ予備校に行っていて、俺のほうができた。それなのに俺は早稲田、あいつが東北大。世の中に神はないと思ったね（笑）。

鹿島――今は東北大といってもそれほど驚くことはないけど、あの年は東大の試験がないときだったから大変だったんだよな。

長谷川――俺は一橋を受けたけれど、ダメだった。

鹿島――それとは別に憶えていることがあるんだ。高校に入ったとき、ぼくは多少は本を読んでいたけれど、全然文学少年じゃなかった。湘南高校に行くには横浜から延々と電車に乗る。毎朝横浜駅で長谷川といっしょになって東海道線で通っていた。で、ぼくが単語帳なんかをめくっていると、長谷川が読んでいたのは当時の三笠書房の世界文学全集だった。『風とともに去りぬ』で、これは面白い、面白いから読めと言われて、ぼくも読んで、結局、文学青年になっちゃったんだ。

長谷川――え、そうなの。俺、全然逆だと思っていたよ(笑)。俺は読書少年だったけれど、鹿島は能力が違うから知識の吸収がすごい。「長谷川、『チボー家の人々』を読んでみろ」と鹿島にいわれて全部読んだら、もうめちゃくちゃ面白いんだ。ドストエフスキーの『カラマーゾフの兄弟』とかもそう。

鹿島――いろいろ薦めたもの。

長谷川――鹿島のひと言で『金閣寺』も読まされたしね。

鹿島――信じられないくらい文学青年だ(笑)。

長谷川――やっぱり、若いときの読書は大事。死ぬほど読んだもんな、あのころは。『アンナ・カレーニナ』も読んだけれど、あれはおもしろくなかった。『チボー家の人々』の作家は誰だったっけ?

鹿島――ロジェ・マルタン・デュ・ガール。

長谷川――俺がいちばん脳髄に刻み込まれたのは、チェーホフの短編集。黒の表紙で赤の背表紙のやつ。これにハマった。ロシアのことは知らないんだけれど、頭に情景が浮かんできた。全部短編で、中には半ページとか四分の一ページのものもある。いまだに覚えているのは『農奴あがり』。これは奴隷から足抜きした男の物語。酒場にいつも入り浸ってる年老いた農奴あがりが、すごく綺麗な酒場の女給にほのかな恋心を抱いている。彼はその娘に、昔の自分の領主の話を語るんだけど、それがカッコイイの。いわゆる年とった金持ちの領主にはモスクワにもパリにも女がいっぱいいたという話。その関係が単なるお金でどうのではなくて、彼が死んだときの葬式の模様が書かれていて、こういう美女が集まってみんなが泣いていたというんだよね。そういうのがいいなと思った。今は変わったけどね。再婚してからは女房一筋だから（笑）。

2 落ちこぼれ中学生が湘南高校へ

鹿島——しかし、ぼくも長谷川もあまり年とらないし、ほとんど変わっていないね。

長谷川——頭の中は変わっていないね。一七歳のままだね。

鹿島——全然変わっていないんだ。同級生の中には、ハゲちゃったり、総白髪になっちゃったりで、昔の面影のないやつがいるけど……。以前はクラス会にもほとんど行かなかったけどね。

長谷川——そう、まったく行かなかった。でも一人だけ一生懸命やっているやつが一度おいでよと電話してきた。行ってみると、同級生が取引先の銀行の部長か何かになっていて、わりと面白かった。同窓会に出てくるのは、やはり面白いと思っていたやつだけなんだ。魂を売ってしまったやつは来ない。バスケットボール部にいたやつ、覚えている？

鹿島——あいつかな？

長谷川——厚生官僚になった野郎で、学生時代はいいやつで、すごく好きだったけれど、官僚になったらヘドが出るぐらい嫌な野郎になっているわけ。女性もいるクラス会で挨拶するときに、「ぼくは男尊女卑で女は人間と思っていません」みたいなことを言いやがるの。あいうえお順だと次が俺のスピーチだったから、「こういうバカが官僚をやっているから、日本はどうしようもない」っていったら、二度と来なくなった（笑）。

鹿島——女の子っていえば、長谷川がよく言っていたことを、いまだによく覚えているんだ。当時、湘南高校は男子生徒が五〇人で女生徒は一〇人ぐらいだった。

長谷川——いや、女の子は五、六人しかいなかったんじゃなかったけ。

鹿島——長谷川は「おまえ、こういう環境にいると、たいして綺麗でもない女が綺麗に見えちゃうから気をつけろよ」って言ったんだ。

長谷川——あのころを思うと信じられないよね。口をきいただけでアプローチだものね。時代が違ったよな。あのころ、女生徒に対してこっちから口をきくっていうのは、かなり特殊なことだったからね。

鹿島——かなり特殊だった。

長谷川——いい学校だったけどね。

鹿島——ぼくの通った中学は普通の公立だったから、今でいうヨタ者とか、そういうやつばかりだった。おれは体はでかいし、それなりに頭の回転も速いから、そういうやつとつきあうんだよね。でもさ、それが苦痛なんだ。

長谷川――つきあいはいいけれど、苦痛なんだね。

鹿島――でも湘南高校に行ってそういうつきあいがなくなって、ほんとうに自由だなと思った。制約なし、自分の外側を覆う必要なし。

長谷川――俺なんか生まれたのが横浜の漁師町。地元の中学校っていうのは横浜屈指の悪い中学校で、そいつらの中のいちばん悪いやつらがおれの周りの漁師の息子たちなんだ。だから、荒っぽさとかケンカとかは全然平気だった。ケンカの理由なんかないんだよね、別に。動物なんだ。強そうだと思うとガンを切ってしまう。

鹿島――高校に入ったとき、やっぱり長谷川はダントツで目立っていたよ。あのころはVANのジャケットが全盛の時代で、VANジャケット派か否かは一目瞭然なんだ。髪をこう撫でつけていたからね、クール・カット風に。

長谷川――ジェームス・ディーンの髪型を真似しようと思っていた。

鹿島――前髪でひさしをつくるやつ。

長谷川――よくからかわれた。ところが、湘南高校はケンカができない文化だった。ケンカをする人間はバカというのが、明確にあったんだよね。

鹿島――ケンカがなかった。

長谷川――おれは一回もしていないもの。環境が急激に変わってしまった。本を読まないといけないんだ、となるわけ。

鹿島――でもさ、意外と文学青年はいなかったよな。ぼくと長谷川以外、本を読んでいるやつはほとんどいないんだもの。

長谷川――鹿島はわりと快感だったでしょう。なぜかというと、俺は鹿島のいうことを聞くんだもの。国語の先生からして鹿島に聞いてしまうんだよね。

鹿島――この教師がバカなやつでね。あるとき、国語の試験問題がぜんぜんできなかった。担任の教師に呼ばれて、なぜこんな点を取ったのかと聞かれた。「簡単です。問題が悪いんです」といったら、さすがに怒ったね（笑）。

長谷川――ほんとうに自由放任でいい高校だった。それにしても、俺は勉強ができなかった。それなのに競争心が旺盛だから、人に負けるのがつらかった。だからさ、個人的には学校にはあんまりいい思い出がないんだよな。

鹿島――一学年で五六〇人ぐらいいたかな。それが成績順に全部ずらっと張り出される。

長谷川――俺は五〇〇番前後。隠しようがない。だけど、中学のときの経験があるから。競馬でも、常に最後尾から追い込んで勝つのがいるじゃない。

鹿島――差し馬ってわけだ。あの当時から、絶対に平気だといっていたな。

長谷川――俺は三年生で差し馬をやるつもりだった。でも、だめだった。距離が短かった。一六〇〇メートルじゃなくて二四〇〇メートルあれば、なんとかなったんだろうが。

鹿島――でも長谷川はすごいよ。ほんとうに高校一年生のときから変わっていないもの。俺が一生懸命英語の単語を覚えていると「鹿島、なんでおまえはそんなに英語を一生懸命やるんだ」って聞くんだ。「俺は文学部に行くから、英語の文献を最低限読めるようになりたい」と答えたら、長谷川は「ふーん。俺は商売をやるからさ。俺は東大には受かる。受かるけれども出ない。東大に受かって、あとは行かない。受かるのだったら、どうせなら早稲田じゃなくて東大に受かりたい」って。

　でも、俺はあけすけだから「おまえの点じゃ無理だよ」と（笑）。

長谷川――俺は三年生になったら勉強するといった。あれは甘かったね。鹿島みたいに頭のいいやつが勉強が好きなんだもの。

鹿島――別に好きじゃないけどさ。

長谷川――俺は勉強は大嫌いだったよ。死ぬほど嫌だから先延ばしにしていたんだ。

鹿島――「それで、東大中退して何やるの？」って聞いたら、「金儲け」って答えた。親の商売は継がないと言ってたけれど、そのころはまだ何をやるかは全然わかっていなかった？

長谷川――そのときは全然わからなかった。でも浅野学園で中学二年の一学期に、六〇人中、五八番になったことがあった。それで何がつらいかっていうと、周りの人間全員にバカにされることなんだ。フラストレーションがそりゃあもうたまる。だから中学時代はすごい暴力少年だった。クラスのやつを殴り倒したりしたけど、解決にはならないんだ。相手の目の中からあざけりが消えないわけ。中二のころは三カ月間くらい死ぬことを考えていた。

鹿島——長谷川がね、信じられないな。

長谷川——鹿島に会う前だよ。

鹿島——でも学校には毎日通っていた?

長谷川——相手を皆殺しにすることはあっても、登校拒否なんかあり得ない。

鹿島——俺は非常に不思議に思ってたんだ。なぜ浅野学園から湘南高校に来るのって。それは大いなる疑問だった。そのころ、長谷川はそんなことは言わなかった。

長谷川——まだ傷ついていたからだろうね。後で校長になったどうしようもない野郎が担任で、一学期の中間試験でケツに落ちたときに呼ばれて「長谷川、おまえはもううち(浅野)の高校には行けないから、バカ高校に行く準備をしろ」と言われたの。試験で名前しか書かない答案用紙がいっぱいあったし、それを言われる前からどうしようもなかったのね。だけど、それからがんばったんだな。湘南高校の合格ラインにはあと少しなんだけど届かない。でも、俺は関係ないから受けるといって、実際に受かってしまった。そのときに明確にわかったんだ。俺の人生で必要なのは「チャレンジと達成だけ」だと。これさえあれば俺はハッピーなんだと。だから、俺は一四歳から生き方が変わっていないもの。それで湘南高校に入っても同じ。三年生になったら勉強して、東大に入るんだって、えばってた。でもさ、全然レベルが違ったんだよね（笑）。

そういや、鹿島もすごく勉強ができたけど、クラスでむちゃくちゃ頭のいい女の子がいたでしょ、現役で東大医学部に入った水泳部の女の子。

鹿島――Nさんだろう。

長谷川――そうそう、俺が柔道部で三年生の正月も寒稽古していたとき、Nさんも寒中水泳をしていたんだよね。人柄もいい子だった。で、現役で東大理三。あのときから俺は完璧にフェミニストになった。母親を見て、Nさんを見て、こりゃかなわん、とね。女がらみで打ちのめされたのは、最初の女房に逃げられたとき以外は、あの大学受験のときだけだね。

鹿島――浪人しても、東大に受かってやるって言ってたよね。でも、ぼくたちが大学で騒いだら、東大入試自体がなくなっちまった（笑）。

長谷川――憶えているかなあ。俺が浪人していたころ、鹿島から突然電話がかかってきた。もう学生運動やってたんだよな。で、鹿島が「どれくらい勉強している？」と聞くんだ。おれはスケジュールをつくって、一三時間半勉強していた。でもさ、鹿島は「俺が現役の夏休みのときは一五時間だ」っていうんだよ。俺は起きてから寝るまでの一日のスケジュールを全部組んでいたから、どこを削るか、っていうともう眠る時間しかない。こりゃ大変だと思ったね。

鹿島――いや、ぼくは昔から寝る時間が少なくて大丈夫なほうなんだ。だから、今でも大量の締切を抱えていられる（笑）。

長谷川――俺は六時間寝ないとダメなんだ。朝起きて、くそする時間、朝飯食う時間、昼飯食う時間、たばこ一服する時間、夜飯食って風呂入る時間まで全部スケジュールを組んでいた。それで一三時間半なの。あのスケジュールで自分自身を檻に入れていた。

鹿島――案外、要領が悪かったよな。

長谷川――そう、極端に悪いわけ。今日は四科目勉強しなければいけないとして、最初に苦手な数学をやると、要領が悪いから数学で一晩つぶれちゃう。それで部屋の壁を殴って穴をあけたりした。でも、あれは最高の修練の場だね。

鹿島――そう思うよ。だからさ、俺、いろんな意見があると思うけど、その一点において、子どもには受験勉強させないとだめだという気がする。

3 飲食業はエンタテインメント

――談話が続く中、突然、テーブルの向こうで騒ぎが起きる。白人の男が立ち上がって、同席の日本人の女に声を荒げて怒鳴っている。男が立ち上がった勢いでワイングラスが倒れたようだ。どうやら少し酔っ払っているらしい。長い黒髪のその女は臆することなく席についたまま、冷たい目で彼を見上げている。一瞬、満席の店内の空気が凍りつく。と、給仕係が男をなだめるように外に連れ出した。少し間を空けて女も立ち上がり、同じ方向へ去っていく。凍りついた空気が溶け出し、店内は再び談笑に包まれる。

鹿島――今のさ、カップルの喧嘩だな。最近じゃ珍しいよな、ああいうの。

長谷川――いやあ、自分の店でこういうシーンに出くわすとさ、不謹慎な話だけど、うれしくなっちゃうんだよね。こんなドラマが日々起きる店をつくりたかったわけだから。映画とか芝居に出てきそうな、レストランを舞台にした恋愛劇。あの舞台に、うちの店がなればいいな、といつもどこかで思っているんだよ。

鹿島――それをお店の人は、冷静に見守っているんだね。

長谷川――そう。彼らにはこんなこと言ったら怒られちゃうな（笑）。たしかに、ケンカが起きたりすると、周りのお客さんには迷惑をかけるし、店員たちも大変だからね。

俺は喫茶店から始めて、いろんな店を出して、八〇年代に一回フランス料理屋をやって失敗してるんだよね。で、あの当時の様子を知っているんだけど、基本的には今と同じ。日本のフレンチレストランってのは、ランチタイムは有閑マダムのたまり場で、ディナータイムは金融業界や広告業界の接待だけ。個人的には、そんなのがいやだったんだよね。レストランは、やっぱり人生や社会の縮図であり、舞台でなきゃって思いがある。

鹿島――昔観た映画のように、か。

長谷川――そう。だから、いろいろな種類のいろいろな目的を持った人たちが集まる店じゃなければ、たとえ商売として成功しても、俺自身としては面白くない、と思っていた。

鹿島――八〇年代で思い出したけど、八〇年代あたまに原宿にラ・ボエムを出しただろう。あのころさ、女房と一緒に行ったんだよ。でも、当時のイメージでは、もうひとつ迫力がない、って思った。女房に「何点つける?」なんて言ってさ。

長谷川――最初のラ・ボエムだね。

鹿島――うん。で、俺が七〇点ぐらいかなと言って、女房もそんなものねって。

長谷川――赤点は四五点だから、まあ及第点か(笑)。辛口の鹿島に七〇点と言われたら光栄だ。

鹿島――もうちょっと厳しくつけてもよかった。はっきりいって、ちょっとインパクトに欠けてたんだ。

長谷川――たぶんサービスだね。あの当時のうちのサービスはまだまだだった。

鹿島――ところがさ、翌日、学校(共立女子大学)のうちの教室の学生たちに聞いたら、けっこう評判いいんだよ、ラ・ボエム。あのときに、もう女子大生の評価をがっちりつかんでいたんだね。で、「君たち、みんなラ・ボエムやゼスト知ってるよな。あそこを経営してるのは、ぼくの高校時代の友達なんだ」っていうと、「うわぁー! スゴイッ!」(笑)。

あれで、ぼくは、おっ、長谷川の店は結構伸びる芽があるのかな、と感じたね。そういや、長谷川は、店の場所に関しては、えらく見る目があるよな。

長谷川——原宿にしろ、雑踏から離れたところだろ、そうすると大人が行けるんだよ。

鹿島——あの場所の見つけ方は非常にいいね。長谷川の天才的なところだと思うよ。

長谷川——いや、単純な話なんだ。人ごみの多いところに店を出しても、いいお客さんは絶対に来ないんだ。俺はそう思ってる。子どもの客や、たまたま寄った「ふり」の客しか拾えない。駅前店舗ってのは、トロール船でサバの大群を集めて網ですくう商売と同じなんだよ。でも本マグロは一本釣りでなければ捕れない。雑踏というのはサバの群れみたいなもの。だから、うちのようなコンセプトでやっている店にとって、駅前ってのは逆に最悪の立地なんだ。いい客はめったにつかまらない。

もちろん駅前に出して成功する外食産業の業態もある。でも、うちでは、この仕事をエンタテインメント・ビジネスととらえている。だから、一本釣りで来るお客さんを集めて楽しませたいんだ。

鹿島——長谷川の店の真似できないところは、そのエンタテインメントの部分だね。

長谷川——国道二四六号沿いの世田谷・三宿。今じゃ、だれでも知っているスポットだけど、きっかけはうちの店がつくった。最初から繁華街に出店するんじゃなくて、自分たちの店から繁華街をつくっていきたいと思っていたんだ。ただね、そのためにはお店に人を引っ張る魅力や話題性がなければだめです。逆に言えば、「何、このお店!?」ってみんなが驚くような店をつくれば、必ず人が集まってくるだろうとは考えていた。

二年以上前のことだけど、テキサスに行ったんだ。そこのサンアントニオの郊外にグリーンという町があって、そこにハンク・ウィリアムズも演奏していたミュージック・ホールがある。片田舎の廃校になった小学校みたいな建物なんだ。バーがあって、幅の狭いカウンターがあって、椅子も小学校の椅子みたいなの。でも、そこには週末になると、何百台もの車が止まる。このミュージック・ホールのおかげで、年商五〇〇万ドルのレストランが、その脇に二軒ある。考えられる？　荒野の真っ只中よ。でも、そこには全国からカントリー・ウェスタンのファンが集まるんだ。実は恵比寿のゼストの装飾品は、全部俺がそこで買ってきたの。鉄板の看板だとか小物だとか、ね。

鹿島——そういうさ、エンタテインメントとしてのサービスの部分を売りにしようってのは、いつから気づいたの？

長谷川——無意識にはずっとやってきたと思うけど、はっきり口に出して言うようになったのはここ一〇年かな。そうそう、レストランのエンタテインメント性に反応してくれるのは、アメリカだね。九六年の年末にロスに二軒目のレストランをオープンさせたんだ。内外装の奇抜さといい、天井の高さといい、「こんな店は見たことない」って、現地の人間がずいぶん驚いてくれた。とんでもない店をつくる日本人がいるもんだ、とね。

じゃあ、お客さんにとって、お店のエンタテインメントはどこからスタートするか。それは、まだ訪れたことことのないお客さんが知り合いから口コミで聞くところからなんだね。

「ねえ、あの店行かない？　え、どこ？　なんか不便ね。でも、結構いま話題みたいじゃない、行ってみようか」。ここから始まっている。

ニューヨークの伝説のディスコ「スタジオ・フィフティー・フォー」じゃないけれど、店に入るまでが難しい。店に辿り着くまでがいささかやっかいである。うちの店が不便なところにあるのも、エンタテインメントの一つになっちゃうわけ。それで、実際にこの人が手間をかけて店を訪れて、感激してくれる。ここがまたエンタテインメント。で、また来てみようと価値を認めてくれれば、必ずリピーターになってくれる。

もちろんリスクはある。価値を認めてくれなければ二度と来てもらえないからね、不便な場所に店を出すと。その代わりに実利面でのメリットもある。店舗の保証金も家賃もとても安いことだ。するとどうなるか。売り上げの絶対値では、繁華街のど真ん中よりもうちのほうが売っていることになる。デメリットは立ち上がりに時間がかかることぐらい。文科系で物理なんか全然わからなかった俺だけど、ビジネスの理論の積み上げはなぜかできるんだよね。

鹿島――その、「不便な場所で当てる」という長谷川の戦略でひとつ大きな要素だな、ってぼくが思うのは、客の移動手段に「車」を考えたところ。もともと日本の盛り場のビジネスは、基本的に客が電車に乗ってくることを前提条件にするじゃない。ところが、ぼくらの世代、団塊の尻尾の世代あたりから、遊びには車がなけりゃ、という感じになってきた。車を持つのは単純な理由で、スケベ心で女の子を誘いたいから。で、長谷川の店は、そのニーズを見事に満たしている（笑）。長谷川の店の多くは目の前の道路が広くて車が止められるよね。

だいたいさ、昔、六本木が特別な場所だったのは不便だったから。不便で車でしか行けないところだから、逆に車を持っているやつらだけが集まる。そこでスノッブ性が生まれたんだ。

長谷川――六本木は進駐軍文化があって、そのうえ大使館が周辺にいくつもある。すると、大使なんかが客で来る。昔、外国人の客は外交官が多くて、今みたいに金融ディーラーなんかはいなかったな。ある種、租界のようなもの。仕事も遊びも住まいも同じ六本木というすごく排他的な社会だった。今にしてみると、夢を見ているようなところだった。一見の人が来ても何も面白くない。どこに店があるかもわからない。

鹿島――ぼくはそれを六本木の点在性と言ってるんだけれどね。わかっている人だけがわかる。そんな街だった。

長谷川――そう考えるとさ、やっぱり「キャンティ」はすごいよね。店自体はなんでもないけれど、もてなし方を知っていた。でもさ、ハンバーガーとかスパゲッティがべらぼうに高かったんだよな。半端じゃなかった。まさに客を選んでいたね。

鹿島――そうそう。そういや「シチリア」ができたのも昭和三〇年、一九五五年なんだ。あのときでスパゲッティが八〇〇円した。今とあんまり変わらない値段だよな。同じ頃、ラーメンが三〇円だからね。

長谷川――キャンティやシチリアは、そのまま変わらずに生き残っている。あの薄いピザはまだあるのかな？

鹿島——とにかく、六本木って、昔はそういうところだったんだよね。長谷川に先見の明があるなと思ったのは、七〇年代半ばに、高田馬場に店を出したあと、その六本木にいきなり進出したことだな。この勘のよさには感動した。というのは、あのころから六本木は一応流行の場所ではあったけれど、多くは銀座から流れてきた人間が集まるところだった。でも長谷川は、彼らとは違う人種、「スノッブ」たちを目当てに店を出したよね。あれは当時、かなりの冒険だったと思う。あの最初に六本木に出した店は今でもあるの？

長谷川——今でもあるよ。名前は変わったけどね。昔はゼスト、今はラ・ボエムになっている。

鹿島——思い出した。「ゼスト」って名前にすると言ってたよな。フランス語で「デジャ・ヴュー」って言うのも候補にあげていたよね。ロンドンで「デジャ・ヴー」という店を見たから、それは正確には「デジャ・ヴィユーだよ」と言ってやったよね。

長谷川——ほんとうは「デジャ・ヴー」にしたかったんだ。けどさ、調べたら下ネタで売っている店の名前に多いんだ。「デジャ・ヴー」は日本語でなんていうんだっけ？

鹿島——既視感。

長谷川——鹿島は生き字引だから、横にいると辞書がいらない（笑）。ほんと、店の名前はいろいろ考えた。ラ・ボエムは、根本は自分がボヘミアンでヒッピーをやっていたから、オペラなど見る前にあの名前をつけてしまった。でもゼストは現代の英語で使うと、「ゼスト・フォー・

ライフ」、つまり生き甲斐ということ。このネーミングは今でもすごく気に入っている。というのも、昔から「楽しくないことはやらない」とずっと思ってたし、口にしてたじゃない、俺。嫌なことは受験勉強だけでたくさん。好きなことしかやらない。人生は楽しくなければ意味がない。仕事も人生の多くの時間を占めることだから、楽しくなければ意味がない。そうするとさ、やはり決めの言葉は「生き甲斐」になるんだよな。

鹿島――ここの「タブローズ」という店名の由来は?

長谷川――最初は「タブロー・ヴィヴァン」にしたかったの。いわゆる「活人画」。映画出演シーンを撮ったらそのまま絵になるようなレストランにしたかったから、タブロー・ヴィヴァンにしたかった。ただ、そのまんまの店名だと、フレンチ色がきつ過ぎる。料理はフレンチじゃないし、フランスのカラーが強いと、アメリカ人が来ない可能性がある。そう思ったんだ。

鹿島――最初にこの店(タブローズ)を訪れたとき、お、これはアメリカ人の見たフレンチだなと思った。で、ぼくのようなフランス屋から言わせると、ちょっと邪道(笑)。

長谷川――そこがポイント。邪道にしないと売れない。

鹿島――そう見切っちゃうのが、長谷川のすごいとこだよ。日本のフレンチは本場でシェフが修業したのがウリの場合が多いけど、それだけじゃダメなんだ。長谷川の店の場合、フレンチをいったんアメリカの文化で翻訳しているよね。タイ料理にしてもそうだ。だからいい意味で無国籍なところがある。それがまた、日本の若い人たちのアメリカニズムに合う。第一、フランス語なら「タブロー」なのに、あえて英語風に「タブローズ」と発音させている。
そういえば、モンスーンカフェは、アジア料理に和食を組み合わせたりしてるよね。

長谷川――和風東南アジア料理。

鹿島――これは成功だったたね。

長谷川――いま、いちばん元気な店かもしれない。やっぱり醤油味がいい。なんといっても、ぼくらにとっては醤油が一番とっつきやすいからね。

鹿島――ビーフン。これがウマイんだ。ぼくの大好物。ホウというベトナムうどんも、ちゃんと日本化している。そうそう、ゼストも日本的メキシカンだよな。

長谷川――メキシコ料理って、ラードをいっぱい使うわけ。だからうまいんだけど、ものすごく胃にもたれる。アメリカでメキシコ料理を食べると、うまいうまいって食べるんだけど、食後が大変なわけ。だからそれを、本物とは違うんだけど、良質の植物油に代えたりとか、そういう工夫をして「ヘルシー指向です」といって打ち出す。

鹿島――それは虚構だ。いい意味でね。

長谷川――世界の人間の魂を奪うのは虚構しかないんです。土着のものをそのまま持ってきてもダメなんだよね。たとえば『カサブランカ』は全部ハリウッドで撮られている。信じられないよな。昔はあれこそがモロッコだと思っていたけど、実は全部ハリウッドのスタジオなの。でも、だからこそあの映画はグローバルな人気をかちとった。料理も一緒。本当のアフリカ土着の料理はおそらく地元の人間の口にしか合わない。だけどさ、クスクスなんかにしろ、いったんヨーロッパの料理に翻訳されたアフリカ料理ってのはうまい。そういう土着の文化を世界言語に「翻訳」するような操作が必要なんだ、みんなに食べてもらうには。

鹿島——たしかに。そこがヒットの秘訣だと思う。でも、長谷川んとこの料理は、イメージにアメリカのテイストは入っているけど、味そのものはアメリカナイズされていないよね。アメリカの飯はほんとにマズイんだよな。悲惨なくらい。

長谷川——アメリカ人は合理主義の権化なの。朝食はシリアルなんだけど、あれらが合理性の象徴だね。完全栄養食品だからビタミンまで全部含まれている。で、このシリアル食ってどんどん大きくなる。俺の女房（アメリカ人）の弟だけど一九五センチもある。女房が言うには、五歳まで食い物はシリアルだけだったらしい。

鹿島——なんか水栽培みたいだな。

長谷川——もう宇宙食に近い（笑）。で、話を戻すとさ、アメリカで商売していて何が難しいかというと、アメリカ人の舌に訴えかけられる味をつくるのが難しい。これ、日本人にはわからない。うまいものではだめなの。俺たちがうまいと思うものがアメリカの一般庶民に受けるか、っていうとだめなんだよね。向こうでも遊んでいる奴ら、鹿島言うところの「スノッブ」ならフランス料理も和食もわかるけど、一般大衆の嗜好は違うんだな。でも、この一般の人たちをある程度納得させないと売り上げが伸びない。向こうで店を出して、味の面で一番苦労したのがこの点だね。

鹿島――今の長谷川の話で思い出したけど、昔プレスリーの伝記映画を観たときに、プレスリーの食い物を見て驚いたことがある。ただのじゃがいものピューレに、ケチャップかなんかをぶっかけたやつ。これをものすごい量で食べるんだ。世界一のロックスターがだぜ。

長谷川――やはりプレスリーも貧しい生まれだったんじゃないかな。

鹿島――ぼくは最近、いろいろな人をタブローズやステラートに連れてくるけれど、みんな喜ぶよ。客層は外国人が多いのかな？

長谷川――この二つの店は外国人比率が高いね。今の時点で半分を超えているから。

鹿島――彼らは、損得勘定に非常に厳しいよね。

長谷川――カネを使わないわけではないんだ。二ドル五〇セントのハンバーガーを「高い！」って文句をいうやつが、価値を認めれば一五〇ドルのディナーを「リーズナブル」と言う。

鹿島――そこが日本人と違うよね。日本人は高くてまずいものを食わされても、そういうものかと思うけれど。それと、長谷川の店に行くたびに感じるのは、従業員がよく鍛えられていると思うんだ。まず絶対的な愛想の良さね。それから元気の良さ。店に入った途端に意気消沈しているような雰囲気じゃ、やっぱダメだからさ。

長谷川――その点じゃ、うちの会社には能力のあるやつが多いぜ。そういうやつだけが生き残れるシステムをつくったんだ。徹底した個人の能力主義。日本の企業や役所の多くは、個人の考えや工夫を否定する文化だろ。大蔵省や興銀に入って自分の意志を貫き通したらまず失敗する。その逆を、うちの会社ではやったんだ。もちろん、鹿島みたいにさ、貫き通せるだけの才能があれば、別なんだけどね。

鹿島――実は、俺、フランス語の教師じゃなくて映画監督になりたかったんだ。日活も受けようと思ったんだけれど、当時は映画産業が左前だった。東大を出たときに映画業界の東京テアトルを受けようと思ったら、「あんなところに行ったらキャバレーの支配人にされてしまうぞ」と周囲に言われた。なるほど、そうかなと踏みとどまったわけだ。

長谷川――本当にそうなんだよ。東京テアトルは上場企業の中で唯一風俗営業をやっている会社なの。ま、そこが逆にいいとこなんだけどね。風俗営業の許可を取っていて上場しているのは、あそこだけだよ。面白い会社だ。

鹿島――そういや、長谷川のところも上場しただろ。

長谷川――九九年一二月七日に東証二部に上場しました。もう上場企業になっちゃったんだよね。でもさ、この商売は店から「妖しさ」が失われたらおしまい。この妖しさをいかに保ちながら、二〇〇〇億円企業にするか。たとえばさ、最近、通のあいだで密かに受けている店がある。誰が経営しているのかわからない。で、それが実はうちの会社の店だったりする。そんなマスマーケティングの逆を行く店を出せるようにしたいね。

4　学生運動よりも女と放浪と松下幸之助

長谷川――俺さ、一回だけ鹿島に優越感を覚えた時期があったの。

鹿島――え、いつ?

長谷川――浪人したとき大野の家に泊まったことがあって、ライオネル・ハンプトンを聴いたときだ。鹿島が一晩中、学生運動の話をしていた。その時点で、俺はもう完璧に、学生運動は戦後日本社会のはしかだと思っていた。だからさ、鹿島が熱弁振るうのを聞きながら、お、もしかしたら、この件に関しては判断力はこいつよりも俺のほうが上かもしれない、とあのとき一瞬思ったんだよね。

鹿島――あのときは、ぼくも驚いた。未だに憶えている。「松下幸之助みたいなのを憎いと思わない?」と聞いたら、「いや、俺は偉いと思うんだよ。あんな偉いやつはいないと思う」っておまえが返してきた。びっくりしたね。あのころ、「松下幸之助が偉い」って言える一九歳はいなかったよ。そういう意味では、俺たちの世代では、長谷川は本当に例外中の例外だ。みんなが左翼運動に走った世代だからね。で、結局ほとんど全員がその後左翼をやめちゃった。浅間山荘事件。俺たちにとって、あの連合赤軍の事件のショックはむちゃくちゃ大きかった。

長谷川――あの事件があったころ、俺はストックホルムで皿洗いをしていたんだ。

鹿島――永田洋子とかが起こしたあのリンチ殺人事件だけどさ、ひとごとじゃないんだよね。俺が連合赤軍になっていた可能性だってものすごくあるんだ。東大にたまたま赤軍派がいなかっただけの話で、もし学内に赤軍派がいたら、そっちに走っていたかもしれない。いや、走っていたんじゃないか。走ったか走らないかの差なんて、どぶ板一枚またぐかまたがないか程度の差でしかなかった。だから、状況次第では、俺が浅間山荘にこもってドンパチした可能性だってすごくあった。その状況だったら俺、間違いなくリンチする側だったろうしな。

長谷川――たしかに、お前は要領がいいから、されるほうより、するほうかな（笑）。

鹿島――でも、俺はスケベだから、可愛い女の子が仲間にいたらまずちょっかいを出す。で、二人ぐらいリンチをした後に、三人目にリンチされて、ぶっ殺される。いや、あの事件で俺は人生観が変わってしまった。俺だけじゃない。俺たちの世代のほとんどが、だ。

長谷川――でも、それが逆によかったね。

鹿島――自分ができないのに、それを棚にあげて相手のことを倫理的に責めると、最終的には赤軍派になってしまう。あの事件を見て、俺はようやくいかに自分がエゴイズム丸出しの人間かということがわかった。それにつけても、長谷川は変わってたよな。あの時代に「松下幸之助は面白いじゃない。いいじゃん」って言えちゃうんだから。他にいなかったよ、そんな奴。

長谷川――生まれてこのかた、サラリーマンになろうと思ったことが一度もなかったからじゃないかな。人の下について自分の魂を売って仕事をさせられるなんて、死んでも嫌だって確信を持っていた。だから、大学を途中でやめてヨーロッパに行った。最高だったね。

鹿島――フィンランド、スウェーデン。当時はフリーセックスの国ってイメージで、情報の少ない日本の大学生からすると、それこそ道端でやっているんじゃないかと妄想してた（笑）。

長谷川――いや、俺もそのイメージに惹かれて行ったわけよ（笑）。それともう一つ、給料がいちばん高かったんだよな。でも、たどり着くまで、カネがかかったかかった。七一年、新宿の日本交通公社で買った、ナホトカ経由でハバロフスクからモスクワ、夜行列車に乗ってヘルシンキまでの片道切符がいくらだったと思う？　当時の金額で一三万五〇〇〇円。今だったらたぶん七〇～八〇万円くらいの感覚だね。

鹿島――当時、飛行機の正規運賃が四二万円くらい。いちばん安いので二八万円程度かな。その半額だね。

長谷川――そう、半額以下だった。俺は学生時代に貯金して、三六〇円で換算したドルのトラベラーズチェックを七〇〇ドル持っていった。ストックホルムに七一年五月に着いて皿洗いを始めたら、ニクソン・ショックでいきなり三一〇円になって大損した。仕事のほうは言葉も通じない闇労働者の扱いだ。でもさ、そのころ日本では、喫茶店でアルバイトすると時給が一八〇円しかない。ストックホルムでは同じ時代で、俺みたいに闇の労働者に五〇〇円も払ってくれる。そうそう、高田馬場の駅前にローリエという喫茶店があったんだけど、その店では美人を集めて高いコーヒーを売っていた。そこの美人の時給が五〇〇円とかいう時代だった。日本の美人喫茶と同じ時給がもらえたんだよね。

鹿島——で、フリーセックスのほうは？（笑）

長谷川——全部ほんと。いまの日本の若い子がそうなのかなあ。「お茶を飲みましょう」が「一発やりましょう」って意味なんだ。

鹿島——え、やっぱ、ほんとの話？

長谷川——そう。

鹿島——俺も行っとけばよかった（笑）。

長谷川——女が「週末に遊びに来ない？」っていうから彼女の自宅かと思ったら、住み込みで働いているお屋敷だった。でも、家族は夏休みでサマーハウスに行っていて留守だから、やりたい放題なの。まさに主の居ぬ間に酒を飲んじゃったりして、いい気持ちになって風呂に入って、さあいよいよということでことを始めたわけ。始めたら若いからすぐイキそうになる。でも、すぐにはイキたくない。延ばしたい。そのときさ、彼女に日本語の直訳で「アイム　ゴーイング」っていっちまったんだ。「カミング」ってとこをね。そうしたら彼女がきょとんとして、「ホエア　アー　ユー　ゴーイング？」

鹿島——ほとんどパーティ・ジョークだな（笑）。

長谷川——それで、気づいてさ、あ、とりあえずどっか行かなくちゃ、って思ったんだな。それで「トイレ」といってトイレに行った。するとさ一回、萎えちゃうじゃない。ベッドに戻ってからいろいろ苦労した。バカな話です（笑）。

鹿島――長谷川ってさ、湘南高校時代もこの手のしもネタが大得意で、ストリップの大権威だった。家の近所のストリップ小屋、富士館によく行っていたんだよね。高校生のときに女の人の局部を見たことがあるというのは長谷川だけだったから、その道の大権威でした。

長谷川――でもさあ、俺、長男だろ。兄貴がいないから、センズリの仕方を誰も教えてくれなくてね。自分で開発したんだよ。小学校四年生の終わりのころ。

鹿島――ませガキだ（笑）。

長谷川――春休みにスキーに行ったら足をくじいて二週間寝たきりになった。でさ、やることがない。そのときです。ぼくが開発したのは。

鹿島――この話が好きなんだよ、長谷川は。昔からね。

長谷川――これを仲のいいやつらに教えたわけ。みんなハマってね（笑）。猿にセンズリを教えてしまうと、死ぬまでやるというけどさ、あのくらいの年のガキはまさに猿と一緒（笑）。ちなみに俺が猿から類人猿に昇格したのは二五歳になってから。前の女房に逃げられてからだ。それまでは、獣に近かったね。

鹿島――そうかもしれない。少なくともぼくの高校時代のイメージは、ほぼ獣（笑）。金髪美人を連れて帰国したときも、長谷川らしい趣味だよなという感じだった。

長谷川――今の女房はもっとでかい。身長六フィートだからね。アニタ・エクバーグよりおっぱいも大きい（笑）。

鹿島——長谷川の趣味は一貫してるね。

長谷川——ＤＮＡに組み込まれているね、これはもはや。ソフィア・ローレンとカルロ・ポンティなのよ。今の女房には結婚前に約束させたことがあったの。「俺と一緒にいるときには絶対にハイヒールは履かないと約束してくれ。でないと結婚しない」って。でも今は高いヒールの靴を履くんだよ。身長は一八〇㎝以上あるのに一一㎝のヒールをはくと一九〇㎝を超えちゃう。隣にいると、ソフィア・ローレンとカルロ・ポンティそのままなの（笑）。

5 「居心地の良い空間」を分析する能力

長谷川——店をつくってきて、俺にとって何より役に立ったのは、若いころ、鹿島たちと映画を観たりジャズを聴いたり本を読んだりしたこと。それが後になって自分が海外に行ったときに「ああ、あの映画で観た」とか「ここが映画のシーンだ」とかって、もう一つ感受性の深いところにアンカーされるわけ。で、最後に、店づくりに活かされる。世界の本物を見て、世界に通用する本物だけをつくろうと思えるんだ。

鹿島——自分の商売は一つの作品だ、そう信念を持って言える人間じゃないと名前の残る仕事はできない。今まで、俺もいろいろな成功者について書いたけれど、共通しているのはやはり自分がほしいものをつくる、ってとこだね。

長谷川――ディズニーの映画が際立っているのは、見ている子供たちがその世界に入りたくなるような空間を描けているからだね。ヨーロッパの古い都市に行っても、そういう場所の魅力を非常に感じる。ただ、そこで具体的に、何に魅力があるのかが分析できるかどうかが、ぼくのように店をつくる人間にとっては問題になる。

鹿島――要するに、なぜ自分がその場所が好きなのかが理論的に分析できる。法則性を見抜く能力があるんだ。長谷川のいちばんの能力だね。

長谷川――数少ない才能の一つだったかもしれない。若いころから、なぜここは落ち着くのか、なぜここは楽しいのかっていうことを常に考えていたんだよね、なんでいいのかなって。『カサブランカ』のリックス・カフェもそうだし、それから劇場美術。あれは、ものすごいイメージの宝庫だよね。ブロードウェイのミニショーとかを観に行くと、限られた空間で、一つの世界を構築している。そういうところに座っていると、いいなあと思うわけ。

鹿島――その居心地の良さを、自分の店づくりに応用している。

長谷川――俺は世の中で評価を受けているインテリア・デザイナーの作品はたいてい見ているけれど、いちばん感銘を受けたのはジュリアナ東京を設計したリサ・ダールだった。フィリップ・スタルクはどちらかというとアーティストだね。インテリアというのは、最終的には動物としての人間にとってどれだけ心地よく楽しい空間づくりができるかという話で、それには動物心理学、人間の心理学の勉強が必要だと思う。人間工学を勉強しないと、本当に心地よい椅子はつくれないというのと同じだ。心地よい空間をつくるためには、心理学的に人間はどういう環境だと落ち着いて、どういう環境だと楽しいかということがわからないとだめなんだ。リサはそれがわかっている。

鹿島――ジュール・ヴェルヌに『地底探検』というのがある。入っていくと、地球の中に空洞がある。あれは人間の基本的な胎内回帰の願望の子宮だよね。

長谷川――四月の末ごろ、まさしくお台場に子宮的な内装の店をつくったんだ。景色ゼロ、天井はフロアの設備関係や配管が全部通っているから高く取れない。どうしたらいいかというので、洞窟レストランにしてしまおうということになった。『地底探検』の最後は、お皿みたいな岩の上に乗ってマグマと一緒に出てくるでしょう?

鹿島――中に海があってね。

長谷川――まさに子宮だね。

鹿島――ジョン・フォードの『荒野の決闘』が三宿のゼスト、フェリーニの『甘い生活』がラ・ボエム。ジュール・ベルヌの『地底探検』がお台場のゼスト。まさに映画だよな。

長谷川――鹿島さん、みんなあなたのおかげです。本当だよ。鹿島がいなかったら、ああいう勉強はさせてもらえなかった。たまたまそういう素養が店づくりに生きるんだね。

鹿島――俺も思うんだ。一五～一六歳くらいのいちばん吸収力の盛んなときのことは、その時点では全然意識しないけれどボディ・ブロウみたいに後できいてくるね。

6 本物のグローバルダイニングへ

長谷川――原宿のラ・ボエムが今年（二〇〇〇年）で二〇年。やっと商売らしくなった最初のころは楽しかったな。店も少なかったし。原宿なんか、夜九時を過ぎると人通りもぱたっと止まっちゃうところだったからね。他に行くところがないから、あそこに入りびたって東京に来ている外国人のモデルのおねえちゃんとよくダベってたよ。

鹿島――やっぱり外人客が多い店だった。

長谷川――モデル・エージェントの社長はだいたいみんな知っていたから、うちがオープンするとハイヤー五～六台でシャトル便をやるんだ。招待状を出して、みんなに来てもらう。独身時代は非常に華やかなパーティだった。通りがかりの人が中をのぞいて、「なんだ、これ」って人だかりがしてくる。結婚してぱたっとやめさせられたけどね、女房に（笑）。ロスでも同じだった。ロスのエリート・モデルのエージェントに行って、うちの店がオープンするからって招待した。純粋に商売のオープニングだったから、すごい効果があったよ。その後、来てくれるわけではないけれどね。

鹿島――今後の海外への出店予定は？

長谷川――ぼくは、税制のいい国の主要都市には全部、うちの店を出したいね。

鹿島――文字通りグローバルダイニングを実現しようというわけだ。

長谷川――そう。国内では、今後、郊外店の本格的な開発に乗り出す。横浜の港北ニュータウンに一軒出したけど、その次をもう計画している。狙っているのは、東急田園都市線の沿線だ。あの沿線は最高の場所だね。マーケットはかなりあるとにらんでいる。

鹿島――潜在需要はすごいよ、あの地域は。

長谷川――かつて西麻布や六本木で遊んで、うちの店で「夜お茶」をしていた二〇代、三〇代の世代が、もう今では結婚して子どももいて、田園都市線沿線に家を買っているからね。

鹿島――都心に住んでいれば店はいろいろあるけれど、田園都市線沿線にはない。その世代は子どもがいても遊びたいという願望が強くて、連中の需要を掘り起こせばすごいことになる。

思い起こせば、俺がフランスから帰ってきたとき、つくづく、夫婦で行ける店が日本にはないな、と思ったよ。子どもが寝てしまってその後に夫婦で行く店がゼロだからね。その需要はいま、相当あるはずだ。特に若い夫婦の多い郊外地域はね。

長谷川――今年は港北ニュータウンとお台場と幕張に出店した。でも井戸みたなものだから、絶対に過剰出店はしない。その先は、いよいよ湘南です（笑）。

鹿島——お、凱旋するわけか。

長谷川——うん、いずれね。でも、最近、鹿島には感謝しているよ。おまえがいろんなところで俺のことを書いてくれるから、お、長谷川の戦略には文化的な裏づけがあったんだ、と過大評価してくれる向きが増えたんだよな（笑）。

鹿島——でもさ、それは逆に言うとさ、三〇年の間、俺が古今東西の文献を読んでやっとたどりついた「人間はいくら働いて豊かになっても金がたまっても、自分のやりたいことをやって、自分に正直に生きないと幸せにはなれない」という幸福観を、長谷川が最初から気づいていたってことなんだよな。しかも、その感覚を、きっちり経営に生かしてるんだから。

長谷川——これほど幸せなことはない。

鹿島——その通り。

——代官山タブローズで午後八時から始まった対談は酒の勢いもあって延々と続き、深夜零時を過ぎるころには隣のシガーバー「タブローズラウンジ」に移動、タイムアップは午前四時！その後長谷川と別れた鹿島は、編集者と近所の代官山ラ・ボエムでパスタとビールをとり、電車が動き出すのを待ったのであった。

第4部
解説
鹿島茂
（共立女子大学教授）

ちょうど今から一年四カ月前の一九九九年の夏、私はある雑誌の連載で、六本木の盛り場成立史を調べていた。そのときどうしても七〇年代の六本木のレストランやバーのことを知る必要が生まれたので、高校時代の友人で六本木・青山エリアにレストラン・チェーンを展開している長谷川耕造のことを思いだし、六本木にまつわる昔話を聞かせてもらいにでかけた。このとき、長谷川は、聞き手が古い友人だった気安さからか、たんに六本木の思い出ばかりか、自分が飲食業界に入ったきっかけから、今のグローバルダイニング帝国を作り上げる苦心談、さらにはその独特の経営哲学に至るまで、すべてざっくばらんに語ってくれた。

私は、彼の話を聞きながら、もしかするとこの男は単にレストラン業界の風雲児であるばかりか、相当にラディカルな経営思想、革命的な労働観の持ち主ではないだろうかという気持ちになってきた。というのも、私はフランス文学が専門でありながら、資本主義の原理をつくった日本やフランスの起業家たちにも興味があって、彼らの伝記をいくつか書いたことのある関係で、長谷川の企業理念や労働観が、これまで類を見なかったようなユニークなものであることがたちどころに理解できたからである。

おいおい、お前、いつのまにかそんな「革命家」になっちゃったんだよ、というのが偽らざる心境だった。彼が、卓越した経営者であることはわかってはいたが、日本人の企業経営理念を根底から覆すほどのラディカルな革命家であるとは迂闊にもこれまで気づかなかったのである。

そこで、知り合いの日経BP社の柳瀬博一氏とジェイ・キャストの渡邊直樹氏にこの話をしたところ、かねてから長谷川のグローバルダイニングの企業展開に興味をもっていた両氏は、私の話におおいに興味を示され、それなら、私が聞き手になって、高校時代の思い出から経営哲学に至るまで、長谷川に存分に語ってもらうような本を作ってはどうかと提案された。

かくして、足掛け一年間にわたって、私と長谷川が両氏立ち会いのうえで、腹を割って（友人ゆえに腹を割る必要もなかったのだが）何度か対談し、足りない部分を両氏が長谷川から直接聞き出して、ここにあるような本ができあがったのである。最初、私と長谷川の対談という形式を取ったのだが、あまりに長谷川が理路整然とその経営思想を語るので、いっそ、対談形式は高校時代の思い出の部分に限り、経営と生い立ちに関する部分は彼の一人語りとし、それに編集部による補助的な説明を加えたほうがビジネス本としていいものができると判断した。実際、なかなかユニークなビジネス本に仕上がったと自負している。

※

さて、この本の締めくくりとして私に与えられた任務は、私が一年四カ月前に長谷川にインタビューしたときに感じた彼の経営哲学の、ほとんどコペルニクス的とも呼んでいい革命性がどこにあるのか、そして、それがどのような過程で生まれてきたかを証明することである。

まず、次の四択をご覧になっていただきたい。

①やりたいことをやって、お金を儲ける。
②やりたいことをやるが、お金は儲からない。
③やりたくないことをやるが、お金は儲かる。

④やりたくないことをやって、お金も儲からない。

このうち、だれもが、願望や理想としては、「①やりたいことをやって、お金を儲ける」を選ぶだろう。だが、現実にはそれは不可能ということで、「②やりたいことをやるが、お金は儲からない」か「③やりたくないことをやるが、お金は儲かる」かのいずれかの選択を強いられる。

一般に、アーティストや自由業を取る者は②で、サラリーマン、とりわけ大企業のサラリーマンへの道を選ぶ者は③ということになっている。だが、現実には、この②も③も、案外、茨の道なのである。

②の場合、魂を売らずに、やりたいことをやるつもりが、生活の苦しさに耐えかねて、やりたくないことをやるはめになることが多い。

また、③の場合には、魂を売り渡してやりたくないことをやった代償に、お金だけは確保したつもりが、収入が予想よりも少なく、魂を売り渡しただけの結果になるケースも同じように多いのである。

そして、最終的に、だれもが絶対にこれだけは避けたいと思っていた、「④やりたくないことをやって、お金も儲からない」という選択肢に収斂されてゆくのである。ひとことでいえば、四つある選択肢のうち、現実性のあるのは②か③であるかに見えながら、結局は、ほんの一部の人が享受する①の選択肢と、大多数の人が強いられる④に分かれるのである。そして、大部分の人は、それが社会というものだと、ある種の諦念をもって納得しているのである。

だが、本当にそうだろうか、というのが、長谷川耕造が提起した疑問である。彼の語ってい

ることをせんじつめれば、仕事や労働というものは、
①やりたいことをやって、お金を儲ける。
②やりたいことをやるが、お金は儲からない。
の二つの選択肢しかない。つまり、仕事や労働というものは、究極のところ、金が儲かるか儲からないかは別にしても、自分のやりたいことをやる以外にはないというのである。そのほかには生きがいを見いだすことはできないからだ。

「人間はいくら働いて豊かになって金がたまっても、自分のパッション、情念に正直に生きないと絶対に幸せになれない」

長谷川がここでいっている労働観は、じつは彼が最初にいい出したものではなく、すでに一九世紀に、理想社会を目指した社会運動が起こったときに始まっている。

一九世紀の初め、フランスには、サン=シモンとフーリエという二人の思想家がいて、理想社会のプランを巡って論争していた。サン=シモンが生産や産業という要素を重視して、個人が産業に従事して金を儲けると同時に社会全体が豊かになる社会というものを「幸福な理想社会の」目標にしたのに対し、フーリエは、幸福な社会というものは、いくら個人と社会全体が金持ちになっても、人間が自分の一番やりたいと思うこと、つまりパッション（情念）というものに忠実な仕事をしていない限り、その人にとっての幸せはないと喝破したのである。

このサン=シモンとフーリエの思想に照らしていえば、戦後の日本の社会は幸せの価値を金銭において、社会と個人の富裕化を目指す点でサン=シモン的といえる。それに対して、長谷

川は、あきらかに、フーリエの側に立つ人間だといっていい。いや、彼は、それ以上のことを考えているのである。

すなわち、人間にはそれぞれ能力や才能やガッツの限界というものがあるので、②のように、やりたいことをやっても、お金が儲からないこともあるが、しかし、能力と才能とガッツのある人ならば、やりたいことをやって金を儲けることはけっして不可能ではないというのである。しかも、組織の中にいながら、その組織に魂を売り渡さずに、やりたいことをやって金を儲けることさえ、可能なのだというのである。

「金も稼ぎたいけれど、金を稼ぐために魂を売らないですむ会社組織を私は作ってきた。私の考えている会社の理想形は、ブロードウェイの劇場や大リーグの組織のようなかたちです。マグワイアやサミー・ソーサは、大リーグに雇われた身とは自分たちのことを思っていないはずです。ただし、彼らスター選手といえども、大リーグという組織がなければ金を稼げない。私は、社員と会社の関係をこれと同じようにしたい。うちの会社は、自分がサラリーマンだと思っている人間が『いられなくなる』仕組みで動いています。だから社員たちにはいつも言っている。俺が構築した『グローバルダイニング』というシステムのうえで、自分の才能を会社に売る〝大リーガー〟になれ、と」

大リーガーというのは、大リーグという組織の中の個人事業主である。個人事業主であるからには、得るものも失うものも、すべて自分の責任である。自己の肉体と精神を鍛えるのを怠れば、すぐに成績は落ちて、年棒は下がる。その反対に自己鍛練を怠らず成績を残せば、報酬はそれに正比例して増加する。しかも、日本のプロ野球とちがって、チームの和のために自分を犠牲にすることもない。これぞ、組織にいながら、組織に魂を売らずに、やりたいことをやって金を儲けることのできる仕組みなのだ。

だが、われわれのような凡人は、たしかに、それはその通りだけれども、日本のようなピラミッド型の会社組織で、そんな大リーグのような形態が作れるのかと疑問に思うだろう。それはできるし、げんにそれでやってきたからこそ、グローバルダイニングがここまで伸びてきたというのが長谷川の答えである。

その答えの一つは、完全なかたちでの実力主義である。だが、じつは、この実力主義というやつが問題なのである。

最近では、日本の企業も年功序列制を廃止して、実力主義、実績主義の導入に踏み切るところが出てきたが、もっとも肝要な「実力」「実績」をどう評価するかという問題がクリアーできていない。大リーグのように、歴然と数字になって表れる職場なら問題はないのだが、むしろ、そうした部門は少ないといえる。そこで、実力主義、実績主義をうたいながら、結局、上からの、つまり人事部による査定という要素が入ってきてしまい、現実には実力主義、実績主義が少しも実力や実績と結びつかないことになる。この点を長谷川はどう解決しているのか?

まず実力主義について。

「店長の実力はすべて数字に表れてくる。数字だけ見ていれば全部わかります。売り上げだけではなく、客の回転数なんかを含めてすべて数値化できます。売り上げや原価率、人件費率など、客観的な数字でしか評価しません。頑張ってるんですがなかなか数字が伸びないんですよ、なんていうやつは頑張ってないと判断します。できる人間にはメンバーもお客さんもついてきます」

つまり、大リーグと同じく、実力はすべて、数字で評価し、情実も、上からの評価も一切入り込まないガラス張りというわけだ。いいかえれば、グローバルダイニングの社員は、だれがどれだけ数字を残して、どれだけの給料をもらっているかということを全員が知っていることになる。この査定も評価も一切入らないという点がグローバルダイニングの実力主義の画期的というか、革命的なところである。

長谷川に話をさらに詳しく聞いたところ、彼自身もここに至るまでの過程で、人事考査システムや就業規則を詳しく研究し、ありとあらゆる評価基準をもうけて、上からの評価を試みてきたのだが、結局、それらの査定システムは、それを維持するための費用がかさむばかりで、どううまく運用しても、かならずだれかしらに不満が残るだけだと気づいたというのだ。

その結果、ある時点から、上からの評価も査定も一切やめてしまい、数字だけで判断するようになった。この数値化に成功したことがグローバルダイニングの躍進につながったのである。日本的な人事部こそが日本企業の最大のガンなのだという。なぜなら、人事部による査定システムがある限り、社員は人事部や上司のほうを見て仕事をすることになり、顧客のほうを見なくなるからだ。

「上司にサービスしてどうするんだ。上司にサービスしている暇があったら、お客さんを喜ばせろ、です。それが俺たちの仕事だろ」

だが、完全に数値化されたシステムになっていても、その数値化の過程に納得がいかなかったら、不満も起こってくるが、そこもまたグローバルダイニングではガラス張りになっているのである。

たとえば、その数値化のもとになる実績主義について。

「うちでいう実績主義は、利益配分とは違う。前年対比の売り上げを中心とした予算達成率です。だから、店や設備が古いといういいわけはできないシステムです。以前は予算達成率が三期連続マイナスすると店長降格だったのですが、今はもっと厳しい。椅子取りゲームにしている。今三〇店舗あります。ケツの三店舗に入って三カ月安定してしまったら、店長会議で裁判にかけます。その結果、だめだったら降格です。裁判だから、私が決めるのではなくて、店長全員の投票による多数決で決めるのです。それがフェアなルールだし、そのシステムが機能しなくなると会社がつぶれてしまいます。そのかわり、できる人間には報いるインセンティブ・システムを構築しました。アルバイトも社員も店長も、実力があれば報酬はどんどん上がっていきます」

長谷川のいうところでは、実力のある店長は、年収二〇〇〇万円を軽く超えるそうだ。しかも、上限なしだから、稼げば稼ぐだけ、収入はアップしてゆくのである。今では大企業の社長ですら、年収三〇〇〇万円は少ないというのだから、これは驚くべき数字である。

だが、ここで単純な疑問が生じる。店長が実力主義で、実績に正比例した収入を得るのはわかった。では、下で働く人間はどうなのか？　たとえば、店長が、数字だけを残すために、部下を絞り上げ、いわば、彼らの労働の搾取の上に数字を出すようなことはないのか？　ひとことでいえば、業績至上主義による人間疎外は起こってこないのかという疑問である。

これに対して、長谷川は次のように答える。「一将功成って万骨折る」型のシステムになってしまう原因は、大将だけに権限と命令系統が集中している場合が多いことにある。また、そうでなければ業績が上がらないようになっている。ところが、グローバルダイニングは、その反対に、権限を委譲し、実力のある部下を育てなければ業績が上がらないようなシステムを採用しているのだという。

「うちの店は、年中無休なうえに営業時間が一七時間半と長い。大きく分けると、昼間の早番、ディナーの中番と遅番と、シフトの時間帯は三つ。店長の下に、三つの時間帯それぞれに大将をつけます。三人の大将が、自分の部下を採用する。彼らを鍛えて、一人前になっている部下が多ければ多いほど、そこでの生産性は上がります。

レストランという商売は、戦争に近い。売り上げ予測をするときに用意するのは、そのマーケットに何があるかを知るための地図、カレンダー、それに天気予報。この三つの情報が全部必要です。予測には正確さが求められるけれど、当然、何日かは外れる。今日勝負できないと今月は負ける、というときに勝負できるスタッフを育てているかどうか、これも大将の実力です。その大将たちを束ねるのが店長の実力です。厳しいけれど、予測があたって勝てば面白くてたまらなくなる。ディフェンス勝負の日もあります。そんなときは人件費を抑えて、守りに徹しつつ、いかに売り上げるか勝負する。勝てれば最高の気分です」

ようするに、年中無休で長時間労働だから、現場に権限を委譲して、部下にやる気を起こしてもらわなければならない必然になっているのだ。

長谷川に直接聞いたところでは、これは、六本木に初めてパブ・ゼストを出したときの経験から割り出したものだという。最初のうち、ゼストにあまり客が入らないので、不安で不安でしかたなく、営業時間をどんどん遅くしていった。これが夜の盛り場六本木とマッチして、客を呼ぶようになる。その結果、閉店時間は午前二時が三時に、三時が五時になる。三時に閉店したのでは従業員にタクシー代を払わなければならないが、五時なら地下鉄が走る。なら、五時までやっちゃえということになったらしい。

しかし、午前一一時開店で、朝五時閉店では、いかに肉体が頑健でガンバリ屋の長谷川といえども体がもたない。おまけに働きすぎて家庭を顧みなかったために、愛妻に逃げられてしまうという人生最大の危機を迎える。これはまずい、なにもかも自分で切り盛りしようというのは、自分も他人も不幸にしてしまう危険がある。だからといって、従業員にガンバリを強要して絞り上げると、今度は従業員が簡単にやめていって、その負担が自分に降りかかってくる。ならば、従業員に権限を委譲して自分の負担を軽くするのがベストである。これが、長谷川が試行錯誤の後にたどりついた結論だった。

実際、グローバルダイニングの権限委譲システムは徹底している。その一つが担当制である。担当制というのは、時間帯の担当、業務の担当、それに場所別の担当である。

時間帯の担当というのは先にあげた三交替制度。

業務の担当というのはバックヤード、つまり裏方の担当で、棚卸し、ユニフォーム、清掃など。どの担当にも最高責任者がある。また、担当は併用も可能で、それがこなせる人間は給料や時給で差がつく。

「店の実力を見るいちばん簡単な方法は、裏口から入って裏口を見ること。一目瞭然です。裏口がきれいな店は、掃除の担当制を機能させている。責任者に権限を委譲して、きちんとこなす人間に報いていないと、裏口まできれいにはならない。掃除を徹底できるかどうかは、実力をはかる物差しになる。店長も誰が実力があるのか、信頼できるのかがわかってくるわけです」

場所別というのは、キッチンの担当とフロアの担当のこと。

キッチンでは仕入れや仕込み、ラインなどの区分けがあって、同じくそれぞれに最高責任者がいる。

しかし、なんといっても、グローバルダイニングの担当制で特徴的なのはウェイター、ウェイトレスによるフロアの担当だろう。というのも、欧米ではチップの制度があるので、この場所別担当は容易だが、日本ではチップがないので、この部分で能力給を導入するのは困難だと思われてきたからだ。それを、グローバルダイニングでは、テーブルで会計をすませるヨーロッパシステムを採用することで、この問題に解決を与えようとしている。なぜなら、これだと、場所別担当者によるサービスと報酬の差別化がつけやすく、ウェイター、ウェイトレスのやる気ががぜんちがってくるからである。実際、グローバルダイニングの店に初めて入った客が驚くのは、そこのウェイター、ウェイトレスのサービスの質と技術が他店とは断然ちがう点だ。愛想がよくて客あしらいがうまいばかりか、こちらが、何か注文したいときには、呼ばなくても、そこにいてくれる。勧め上手だが、客はそれでいて、無理強いされたという印象を受けない。次に行ったときには、顔を覚えていてくれるから、ほとんど友達の店に来たような感じさえする。最初、私はよく訓練されているなという印象を受けたが、長谷川に言わせると、これは訓練して覚えさせられる類いのものではなく、そのウェイター、ウェイトレスのもって生まれた才能だという。

「お客さんのハートをとろけさせる技術と知識を、ぼくらはマシンガンとか大砲という。これは、お客さんが何か必要があって振り向いたときに、ウェイターがそこにいられるかどうかです。つまり、読心術です。まず、テーブルの状況を理解しているかどうかということ。一〇テーブル担当できるウェイターの力量とは、一〇テーブルの進行状況を常に全部頭に入れられる能力です。そのテーブルではだれがホストなのか、どのような状況で、どのようなニーズが出てくるのかを推測できなければなりません。それができるようになると、何か必要だと思ってお客さんが振り向くと、そこに必要なものを持って立っていられるウェイターになってしまうのです」

この、客のハートをとろけさせるサービスの例として長谷川がよくあげるのは、カップル客の男のほうが女の客に電話番号を聞き出すことに成功したはいいが、筆記用具がない！　という瞬間に、後ろを振り向くと、ボールペンとメモ用紙を持ってウェイターが立っていたというエピソードである。もし、こんなイギリスの執事（スチュワード）のようなウェイターがいたら、客は自分専用に雇いたいとさえ思うだろう。こうした実力派のウェイターにとって客の名前や顔を覚えるのなどは基本中の基本だという。

「誰だって、一回会っただけで自分のことを覚えていてもらったら、うれしい。二度目に来店したときに彼が、『○○さん、どうも。この前と同じお飲物でよろしいですか』というと、もうこの店にハマります」

ただし、ウェイターやウェイトレスは、客の僕（しもべ）になってはいけない、と長谷川はいう。僕（しもべ）にかしずかれても嬉しいとは思わないが、友達になら、また会いにきたくなるからだ。

「そうすると、お客さんがこのウェイターを愛し始めてしまう。『おかわりはいかがですか』と言われたら、『ノー』と言えなくなる。これはもう天性の才能です。ＤＮＡです」

こうしてウェイターとしての才能をもった人間にとって、働けば働くだけ収入がアップするというシステムはこたえられないだろう。事実、グローバルダイニングでは、正規の社員でもアルバイトでも完全な実力給で、すえ置き期間はなく、実績さえあげれば、数値化されたポイント制ですぐにでも報酬はアップする。アルバイトのなかには、時給三五〇〇円の者もいるというから驚きである。

しかし、驚くのはまだ早い。正社員でもアルバイトでも、昇給、昇格は、上役が決めるのではなく、自己申告制だというのだ。

「昇給、昇格、そして店舗の異動も自己申告制です。本人から申告があってはじめて会社として検討します。『あいつは最近よくやってるから昇給させてやろうよ』なんて、おせっかいはしません。昇給とか昇格は会社の問題ではなく、本人の問題ですから。申告のない人間は、まだ自分に自信がないのだろうと考えます。新しい店をオープンするときはその情報を全店にＦＡＸします。希望者は自分で手をあげること。その後店長会議にてまず店長を決定し、その店長がメンバーを選びます。通常の人事異動に関しては、希望先の店長がＯＫと言えば、いつでもその店に異動することができます」

通常の会社では、昇給、昇格、人事異動こそが、上層部の腕の見せどころで、人事部を通してその意志を見せつけ、社員を恫喝したり、喜ばせたりするものだが、長谷川は、それこそが日本企業の最もいけない点であるという。

「会社が勝手に人を動かす人事異動ほど、生産性を落とす会社側の行為はない。だから、うちでは人事異動を会社が仕切らない。働きたいやつは勝手に動くシステムです。本人が主体的に望んで動くのだから、出てくる結果は会社が仕切る場合と全く違ってきます」

たしかに、いくら実力主義でも、働きたくない環境で働いていれば、実力は発揮できないし、生産性は落ちる。働きたいところで働くのが常にベストなのである。

ただ、人事異動、昇給、昇格が全部、自己申告制で、しかも完全に能力給で、上限がないとしても、最後の、最も根源的な問題が残っている。従業員が、やりたいことを、こころから楽しんでやっているかという問題である。

はっきりいって、ウェイターという仕事は、プロ野球とか映画監督とかミュージカル俳優などとちがって、だれが見ても楽しそうだといえる類いの仕事ではない。そして、これはウェイターにかぎったことではなく、世間のあらゆる職業、仕事についていえる。プロ野球のような楽しそうな仕事なら、放っておいても、やりたいことをやろうとする人間が集まってくるだろう。だが、そうでない仕事でも、同じことが可能なのか？

絶対に可能だというのが長谷川が試行錯誤の中から出した答えである。それは、仕事をゲームのようなものにしてしまうことだという。ではゲームとは何か？　それは、より大きな困難にあくなきチャレンジを繰り返すことである。

「楽しいゲームは麻雀にしてもゴルフにしてもとても難しいわけだ。言い換えると、これをやろうと決めたときに、その前にたちふさがっているのは永遠に続く壁だ。では楽しいゲームの本質は何かというと、壁を登り切ったか、もしくは壊したときに感じる五分間のエクスタシーだ。これを一度味わうと、楽しくてやめられなくなってしまう」

仕事自体の内容は単調で退屈なものでも、こうした困難にチャレンジし、それを克服する達成感を与えることができるゲーム的システムをつくりあげられるのなら、その仕事は楽しく、しかもやりがいのあるものになるというわけである。

しかし、仕事をゲームに変えるには、最低限守らねばならない三つのルールがあるという。一つは公正なルール、参加者の意思の尊重、ゲームに勝ったときの報酬である。

「グローバルダイニングのモットーは、公正さと規律（フェアなルールの確立）、個人の意思の尊重（やりたいゲームは自分で選ぶ）、実績主義（プロのプレーヤーだから、やったらやっただけ）の三つです。

企業理念の『楽しく生きる、楽しく仕事をする』というのはどういうことか。それは、仕事をどうやって楽しいスポーツ化、ゲーム化していくかということです。モットーに掲げた三大条件が楽しいゲームの必要最低条件です。ルールは明快でなければ」

ただし、長谷川のいう「このゲームとしての仕事」に加わるには、絶対に押さえておかなければならない前提条件がある。それは、ゲームに参加したいという「意思」の有無である。たとえ他の人にはどんなに楽しく思えるゲームでも、参加の意思のない人間には、ちっとも楽しくないのは当たり前だ。その代わり、ゲームが好きで参加する人間にとってはゲームが複雑で難しければ難しいほどやりがいが感じられるものなのだ。

長谷川がこのことをいやというほど実感したのは、参加の意思がないにもかかわらず参加してしまったゲーム、つまり受験勉強というものを強いられたときである。無理強いされた困難ほどつらいものはない。その反対に、二一歳のときの海外放浪のように、自分から進んで引き受けた困難は少しも苦痛でないばかりか、それを克服したときの喜びは計り知れない。

「『人生は何が楽しいのか』を教えてしまうと、すごいですよ。グローバルダイニングでは机上の学問は学べません。でも、ほんとうのナマのレストラン学ならば教育できます。人生の生き方は教育できます。『無限の可能性にチャレンジをして、人生を楽しく生きる。僕らの目的は人生を楽しく生きることで、そのために仕事をしましょうよ』というのがうちの思想。これがわかれば、自分から望んでより難しい店へとステップアップしていきます。その舞台とシステムはしっかりつくってきました」

だから、スタッフを採用するときに一番決め手となるのは、この困難なゲームにチャレンジする意思が有るか無いかであるという。チャレンジ精神のない人間は初めからゲームに参加しないほうがいい。人間には向き不向きがあるのだ。

「採用のときに私が見るのは、人間として強いかどうかだけです。質問するときに突っつくと、強いとかしぶとそうとかは検討がつく。別にけんかが強いかどうか、ではありません。本能的な強さ弱さ、これはけっこう当たります。この仕事に向くか向かないか、こういった面を読もうとすると、外れることが多いですね。大事なことは、試用期間中にやらせてみてだめだったらなるべく早く結果を出すことです。『おまえは水泳部だよ。陸上部に入るなよ』と言ってあげるわけです」

この最後のところが、案外、重要なのである。というのは、日本人はとかく、才能のない人間でもガンバリ次第で強くなれると思いこませて根性主義に走ることが多いが、この軍隊的な根拠なき根性主義こそは長谷川が否定してやまないものだ。人間はなにも全員が陸上部に入る必要はない。水泳部に入ったほうが実力の発揮できる人材も少なくないのだ。

「それぞれの会社には思想があります。その思想を受け入れられないのならば、入社すべきではないし、入社したあとでそう感じたのならば、一秒でも早くやめたほうがいい。日本では、入社させた人間は最後まで面倒をみるべきだという声が多いかもしれませんが、私たちはそうは考えません。終身雇用くそくらえです。欲のあるやつ、ナンバー1にならないと気がすまないやつ。牙があって、自分の人生のために生きているやつ。こうと決めたらあきらめないやつ。言いたいことは言わずにはいられないやつ。仕事を最高のゲームだと思っているやつ、そういうやつらとだけずっと仕事をしていきたい。ただし、あくまでも仕事のうえでの話です。人間の価値は、仕事ができるとか、金や地位で決まるものではない、そうでしょ?」

まったく泣かせる決めゼリフだが、これはウソいつわりなく、長谷川が考えていることである。日本企業の馬鹿げた滅私奉公的側面を否定するために彼がよく引き合いに出すのは元阪神タイガースのランディ・バース選手のケースだ。

「日本人の多くは、自分の人生の価値を忘れて仕事をしています。それは日本の悪しきシステムに飼育された結果です。私からいわせてもらうと、日本全体が飼育されてしまっているわけです。かつて、阪神タイガースのランディ・バース選手は、自分の子供が難病にかかり、試合をすっぽかして母国に帰った。日本では彼のとった行動をものすごく非難した。でも、彼のしたことの何が悪いのか? 非難した人に『あなたは、家族より仕事を選びたいんですか。仕事と家族、どちらか一つといったら、家族でしょう』と言いたいですね。私は社員に、『家族に緊急事態が起きたときに、すぐに駆けつけずに仕事をやっていたらたたきのめす』と言っています。仕事どころじゃないだろう、という話です。口だけでなく、本心でそう言う。すると、家族を大事にする社員ならば、この会社を大事にしてくれる」

実際、猛烈な労働をしているように見える店長でも、週休二日はしっかりととっているし、年次休暇もある。長谷川自身も、再婚した奥さんとの間にできた三人の子供の子育てにはしっかりと参加しているのである。これは、さきほど述べたような権限委譲システムが稼働しているからこそできることなのだ。

才能があり、なおかつガッツがある人材だけを採り、それを育てるというのは、こうした人間の基本的条件をクリアーしたあとでのことである。

「ビジネスのエッセンスは、いい人材を採用して、育てることです。いい種を持っている人間は、その種が育つのを邪魔せずにすくすくと伸ばす環境にあれば、おおまかな方向性を与えるだけで全部自分で育つことができる。それが多分いちばんのビジネスパワーの源泉になります。採用した人間の才能が花咲いてくると、ほんとにうれしいし、楽しい。だから、自分を超える人間をどんどんつくっちゃえば、あとは株主でいられるわけですから」

しかし、そんなにいい人材が、今のこの日本にいるのかとだれしも思うだろう。絶対にいる、しかもたくさん、というのが長谷川の答えだ。ただし、その人材は一流大学を出た学卒者などの中にはないようだ。

「今の若者はだらしないというけれど、私は自分の会社の社員に関してそれを感じたことがありません。こんなに根性のあるやつらはいない、ほんとうにすごい、私はそう思っている。なぜでしょうか。それは、社会の常識を否定する日本の社会の反逆児だけを採っていたからです。たとえば、昔は暴走族の頭だったやつがいる。在日韓国人で虐げられて育ってきたやつがいる。そういう人間ばかりがうちに来る。こいつらは、やりたいことだけをやる。ほんとうにやりたいことだったら命をかけてやる。逆にやりたくないことは死んでもやらない」

なるほど、ウルトラ級にガッツと才能のある人間だけが集まってきて、それがふるいにかけられて、その中のエリートだけが勝ち残るK1グランプリのようなものだということはよくわかった。

しかし、商業には特許がなく、システムは容易に模倣できるということを考えれば、そうしたガッツも才能の一流の人間こそが真っ先に独立して、同じ業種でのライバルになるのではないかという疑問が生じる。この「やめてほしくない人材が真っ先にやめる」という商業につきものの永遠のジレンマをどう克服すればいいのか?

ここで登場するのが、冒頭でも触れた大リーグのたとえである。いくらすごいスラッガーだろうと、剛腕投手だろうと、大リーグを離れて、たとえば日本のプロ野球やメキシカン・リーグに入ったら、大リーグにいたときのような年棒は期待できないし、またプレーのしがいもないだろう。やはり大リーグあってのものなのだ。長谷川は、グローバルダイニングはこのシステムとしての大リーグを目指して成長していかなければならないと主張する。

「レストランは、資本さえあれば独立しやすい業態です。優秀な人間ほど独立すれば成功します。だから、いちばん優秀な人間が残るインセンティブ・システムをつけ加えていくことにいつも心を砕くのです。常に独立を考えるやつの欲望よりも、会社がより大きな『絵に描いたもち』を出していなければ、うちの会社にいるわけがない。実際、うちの会社では雇われていると思っている人間は少ないだろうが、私はいつも店長会議で話すのです。『おまえらは雇われ社員じゃない。グローバルダイニングの組織を利用して、自分の人生を生きていけばいい。その結果として、おまえらは大スターになれる。名経営者になれる。そういう優秀なやつらが集まって、大リーグをつくろうぜ』」

　実際、いま長谷川の頭にあるのは、グローバルダイニングをいかにしてグローバル（全地球的）なものに変えられるようなシステムを作りあげるかの一点である。極端なことをいえば、長谷川がいなくても、まったくそれによって損害を受けることなく発展してゆくシステム作りである。彼にとっては、年収をいくら得るかということが喜びなのではなく、自分が掲げた遠大な目標にチャレンジしてゆくことそれ自体なのである。

「いずれ私が会社を去った後には、その仲間がグローバルダイニングを発展させていくでしょう。彼らの後は、彼らが育てた人間が引き継いでいってくれる、そんな希望も出てきました。そうなると、年商二〇〇〇億円も夢じゃないかもしれない。そんな予感を抱きながら、二一世紀を生き続けられる企業に育っていく基礎を、これからもしっかり作っていきます。システムを構築するのが、私の喜びですから」

　まったく、冗談ではなく、ものすごい経営者が出現したものである。しかも、このなによりもダメな日本の企業風土に。やはりこれは驚き以外のなにものでもない。私が三〇年間、古今東西の文献を読み尽くした末にたどりついた結論を、この男は出発点にして飛翔してきたのだ。もし、長谷川の生み出したこのグローバルダイニングのシステムを日本の企業家たちが本気になって検討し、その一部なりとも採用することができれば、「人間を幸福にしない日本システム」

が変わるかもしれないのである。

最後に、グローバルダイニングの企業理念をあげておこう。というのも、社員全員が大リーガーとなったこの会社がバラバラに解体せずに、一つにまとまっているのは、この企業理念があるおかげなのである。

「私たちは全力でお客様を楽しませ、高い利益を上げ、株主価値を向上させ、無限の可能性にチャレンジをして、人生を楽しく生きる、楽しく仕事する」

こんな偉い革命家が私の高校時代の親友だったなんて、つくづく素晴らしいことだと思う。二一世紀、世界の企業と労働は、まちがいなく長谷川耕造が構築したシステムを中心にして動いていくはずである。この予言は絶対にはずれまい。

二〇〇〇年一一月

鹿島　茂

1950 3月 神奈川県横浜市子安の酒屋と米屋を営む商家の長男として生まれる。

1956 4月 カソリック系の私立小学校に入学。

60頃 社会に出ても、会社員にだけはならないと決意する。

1962 4月 中高一貫教育の浅野学園中学校に入学。部活動は水泳部。ケンカに明け暮れる毎日を過ごす。

1963 7月 一念発起して本気で勉強をしようと決意する。

10月 成績が上がったのにカンニングを疑われ、浅野学園の高校には行かない、県立で最難関の湘南高校受験を宣言。

1965 4月 宣言どおり、神奈川県立湘南高校入学。中学とは違うカルチャーに戸惑うが、鹿島茂、大野真二と出会い、映画やジ

長谷川耕造とグローバルダイニングの変遷

株式会社グローバルダイニング

▽設立　1973年10月5日
▽資本金　12億5000万円
▽代表者　長谷川耕造
▽売上高　73億1200万円（1999年12月末現在）
▽従業員　正社員126名、アルバイトスタッフ1100名（2000年9月末現在）
▽子会社　グローバルダイニング インク オブ カリフォルニア

●業態別組織図

▼ゼスト（テックスメックス料理を中心とした米国南西部料理）
客単価　2500円
展開…原宿、西麻布、世田谷、飯倉、渋谷、恵比寿、お台場　計7店舗

▼ラ・ボエム（イタリア料理）
客単価　2300円
展開…原宿、西麻布、代官山、南青山、世田谷、渋谷、六本木、表参道、白金、銀座、北青山、お台場　計12店舗

▼ラ・ボエム　コン　バンビーノ、ラ・ボエム　エスプレッソ
（ラ・ボエムにキッズルームを併設、エスプレッソは焼き立てのパンとコーヒーを提供）
展開…横浜　1店舗

▼モンスーンカフェ（エスニック料理）
客単価　2500円
展開…西麻布、代官山、渋谷、南青山、お台場、舞浜　計6店舗

ヤズ、文学に夢中になる。

1968
1月 東京大学を受験するが、失敗。
3月 湘南高校卒業。
4月 城北予備校で浪人生活に突入。1日13時間半の勉強を自分に課す。

1969
2月 一橋大学、早稲田大学政経学部、同商学部を受験。
4月 早稲田大学商学部に入学。ボクシング部に入部。

1971
5月 大学を中退し、海外放浪の旅へ。ソ連、北欧、欧州、アジアを旅する。

1972
11月 結婚を約束したフィンランド美人とともに帰国。

1973
春 結婚し、家業を継ぐ。

▼タブローズ(インターナショナルレストラン、ロサンゼルス ラ・ボエム姉妹店/タブローズラウンジ(タブローズに併設のシガー&バー)
客単価 9000円
展開…代官山 1店舗

▼ステラート(カリフォルニア・キュイジーヌ)
客単価 9000円
展開…白金 1店舗

▼権八(和食)
客単価 3000円
展開… 1店舗

1973
10月 有限会社 長谷川実業を設立
12月 喫茶「北欧館」を高田馬場F1ビルにオープン

1975 離婚する。

1976 2月 「六本木ゼスト」を六本木ランディックビル１Ｆにオープン

1978 3月 「原宿ゼスト」を神宮橋ビルＢ１にオープン

1979 9月 アンティークショップ「ラ・ボエム」を神宮橋ビル２Ｆにオープン

1980 10月 アンティークショップ「ラ・ボエム」を閉店

11月 パスタレストラン「原宿ラ・ボエム」を同所にオープン

1981 11月 「北欧館」を改装。「高田馬場ラ・ボエム」と名称変更してオープン

1982 3月 「原宿ゼストアネックス」を表参道飯田ビルＢ１にオープン

6月 事務所を西麻布パレスビル６Ｆに開設

7月 「霞町ラ・ボエム」を麻布パレス2Fにオープン

1983

12月 「代官山ラ・ボエム」金城旅行社ビル1F～B1にオープン

1984

2月 事務所を西麻布早野ビル3Fに併設、本部機能を旧事務所より移転

8月 新形態のインド料理レストラン「サン・スーシ」を南青山金子ビル1Fにオープン

1985

4月 有限会社長谷川実業を、長谷川実業株式会社に組織変更

5月 南青山サン・スーシをイタリア料理店に業態変更

7月 高田馬場ラ・ボエムを閉店

8月 西麻布に「サン・スーシ・クラブ」をオープン

1986

3月 南青山サン・スーシを「南青山ラ・ボエム」に名称変更

1990 この頃より、マラソンを始める。今では毎朝一時間のランニングが日課。ホノルルマラソン出場前には、毎週3～4日は23キロのランニングをこなす。

1992 8月　再婚する。

1993 長女誕生する。

1987 8月　「横浜ラ・ボエム」「横浜ゼスト」を同時オープン

1988 5月　サン・スーシ・クラブを業態変更し、「西麻布ゼスト」としてオープン

1989 9月　「世田谷ゼスト」をオープン

11月　「世田谷ラ・ボエム」をオープン

1990 「渋谷ラ・ボエム」をオープン

1991 8月　六本木ゼストを業態変更し、「六本木ラ・ボエム」としてオープン

11月　「ロスアンジェルス　ラ・ボエム」をオープン

1992 「代官山タブローズ」をオープン

1993 8月　「西麻布モンスーンカフェ」をオープン

1994 3月　「表参道ラ・ボエム」をオープン

8月　「飯倉ゼスト」をオープン

1996 次女誕生する。

1998 三女誕生する。

1995
8月 「渋谷ゼスト」をオープン
9月 「代官山モンスーンカフェ」をオープン

1996
8月 「渋谷モンスーンカフェ」をオープン
10月 本社を港区南青山のコラム南青山1Fに移転
11月 「サンタモニカ　モンスーンカフェ」をオープン

1997
1月 社名を、「株式会社グローバルダイニング」に変更
3月 「タブローズラウンジ」をオープン
12月 ビル取り壊しのため、「横浜ゼスト」と「横浜ラ・ボエム」を閉店

1998
5月 「恵比寿ゼスト」をオープン
9月 「白金ラ・ボエム」をオープン
「白金ステラート」をオープン

12月　「南青山モンスーンカフェ」をオープン

1999

3月　「銀座ラ・ボエム」をオープン

12月　東証二部に上場
「北青山ラ・ボエム」をオープン

2000

3月　横浜モザイクモール港北内に「港北ラ・ボエム　コン　バンビーノ」と「ラ・ボエム　エスプレッソ」をオープン

4月　お台場のメディアージュに「グリエンパサージュ」をオープン（新コンセプト「権八」、「モンスーンカフェ」「ゼスト」「ラ・ボエム」）

7月　舞浜イクスピアリに「モンスーンカフェ」をオープン

8月　本社をコラム南青山1Fより8Fへ移転

●著者・編者 紹介

長谷川耕造（はせがわ・こうぞう）
株式会社グローバルダイニング取締役社長、ＣＥＯ。
1950年横浜市生まれ。71年早稲田大学商学部を中退し、欧州を放浪。73年(有)長谷川実業（現：株式会社グローバルダイニング）を設立し、高田馬場に喫茶店「北欧館」をオープン。76年の「六本木ゼスト」を皮切りに、「ラ・ボエム」「ゼスト」「モンスーンカフェ」「タブローズ」「ステラート」「権八」と、イタリアンからメキシカン、エイジアン、和食など次々に新しい業態のレストランを、東京都内を中心に多店舗展開する。99年12月東証２部上場。

鹿島　茂（かしま・しげる）
共立女子大学文芸学部教授。
1949年横浜市生まれ。73年東京大学文学部仏語仏文科卒業。78年同大学大学院修了。専門は19世紀フランスの小説、社会。91年『馬車が買いたい！』でサントリー学芸賞、96年『子供より古書が大事と思いたい』で講談社エッセイ賞、99年『愛書狂』でゲスナー賞、2000年『パリ風俗』で読売文学賞評論・伝記賞をそれぞれ受賞した。近著に『衝動買い日記』『セーラー服とエッフェル塔』。

タフ＆クール
Tokyo midnight レストランを創った男

2000年12月20日　初版１刷発行
2003年７月28日　初版５刷発行

著者　長谷川耕造
プロデュース　鹿島　茂
編集協力　中村尚子（ジェイ・キャスト）
　渡邉直樹
ブックデザイン　義江邦夫（タイプフェイス）
写真　福田一郎
発行人　岡村　久
発行　日経ＢＰ社
発売　日経ＢＰ出版センター
〒102－8622　東京都千代田区平河町2－7－6
電話　03－3221－4640（編集）
　03－3238－7200（営業）
http://store.nikkeibp.co.jp/
ISBN 4-8222-4213-7

印刷・製本　中央精版印刷株式会社
Printed in Japan